apoyos

El libro de Anna Hampton acerca del riesgo es uno de los libros más importantes que he leído nunca sobre el tema. No es un libro de texto, tampoco es un libro de formación espiritual, ni tampoco una guía para líderes en momentos de riesgo y peligro. Sin embargo, es todo eso y muchísimo más. Este poderoso y profundo libro tiene muchas preguntas provocadoras, listas de puntos clave, intrigantes citas de pensadores e historias personales.

Algunos de los conceptos que tuvieron un impacto en mí fueron las referencias al riesgo en el Nuevo Testamento; la preparación para la guerra; los «guardianes del frasco de alabastro» (administración); las cuatro formas de Pablo de mitigar o manejar el riesgo; «la idea clave en el discernimiento es conocer lo que vemos más que ver lo que conocemos»; las siete áreas que tener en cuenta con respecto a nuestra madurez espiritual o la de los demás; la teología profunda; el mensaje del desierto; la elaboración de estrategias de resistencia; el pastoreo y el liderazgo en tiempos de riesgo.

Cada capítulo termina con un resumen y una rigurosa bibliografía. Este libro es un clásico para los trabajadores ministeriales transculturales en lugares de riesgo y peligro. Debería ser de obligada lectura. La autora ha estado allí; el libro se ha probado sobre el terreno. Todo lo que lo recomiende es poco.

DRA. LAURA MAE GARDNER
Exvicepresidenta internacional del personal de *Wycliffe Bible Translators* y *SIL International*
Autora de «*Healthy, Resilient and Effective in Cross-Cultural Ministry*» [«*Sanidad, fortaleza y eficacia en el ministerio transcultural*»]

Responder al llamado de Dios significa enfrentarnos a decisiones sobre el descender de la barca cuando sopla el viento y el mar está embravecido. El primer paso que Pedro dio sobre las aguas solo fue posible porque sabía con certeza que Jesús le estaba tendiendo la mano. Este extraordinario libro se basa en años viviendo con riesgo y peligro mientras ministraba en Afganistán y Asia Central. Las historias personales de elecciones difíciles y arriesgadas me parecieron emocionantes; estas dieron vida a la teoría y a su práctica. Este libro es una lectura obligada para quienes se enfrentan a decisiones sobre seguir a Jesús en medio de situaciones peligrosas.

DR. CHARLES SCHAEFER
Coautor de «*Trauma and Resilience: Effectively Supporting Those Who Serve God*» [«*Trauma y resiliencia: cómo apoyar eficazmente a quienes sirven a Dios*»]

A la luz de la confusión de amigos, familias, iglesias y organizaciones por el hecho de que los trabajadores cristianos se meten a sabiendas en situaciones que son peligrosas e incluso letales, me pregunto por qué hemos tardado tanto tiempo en implicarnos con el contenido que se trata en el libro de Anna Hampton. Este libro demostrará ser de un valor inestimable para quienes están planeando servir a Dios en entornos peligrosos y para quienes necesitan fe para apoyarlos.

Martin Campbell
Director, *Eastwest College of Intercultural Studies*, Nueva Zelanda

«Haz frente al peligro: una guía a través del riesgo» es una lectura cautivadora para cualquier trabajador que viva en un área de alto riesgo. Cuando me mudé al extranjero hace casi diez años, no contaba con ninguna teología del riesgo, y ojalá hubiese tenido este libro en mi capacitación. Anna Hampton es una trabajadora veterana en áreas hostiles y ayuda a aportar claridad a una teología del riesgo basada en décadas de experiencia ministerial, investigación y una vida guiada por el Espíritu. Tras leer este libro, tengo más confianza para hacer frente a situaciones de crisis y un mejor entendimiento de cómo operan juntos el llamado de Dios y el riesgo.

Leslie Taylor
Trabajadora en un país musulmán

Muchos libros se centran o bien en cómo confiar en Dios en medio del riesgo o bien en la planificación de contingencias para mitigar ese riesgo. El presente libro marcha por tierra de nadie entre esos dos extremos, el lugar donde realmente vivimos tantísimos de nosotros sobre el terreno.

Pastor de la Comunidad Cristiana Internacional en Kabul, Afganistán

Alguien ha dicho que el Evangelio ha llegado ya a todos los lugares fáciles. Ahora, sin embargo, son los lugares más arriesgados y difíciles de los agrestes confines de nuestro mundo los que necesitan todavía la buena nueva de Jesucristo. «*Haz frente al peligro*» ofrece más de lo que podríamos esperar de un teólogo o misiólogo de sillón. El libro nace de la diligente investigación de la autora en el marco del complicado contexto de una década de vida y trabajo en un Afganistán desolado por la guerra. Los líderes responsables leerán «*Haz frente al peligro*» antes de ubicar a trabajadores en áreas de alto riesgo. El libro también ha de encontrar su camino hasta las listas de lecturas obligatorias de los cursos cristianos transculturales. Quizás este sea el libro de mayor autoridad en este campo.

Ronald Brown, Dr. Ministerial
Extrabajador internacional, África,
Asociado sénior, Equipo móvil de atención a miembros
Instructor de misiones, Alianza cristiana y misionera en Canadá

Tras haber vivido con nuestra familia durante muchos años en países de alto riesgo y lugares de oscuridad espiritual, y tras haber hecho frente al peligro y a amenazas en numerosas ocasiones, doy las gracias a Anna Hampton por haber escrito este libro. La autora alienta a los lectores en diferentes niveles a ser espiritualmente sensibles y discernidores, a seguir el llamado de Dios y a considerar el costo. Anna comparte percepciones teológicas profundas del Antiguo y Nuevo Testamento, reflexionando sobre la batalla cósmica en la que nos encontramos y, por lo tanto, concienciando a los trabajadores de que el alcanzar lugares difíciles con la verdad de Cristo requiere más que un espíritu aventurero. Su sección sobre cómo educar a los niños en entornos de riesgo es esclarecedora y útil.

Todo el que vaya a trabajar o ya trabaje en países de alto riesgo debe leer este libro y evaluar honestamente su motivación, su relación personal con el Señor y su entendimiento bíblico del riesgo.

A. G.
Psicólogo, *Member Care Partners*
Alemania

¡Este libro me hubiera sido de lo más útil en mi preparación para el trabajo transcultural! Hace años, cuando servía en un país cerca de Afganistán, nuestra familia fue atacada por una multitud enloquecida. Salimos con vida de eso (por la gracia de Dios) y, después, vimos más frutos. Pasado un tiempo, abandonamos el terreno, pero lo que he aprendido en los últimos veinte años equipando a trabajadores para el ministerio en contextos musulmanes es que «*Haz frente al peligro*» se necesita hoy más que nunca.

Este texto se basa en ambos Testamentos para mostrar que la asunción de riesgos es bíblica. Por ejemplo, señala que la iglesia en Jerusalén escogió a hombres como Bernabé y Pablo porque estos habían «arriesgado su vida» por el bien del Evangelio (Hechos 15:25-26). Algunos pasajes se han exegetado para demostrar que hay una diferencia entre la asunción de riesgos y el sufrimiento, algo que omitimos fácilmente en nuestro estudio de las Escrituras.

Finalmente, Anna Hampton introduce algunas experiencias personales que dan credibilidad y hacen que la lectura sea interesante. Recomiendo encarecidamente este libro como manual de entrenamiento para trabajadores transculturales en áreas de alto riesgo.

Dr. Warren Larson
Profesor emérito, Estudios Musulmanes en CIU y miembro sénior, Centro Zwemer

En todos mis años de estudio de este tema, nunca nadie escribió un libro en el que se combinara tan bien la excelencia de la teología bíblica intercalada con testimonios relevantes y aplicaciones prácticas. En «*Haz frente al peligro: una guía a través del riesgo*», el rigor académico no ha simplificado las emociones, y la importancia de las emociones tampoco ha comprometido la investigación robusta y seria. La práctica da forma a la teología, tal como debe ser, pero la teología no se ve manipulada por el drama de las historias reales que se entretejen en cada una de las páginas. Esta es una contribución poco común y única no solo para el estudio y la práctica del riesgo, sino también para la Iglesia global en su conjunto.

«Haz frente al peligro» tiene las palabras correctas para un trabajador transcultural en Pakistán, un pastor en Irak o un líder estudiantil en una megaciudad de cualquier lugar del mundo. El realismo y las experiencias de Anna describen a una persona que continúa siendo humilde como para ella misma seguir aprendiendo y que, a su vez, tiene tanto para enseñarnos a nosotros, los lectores. Descárgatelo, cómpralo, préstalo y guárdalo. No habrá nada igual a este libro.

Emma Dipper
Catedrática asociada, *All Nations Christian College*, Reino Unido

Hay pocas personas que sigan viviendo hoy a las que respete más que a Anna y Neal Hampton. Durante años, los he visto luchar en el caos mientras se arraigaban ellos mismos y a su equipo en una experiencia de Dios auténtica, vivida y con arraigo en las Escrituras. En «*Haz frente al peligro*», Anna Hampton desarrolla un entendimiento del riesgo muy necesario y centrado en Dios, forjado a partir de su «hacer teología» y de su aprendizaje de cómo «caminar en el Espíritu» en el contexto de Afganistán. Anna lleva la conversación a un plano más profundo y evita el enfoque moralizador común de las Escrituras que se ve en muchos libros sobre el riesgo y el sufrimiento. La autora escribe con el tipo de esencia, practicidad, autoconciencia y comprensión que surge al llegar a conocer a Dios de nuevo desde la experiencia del riesgo prologado. «*Haz frente al peligro*» debería ser una lectura obligada para los líderes ministeriales que envían a su personal a áreas de alto riesgo, así como para los individuos que viven y trabajan en estos lugares.

Dr. David Bochman
Desarrollo organizativo, Grupo Misional Paracletos

Si bien los destinatarios de «*Haz frente al peligro*» son los trabajadores cristianos transculturales que viven en naciones de alto riesgo, animaría a todas y cada una de las personas a leer este libro, pertenezcas o no al grupo de los trabajadores transculturales. En estos tiempos de rápidos cambios, con cada vez más incidentes que afectan profundamente a las sociedades por todo nuestro mundo, es útil que todos entendamos los problemas del riesgo, y no solamente quienes vivimos en una cultura internacional.

La experiencia personal de Anna y Neal en naciones de alto riesgo hace que este libro sea honesto, realista y que ofrezca al lector una herramienta útil. Anna te ayuda a hacer frente a tu propia situación, tus patrones mentales y tu personalidad invitándote graciosamente a conectarte con tu Creador y Padre cuando hagas frente al riesgo y lo manejes. La promesa de Dios de que Él siempre estará contigo se mantiene firme.

Leny Breur
Compañera de trabajo neerlandesa y amiga en Afganistán

Puede que haya una tendencia en el mundo evangélico a sobrespiritualizar o tratar con desdén el riesgo y su profundo y duradero impacto. Con este recurso profundamente esclarecedor y útil, Anna proporciona una ruta a medio camino entre estos dos extremos. Este libro no está escrito ni desde una postura teórica ni desde un lugar «de bajo riesgo»; la autora escribe desde su experiencia real en algunos de los lugares más inestables del mundo, habiendo perdido a numerosos amigos íntimos y, aun así, mostrándose dispuesta, junto con su familia, a vivir y trabajar en medio de estas realidades. Este es un libro que utilizaré para mi propio discernimiento y el discernimiento organizativo, pues contamos con personal que entra y sale de regiones de alto riesgo repartidas por el mundo.

Scott E. Shaum
Director de desarrollo de personal, *Barnabas International*
[Bernabé Internacional]

He estado presente en la vida de Anna Hampton desde que era una adolescente, he compartido liderazgo con ella en viajes transculturales en todo el mundo, la he observado a ella y a Neal de primera mano en Afganistán y los considero mis amigos. Anna ha experimentado el terror, ha pasado por el proceso de sanación y ha estudiado el tema del riesgo en profundidad. Trae experiencias personales y conocimientos bien documentados y prácticos a esta área tan necesaria. Aunque está escrito para el trabajo transcultural, he encontrado que este libro también tiene aplicación para todo el mundo independientemente de dónde viva y qué haga. Lo que podría haber alejado a Anna y Neal del trabajo transcultural ha resultado, en cambio, en un ministerio único y muy necesario para quienes piensan en los ministerios transculturales o ya están en ellos.

Rev. Louis Inks
Fundador, *Reign Ministries* [*Ministerios del Reino*]

En «*Haz frente al peligro*», Anna Hampton proporciona una teología razonada y práctica y una psicología de la gestión del riesgo desde la ardua prueba de «vivir al límite». Basándose en un rico contexto de experiencias de campo transmitidas en historias conmovedoras y que dejan sin aliento, la autora combina una exégesis bíblica en profundidad sobre el riesgo, investigaciones actuales, un coraje intrépido y una sabiduría práctica propia de una madre en la cocina.

Al estar bien referenciado con abundantes notas, listas de control, diagramas, historias personales emocionantes, esquemas de presentación, gráficos y otras herramientas prácticas para el análisis y el manejo del riesgo, este oportuno libro puede ser leído mucho más allá de su público destinatario de trabajadores globales y humanitarios a nivel internacional. Proporciona un rico tesoro oculto de sabiduría práctica y probada sobre el terreno que no debe ignorarse como ayuda a profesionales, así como a líderes y órganos organizativos que dan consejo y toman decisiones que tienen un impacto en la vida de su gente.

Dr. Leonard J. Cerny II
Coautor de la evaluación *CernySmith*

HAZ FRENTE AL PELIGRO

HAZ FRENTE AL PELIGRO

Una guía a *través* del riesgo

Anna E. Hampton

Zendagi Press

Copyright © 2016 Anna E. Hampton

Gráficos interiores, Copyright © 2016 Neal G. Hampton

A menos que se indique lo contrario, las citas bíblicas son tomadas de LA BIBLIA DE LAS AMÉRICAS © Copyright 1986, 1995, 1997 por *The Lockman Foundation*. Usada con permiso. (www.gospelcom.net/lockman/). Todos los derechos reservados. Las citas bíblicas marcadas con las siglas NVI son tomadas de la Santa Biblia, NUEVA VERSIÓN INTERNACIONAL© NVI® © 1999, 2015 por Biblica, Inc. ®. Usada con permiso de Biblica, Inc. ©. Reservados todos los derechos en todo el mundo. Las citas bíblicas marcadas con las siglas PDT son tomadas de La Biblia: La Palabra de Dios para Todos (PDT) © 2005, 2008, 2012 Centro Mundial de Traducción de la Biblia © 2005, 2008, 2012 World Bible Translation Center. Las citas bíblicas marcadas con las siglas RVA-2015 son tomadas de la versión Reina Valera Actualizada, Copyright © 2015 por Editorial Mundo Hispano. Las citas bíblicas marcadas con las siglas NTV son tomadas de la versión La *Santa Biblia*, Nueva Traducción Viviente, © Tyndale House Foundation, 2010. Todos los derechos reservados.

ISBN 978-0-9980544-0-7

Editado por: Ryan Adair (www.missiowriting.com)

Diseño de portada e interior por: Sarah O'Neal (www.facebook.com/evecustomartwork)

Imagen de portada cortesía de: Shutterstock.com/Vibe Images

ZENDAGI

Zendagi Press

New Prague, Minnesota

Dedico este libro a todos aquellos de los cuales el mundo no es digno.
HEBREOS 11:38

A los hombres, mujeres y niños que sirven a Dios en lugares hostiles donde Su nombre aún no se conoce, donde Su nombre se santifica en lugares oscuros y amenazantes: estáis llamados a perseverar fielmente. Sus obras van con ustedes.
APOCALIPSIS 14:12-13

Entonces el dragón se enfureció contra la mujer, y salió para hacer guerra contra el resto de la descendencia de ella, los que guardan los mandamientos de Dios y tienen el testimonio de Jesús. Y el dragón se paró sobre la arena del mar.

—Apocalipsis 12:17-13:1a lbla

Estad alerta, permaneced firmes en la fe, portaos varonilmente, sed fuertes.

—1 Corintios 16:13 lbla

contenido

Prólogo	VII
Prefacio	IX
Agradecimientos	XV
Capítulo 1: La bestia enfurecida	3
Primera Parte: Contexto bíblico y espiritual	19
Capítulo 2: Tres palabras de riesgo en el Nuevo Testamento	21
Capítulo 3: La primera guerra de Israel	35
Capítulo 4: Guardianes del frasco de alabastro	51
Capítulo 5: Escucha la voz de Dios en el momento de riesgo	65
Capítulo 6: La primera pregunta de la Biblia	87
Capítulo 7: Cómo hallar nuestra pregunta básica en el corazón de Dios	107
Segunda Parte: Evaluación y gestión del riesgo transcultural	119
Capítulo 8: ¿Qué es el riesgo transcultural?	121
Capítulo 9: Doce mitos comunes del riesgo transcultural	139
Capítulo 10: No te olvides de las emociones	163
Capítulo 11: La mayordomía en el riesgo	185
Capítulo 12: La gestión del riesgo del peligro	201
Capítulo 13: Los subpastores y el riesgo	219
Capítulo 14: Reflexiones de una subpastora	239
Apéndice A: Lista de lectura sobre el riesgo	247
Apéndice B: Catálogo de preguntas sobre el riesgo transcultural	249
Apéndice C: Una lista de peligros y posibles traumas	255

Apéndice D: Receta de recuperación tras robos de «B»   257
Apéndice E: Plan de acción antirriesgos   261

Notas   277
Bibliografía   307
Capacitación en EGR   317
Acerca de los instructores de EGR   319

prólogo

En su excepcional libro «*Haz frente al peligro: una guía a través del riesgo*», Anna E. Hampton escribe: «Si las personas conocieran (el) dolor y la profunda pena que cargo en mi alma, entonces quizás se quedarían estupefactas. Puede que incluso piensen que estoy demasiado quebrantada y que tengo demasiados defectos para ser usada por el Maestro». Pero que no te confunda esta franca transparencia, pues este no es otro libro más del género «Estaba quebrantada, pero, alabado sea Dios, Él me sanó». Este libro trata acerca de las experiencias de una joven de Minnesota y su esposo que llevaron a sus hijos hasta Kabul, en Afganistán, donde vivieron durante diez espeluznantes años cargados de acción y que probaron su fe de servicio y sacrificio transculturales en honor a Dios. Y lo que es más, se trata de un libro nacido de una profunda reflexión espiritual, madurado gracias a una investigación de nivel doctoral y presentado con un deseo y una determinación fervientes para llevar al público lector algunas verdades sobre cómo es vivir en un mundo cada vez más peligroso que, quizás, no podrían conocer de otra manera.

Anna se involucró en su investigación doctoral y más tarde escribió «*Haz frente al peligro*» porque era consciente de que los trabajadores transculturales se enfrentan cada vez más a situaciones peligrosas en sus entornos de trabajo. Anna sabe que muchos de esos trabajadores llegan a desafiantes esferas de servicio con problemas emocionales no resueltos, y es extremadamente consciente de las altas tasas de abandono entre los trabajadores transculturales que dejan su campo de servicio antes de tiempo. Y no hay que olvidar que estos pertenecen a la valiente minoría que ya había vencido a la actitud dominante de «aversión al riesgo» que hay en el mundo occidental.

El presente libro habla de las cuestiones del «manejo del riesgo» y la «planificación inteligente de contingencias», pero afirma que ninguno de estos aspectos necesarios de la planificación y la implementación de iniciativas peligrosas «puede sustituir la dirección del Espíritu Santo. Puede que se tengan que dejar de lado todos los planes cuando el Espíritu nos pida que nos quedemos y que, potencialmente, demos nuestra vida».

El fuerte énfasis en las dimensiones espirituales de «*Haz frente al peligro*» se basa en un estudio intrigante, informativo e inspirador de los ejemplos del Nuevo Testamento en los que hombres y mujeres que servían con el apóstol Pablo «han arriesgado su vida por el nombre de nuestro Señor Jesucristo» (Hechos 15:26 LBLA). Los minuciosos estudios de las palabras y una exégesis inusual basada en la metodología hebrea rabínica y en el profundo ahondamiento en los estudios del Antiguo Testamento de las constantes luchas de Israel contra Amalec me condujeron personalmente a una profundidad de estudio sobre el peligro y la toma de riesgos a la que nunca antes me había aventurado.

Con respecto a su libro, la autora afirma claramente: «Este es un entendimiento práctico y espiritual sugerido del riesgo bíblico». Si ese era su objetivo, Anna dio en el blanco. Y me atrevería a sugerir que, aunque no es un libro fácil de leer, compensará abundantemente el esfuerzo de profundizar en sus ideas, exhortaciones y directrices prácticas. Ojalá que la lectura de «*Haz frente al peligro: una guía a través del riesgo*» aporte algo a la cantidad de hombres y mujeres como los bomberos de Nueva York que subieron con determinación hasta unas Torres Gemelas en llamas mientras los trabajadores de las oficinas escapaban hacia las zonas seguras. Este tipo de resolución ha de resultar en cada vez más personas que «se ofrezcan como voluntarias» para servir al Señor, quien hizo frente al máximo peligro en nuestro nombre, conociendo muy bien los riesgos implicados. El siervo no es más grande que el Maestro.

STUART BRISCOE

prefacio

Era la época en la que los talibanes controlaban Kabul y gran parte de Afganistán. Parecía que el mundo ya no se preocupaba por Afganistán ni por el sufrimiento de su pueblo; todos menos dos países del mundo habían roto sus lazos diplomáticos. Fue a este entorno al que viajé con mi esposo y mi bebé de tres meses.

Nos encontrábamos en el desierto del dolor. Todos a nuestro alrededor estaban sufriendo y, con el paso de los años, también sufrimos nosotros. Experimentamos una evacuación; diez hombres nos retuvieron a punta de pistola y robaron en nuestra casa, y vimos a amigos secuestrados y asesinados. Con el tiempo, nos convertimos en los líderes de un equipo internacional y un proyecto estratégico. Sin que lo supieran nuestros líderes, Neal y yo acordamos que nos iríamos en cuanto los talibanes empezaran a matar a trabajadores de ayuda humanitaria, sector demográfico al que pertenecíamos.

En 2008, con solo algunas semanas de diferencia, un colega fue asesinado en una remota ciudad, el Hotel Serena fue asaltado por tiradores que mataron por igual a empleados y a huéspedes del hotel, y mataron a tiros a tres mujeres de la Cruz Roja Americana en su camión con marcas de ayuda humanitaria. Reparamos en que había llegado la hora de que nos fuéramos según el pacto que habíamos hecho tiempo atrás. Pero el problema era que no podíamos empacar las maletas e irnos sin más: ahora éramos los líderes de un gran equipo.

Caímos lentamente en la cuenta de que nuestro entendimiento del sufrimiento bíblico tenía que cambiar porque no coincidía con el nivel de riesgo al que nos enfrentábamos. No teníamos ningún fundamento bíblico concreto para lidiar con el riesgo. Como equipo formado por esposo y esposa enviados transculturalmente para servir entre pueblos remotos, no contábamos con ninguna forma sustancial para pensar en el riesgo para nuestros hijos, nosotros mismos y nuestro equipo.

Necesitábamos dirección para desarrollar un entendimiento bíblico del riesgo, que es diferente del sufrimiento. Todos los cristianos están llamados a sufrir por el nombre de Cristo[1]. El sufrimiento también es claramente parte de la experiencia para todos aquellos que reciben un llamado especial de Dios a servirlo transculturalmente corriendo un gran riesgo para sí mismos y sus familias. Una teología del sufrimiento contesta sistemáticamente a la pregunta «¿por qué permite Dios el sufrimiento?». Sin embargo, el sufrimiento lo experimentan tanto justos como injustos, en situaciones seguras e inseguras, no solo los que sirven transculturalmente. Al contrario, el riesgo se centra en los momentos previos al sufrimiento potencial y, por eso, se plantea preguntas diferentes. Emprendimos un viaje para descubrir cuáles eran esas preguntas.

En su libro *Risk Is Right: Better to Lose Your Life Than Waste It* [*El riesgo lo sabe: es mejor perder la vida que malgastarla*], John Piper define el riesgo como «una acción que te expone a la posibilidad de pérdida o daño»[2]. Aunque esta definición del riesgo es simple y clara para todos los creyentes, el foco de este libro está específicamente en el riesgo transcultural que se corre por el bien del Evangelio. El riesgo transcultural puede definirse como el «riesgo que se corre en aras de llevar el Evangelio transculturalmente con una alta probabilidad de experimentar una gran pérdida». Son muchas las pérdidas que uno experimenta cuando se entra en riesgo, cuando se permanece en una situación de riesgo y cuando se sale del riesgo.

Piper también afirma que todos los creyentes experimentan riesgo. Sin embargo, esta definición simple no nos ayudó sobre el terreno, ya que los que se van a áreas donde la gente se resiste al Evangelio experimentan un grado de riesgo mucho mayor que nuestros amigos y familias en casa, en la comodidad de la cultura norteamericana. Solo algunos cristianos son elegidos para arriesgar su vida en pos del Evangelio.

Éramos muy conscientes de a qué nos arriesgábamos cada vez que regresábamos a Afganistán, y el sentimiento de pérdida se convirtió en un compañero constante, junto con muchas gracias y bendiciones diarias, pero necesitábamos un entendimiento bíblico más profundo del riesgo para saber cómo pensar y entender nuestros propios sentimientos acerca de los riesgos que corríamos como familia. Profundizamos aún más en los Profetas Mayores y Menores y le pedimos a Dios que nos mostrara Su corazón en lo referente al riesgo. Empecé a leer todo lo que había disponible sobre el tema de una teología del riesgo (cosa que no llevó mucho tiempo). No tardó en quedarnos claro que necesitábamos encontrar o crear una guía para leer y aplicar las Escrituras en el momento de riesgo.

Mi convicción de que un entendimiento bíblico del riesgo es mucho más profundo que un listado de diversas historias bíblicas no ha hecho sino fortalecerse a medida que he ido estudiando la Biblia. La mayoría de los escritos sobre el riesgo se ha centrado en historias de la Biblia sin conexión exegética clara entre sí ni entre el Antiguo y Nuevo Testamento. La continuidad de la Biblia entre el Antiguo y el Nuevo Testamento es tanto relevante como consistente.

¿En qué escrituras del Antiguo Testamento estaba pensando Pablo cuando mencionó el concepto del riesgo? ¿Qué escrituras guiaron a la Iglesia primitiva en todos los riesgos que corrieron para difundir el Evangelio? Reflexioné acerca de Pablo, rabino del siglo I, observador de la Torá y fariseo mesiánico, y las conexiones que este habría hecho entre su experiencia de vida, tal como se describe en Hechos y en sus escritos, y el texto del Antiguo Testamento. Estos tipos de conexiones habrían de configurar un entendimiento bíblico del riesgo.

Otra pregunta es: ¿Cuáles son los elementos necesarios de un entendimiento bíblico y práctico del riesgo? En situación de riesgo, ¿cómo discernimos lo que Dios quiere de nuestra vida? Para contestar esto, parece que aprendemos a discernir el corazón de Dios y, al hacerlo, se revelarán algunas de las imágenes erróneas del corazón de nuestro Padre. A continuación, es imperativo discernir cómo oímos la voz del Espíritu Santo hablándonos durante situaciones de alto riesgo ¿Hay un principio rector para aplicar varias historias «de riesgo» de la Biblia?

Finalmente, el momento de riesgo requiere que cada vez seamos más autoconscientes de nuestras respuestas a Dios, a los demás y a nosotros mismos. ¿Cómo lidiamos con nuestra fe, con nuestras emociones y con la toma de decisiones en situaciones de riesgo? ¿Cómo sería una guía para hacerlo cuando las cosas parecen confusas; y el futuro, oscuro?

Es importante entender por adelantado todo lo que podamos sobre el riesgo. El riesgo está categorizado como un acontecimiento, el que puede ser corto o puede extenderse en el tiempo. Sin embargo, el impacto de un acontecimiento de alto riesgo raramente es una experiencia momentánea; puede pesar muchísimo sobre el superviviente durante un largo periodo de tiempo.

Típicamente, el momento de riesgo ocurre de forma inesperada. Un día de 2004, iba en la camioneta blanca de ayuda humanitaria de nuestra organización con mi hijo Luke, de cuatro años. Mi conductor apenas arrancó para salir de un puesto de control policial cuando una turba vociferante empezó a golpear nuestra camioneta. (Una turba es uno de los riesgos más peligrosos posibles).

En un milisegundo, me ocurrieron varias cosas. Luke y yo corríamos un gran riesgo; y, todavía peor, como mamá me daba cuenta de que no podía hacer nada para protegerlo. Mi hijo era demasiado grande para ocultarlo bajo mis túnicas y las tiendas al otro lado de la calle estaban demasiado lejos como para correr hasta ellas. No había forma alguna en la que pudiera confundirme entre el gentío con mi niño de pelo rubio.

Mi instinto de mamá-osa empezó a luchar para proteger a mi niño. Cuando el agente de policía empezó a golpear al conductor intentando sacarlo de la camioneta, dejé caer mi «*chadar*» (velo) para que pudiera ver que era una occidental. Marqué el número de mi esposo en mi teléfono móvil para que oyera lo que estaba pasando. Luego le mostré mi pasaporte estadounidense al agente de policía y empecé a suplicarle en inglés y en dari que dejara marchar a mi conductor. Cuando este arrancó y se alejó lentamente del gentío, me estremecí. Estuve sin poder parar de llorar y temblar durante las dos horas posteriores, ni siquiera logró tranquilizarme la protección de los brazos de mi esposo.

También he experimentado acontecimientos de riesgo prolongado. Durante ocho meses, mi familia vivió bajo un confinamiento casi total, siendo mis hijos pequeños. Mi marido iba a trabajar con un horario aleatorio y planificado. Las amenazas de secuestro eran diarias —secuestrar expatriados era (y sigue siendo) un negocio lucrativo. Solo abandonaba la seguridad relativa de nuestra casa cuando era necesario.

Ya se trate de un momento breve o de un acontecimiento prolongado, el riesgo se caracteriza a menudo por ser ruidoso, aterrador y desconcertante; una cacofonía de voces y un puñado de emociones revueltas. El ruido del momento de riesgo es como el que rodea a Cristiano en *El progreso del peregrino*, de Juan Bunyan, cuando pasa entre dos terribles leones que rugen de manera atronadora para distraer a Cristiano de su tarea, atemorizarlo y hacer que saliera corriendo con el rabo entre las piernas.

En esa historia clásica, los leones aparecieron justo cuando Cristiano más necesitaba llegar al palacio Hermoso en busca de socorro, cuidado y seguridad. Le llevó un tiempo, pero el portero, cuyo nombre era Vigilante, apareció para ayudarlo a darse cuenta de que, aunque eran unos leones grandes que parecían terribles, estaban encadenados. Vigilante relata lo siguiente: «[Los leones están] puestos ahí solamente para prueba de la fe en unos y descubrimiento de la falta de ella en otros; sigue, pues, por medio del camino»[3].

En el riesgo, nuestro enemigo solo es como estos leones rugientes y encadenados. Sabe que todavía no nos ha sucedido nada malo, pero su objetivo es distraernos de nuestra tarea, rugir tan fuerte que quedemos paralizados por el miedo y perdamos el coraje para seguir adelante. Aparece precisamente cuando estamos más débiles y no muestra misericordia. Debemos aprender a ponernos de pie y luchar contra los demonios de un miedo, una confusión y un pánico paralizantes.

¿El resultado?

El coraje maduro nos ayuda a saber si tenemos que mantenernos firmes, avanzar o retirarnos para luchar otro día. Existe una diferencia entre la retirada valerosa y la retirada cobarde, entre quedarse con valentía y quedarse con cobardía. Cuando actuamos con valentía, nuestras almas se agrandan y el fruto del Espíritu se hace cada vez más visible en nuestra vida. Nuestros espíritus se purifican, se llenan de poder y se ponen firmes. Con esto, Dios es glorificado y la paz que sobrepasa el entendimiento humano desciende y guarda nuestros corazones y mentes.

La necesidad de guía nunca antes fue más clara que en el otoño de 2008. Frente a un entorno de seguridad extremadamente amenazante, eran muchas las agencias que se estaban yendo. En un periodo de ocho meses, casi tres cuartas partes de la comunidad de expatriados cristianos habían abandonado la capital.

En ese momento de octubre, nos enfrentábamos a decisiones sobrecogedoras ¿Cómo podríamos administrar de manera responsable un proyecto grande con cien expatriados? Recibimos correos electrónicos contradictorios sobre la forma de proceder más sensata. Los miembros del consejo internacional de nuestra agencia empezaron a enviar correos electrónicos personales a mi esposo: algunos escribieron para decir que pensaban que debíamos irnos todos; otros escribieron que debíamos quedarnos y seguir adelante. Un miembro del consejo escribió una opinión un día y, al día siguiente, envió la opinión opuesta. En este aluvión de correos electrónicos contradictorios, faltaba la guía de un consejo que proporcionase una directriz clara y necesaria para discernir la voz de Dios.

El riesgo es caótico. Parece como si el peligro y la muerte fueran inminentes. A menudo nos sentimos amenazados. Hay una sensación gris, pesimista y oscura. En la cosmovisión hebraica, las oscuras aguas que cubren la tierra en Génesis 1:2 hablan de caos, sin forma, sin vida, la nada, la oscuridad, sin orden y sin belleza. Y aun así, la escritura revela que el Espíritu de Dios se movía sobre esas aguas oscuras.

Si el riesgo se siente como las caóticas aguas oscuras de una nada y una muerte inminentes, entonces sabemos que el Espíritu de Dios se mueve sobre nuestras situaciones de riesgo. Su Espíritu se mueve sobre el caos en nuestras almas. Del sufrimiento potencial, del miedo paralizante y de las amenazas diarias de secuestro y asesinato, Dios puede sacar vida, belleza, plenitud y paz.

El primer verbo que aparece en hebreo después de «Dios se movía» en Génesis 1:2 es «Dios habló». Dios está moviéndose y está hablando en el momento de riesgo. Mi mayor esperanza es que a través de este libro te fortalezcas en tu capacidad para verlo moverse sobre el caos de los momentos de riesgo a los que te enfrentas en el viaje de tu llamado, que lo oigas hablarte a ti y que tengas una claridad total de mente y espíritu mientras Él te guía fielmente por el camino.

ANNA E. HAMPTON
Medio Oriente
febrero de 2016

agradecimientos

Doy las gracias a mi Padre celestial, el único que está constantemente presente, que es incomparablemente bueno sobre todos los dioses, incesantemente atento e infinitamente misericordioso y cuidadoso. A mi Amado Infinito, porque nunca me saca de Su mente; soy relevante, indispensable y participativa en Su secreto divino.[4] Él me pastorea amablemente.

Los cuatro teólogos con los que me siento en deuda por haber moldeado mis estudios sobre el riesgo, la filosofía de la religión y los estudios bíblicos son el rabino Abraham J. Heschel, el rabino David Fohrman, el Dr. Skip Moen y el Dr. Kenneth Bailey. Heschel abrió el corazón paterno de Dios para mí en los Profetas como ningún otro profesor ha hecho jamás; en cambio, el rabino Fohrman me enseñó la belleza del análisis textual comparativo en lengua hebrea. Del Dr. Moen, sigo aprendiendo a armonizar el enfoque de la filosofía de la religión de Heschel con la obra de Jesús en la cruz y los escritos del Nuevo Testamento. La «resemitización de la cristología» del Dr. Kenneth Bailey ha tenido un impacto significativo en la forma como leo las Escrituras. Parafraseando al Dr. Marvin Wilson, el mío es ciertamente un viaje teológicamente ecléctico.

Proponer pensamientos sobre un contexto bíblico sobre el riesgo para los trabajadores transculturales es un negocio arriesgado. Tres agraciados hombres revisaron cuidadosamente mi discusión exegética sobre el riesgo y me proporcionaron ideas, correcciones y comentarios críticos excelentes. Los comentarios que ustedes me aportaron dieron forma y realzaron mi obra. Gracias al Dr. Lee Allison, de la *Riverside Assemblies of God Church* (Iglesia Asambleas de Dios de Riverside), al Dr. Keith Missel, de la *Friendship Church* [Iglesia Amistad], y a John Wile de *Barnabas International* [Bernabé Internacional], quienes ofrecieron su ayuda durante sus ajetreados programas ministeriales. Ustedes son hermanos para mí. Todo error en la exégesis no es sino mío.

Gracias a dos amables y humildes Daves, quienes me alentaron desde el primer momento y me ayudaron generosamente a comenzar al ofrecerme todos sus

PowerPoints y todas sus notas que ya habían tomado sobre el tema y usado con personal de campo. Compartieron recursos organizativos y aumentaron mi red de recursos para este proyecto.

Diez organizaciones humanitarias prominentes compartieron grandiosamente conmigo sus archivos sobre el riesgo y el peligro en aras de una revisión y un estudio mayores. Por razones de seguridad, solo se las nombra como «Organización A, Organización B, etc.». Sospecho que muchos de estos archivos se escribieron bajo una fuerte presión por parte de la oficina central cuando tenían personal en situación de secuestro. La Iglesia tiene una gran deuda de gratitud con quienes ya empezaron a elaborar afirmaciones bíblicas sobre el riesgo transcultural.

No puedo expresar con palabras mi profundo agradecimiento por la red de amigos que me ayudaron a administrar este proyecto, ofrecieron comentarios amables y críticos y me animaron a seguir escribiendo. Este libro es mucho mejor debido a la cantidad de amigos que se han tomado el tiempo de leer, reflexionar y entablar un diálogo conmigo sobre este tema, dando por sentado las mejores intenciones de mi corazón en mis primeros borradores. Gracias por haberme ayudado a gestionar mi dolor a través de sus amables comentarios y por su ayuda con las palabras. Mi especial agradecimiento a Lisa W., Brian y a la Dr. Debbie Aho, de *Developing Shepherds International* [Formando Pastores Internacional], a Darlene Jerome, de *Mobile Member Care Team* [Equipo móvil de atención a miembros], y a los doctores Charlie y Frauke Schaefer de *Bernabé Internacional*.

Tenemos a más de doscientos socios financieros y compañeros de oración que han caminado con nosotros muchos años, ¡algunos de vosotros desde que yo tenía trece años! Les estamos muy agradecidos por su acompañamiento. Su fiel apoyo a través de muchos desafíos contribuyó con la creación de este libro.

Mis hijos han tenido que arreglárselas para acurrucarse a una madre que tenía libros y documentos por todas partes, y que estaba continuamente frente a la computadora, pero que por suerte siempre tenía en el congelador algo de masa de galletas con pepitas de chocolate para hornear. Me encanta ser su mamá, y también estoy muy orgullosa de ustedes por su resiliencia y su creciente relación con nuestro Padre.

Por último, nunca hubiera podido hacer esto sin Neal. Mucho de este libro viene de ti. Tu apoyo, motivación, tus comentarios honestos y debates teológicos con un café o sentados a la mesa estimularon e impulsaron mi reflexión. Juntos, nos enfrentamos a un riesgo desgarrador y nos maravillamos por lo que nuestro Padre hizo en, por medio de y alrededor de nosotros. Todos los días experimento Su «*Hesed*» a través de ti. Tu amor continúa tocando profundamente y sanando mis heridas. Eres mi bienamado.

HAZ FRENTE AL PELIGRO

capítulo 1
La bestia enfurecida

Como proveedora de servicios pastorales para quienes trabajan transculturalmente, hablo con mucha gente que trabaja por toda Asia Central y Medio Oriente. Sin excepción, cuando se enteran de que mi esposo y yo pasamos casi una década en Afganistán, me preguntan si deberían preocuparse por la seguridad en el sitio que les ha tocado de tan inestable región. Y la respuesta general es que sí, que deberían preocuparse por la seguridad en su región. Pero la seguridad no es una sensación. Nunca lo es.

Nuestra familia se *sentía* insegura allá por el año 2000 cuando vivíamos bajo el régimen talibán en Kabul. En realidad, sin embargo, el Gobierno talibán del momento nos protegía mucho. Más tarde, después de que las fuerzas de coalición liberaran Kabul, todos sintieron la libertad de la tiranía y de las despiadadas condiciones de vida que llegaron con el régimen talibán. Como estadounidenses, sentirnos «libres» significaba que nos sentíamos seguros. Pero la libertad y la seguridad no van necesariamente de la mano.

En 2002, casi un año después de la liberación de Kabul, nuestra casa fue atacada durante el mes del Ramadán por diez afganos armados. Habían matado a gente en las dos casas que habían atacado antes de entrar en nuestra casa por la fuerza. Sus ojos irradiaban violencia salvaje y ambición material cuando nos retuvieron, a punta de pistola, junto con nuestro pequeño que daba sus primeros pasos y nuestra niña bebé, y nos saquearon la casa.

Una simple lectura de los titulares en las regiones de Asia Central y Medio Oriente revela que la guerra física sobre el terreno apunta hacia la batalla espiritual cósmica que se libra alrededor nuestro. La «bestia enfurecida» es el enemigo de nuestro Dios, una bestia que busca devorar a los cristianos y mantener a tantas personas como sea posible atadas a las tinieblas (Apocalipsis 12:17). Tenemos que leer los titulares con ojos espirituales y oír las noticias con oídos espirituales (2 Reyes 6:17; 2 Samuel 5:24; 1 Crónicas 14:15).

Sabemos que la batalla se está intensificando por diversas razones. Cada vez se involucran más grupos de personas no alcanzadas. La guerra y los disturbios geopolíticos están desplazando a millones de personas, haciendo por lo tanto que sean accesibles para los trabajadores cristianos. El creciente número de importantes desastres naturales en la década pasada ha resultado en que se invite a los trabajadores de ayuda humanitaria a que presten ayuda en lugares antes inaccesibles. El Evangelio ha avanzado y continúa avanzando.

En nuestro trabajo como proveedores de servicios pastorales a trabajadores globales por Asia Central y Medio Oriente, vemos que el pueblo de Dios es fiel para contestar a Su llamado. Pastoreamos a gente que vive en una variedad de contextos de Asia Central y Medio Oriente: remotas áreas montañosas donde viven pastores nómadas, aldeas diminutas, pequeñas ciudades y capitales sucias y polvorientas por toda la región. Estos trabajadores comparten la buena nueva de que Jesús ha venido para restaurar con honor a las personas deshonrosas para la casa de nuestro Padre (Lucas 15). Pero para ello hay que pagar un precio muy alto.

Hay al menos cuatro tendencias globales principales que están convirtiendo un entendimiento integral, práctico y bíblico del riesgo en una prioridad urgente para todos aquellos que sirven en estos remotos frentes de esfuerzos transculturales.

Cuatro tendencias principales

Mayor peligro y persecución de trabajadores transculturales

En primer lugar, está la creciente tendencia del peligro y la persecución que afectan a quienes trabajan en lugares transculturales. La persecución de la generación actual de trabajadores expatriados y nacionales cristianos que sirven en contextos musulmanes reticentes ha aumentado significativamente. Muchos países musulmanes siguen haciendo que la vida de los cristianos les sea extremadamente difícil y, en ocasiones, esto resulta en una brutal persecución. Los cristianos que trabajan en el extranjero para organizaciones basadas en la fe pagan un precio muy alto para llevar el mensaje de esperanza al mundo. En Afganistán, por ejemplo, han perdido la vida más de veinte trabajadores de ayuda humanitaria cristianos[5]. Así, los extranjeros se han unido a los miembros afganos del Cuerpo de Cristo que han pagado el precio más alto.

Las tendencias del siglo XXI parecen conducir a un riesgo cada vez más serio para los cristianos dondequiera que estos estén pero, en particular, para los que se adentran a propósito en culturas hostiles con quienes siguen las enseñanzas de Jesús el Mesías. Con tristeza, en nuestro boletín mensual escribí lo siguiente a nuestros socios financieros en 2010:

> El mes pasado tuve una conversación por Skype con una amiga que trabaja en Asia Central, una región azotada por la guerra. Ella me dijo: «Estamos preparándonos para otra oleada de trabajadores que se van. Desde los asesinatos, muchos trabajadores globales acá se están dando cuenta de que no habían considerado por completo el costo de entregar su vida en un entorno de alto riesgo, a pesar de que siguen existiendo muchos grupos no alcanzados. Lloro constantemente. Nuestros niños tendrán que despedirse de mucha gente durante el receso de Navidad y al final del año escolar».
>
> Al escuchar a Amy[6] compartir sus palabras conmigo por videoconferencia en Skype, sentí un gran pesar en mi corazón. Desde que los extremistas ejecutaron a nuestros ocho amigos en agosto y a otra mujer cristiana hace tan solo una semana, muchos trabajadores se enfrentan a una intensa batalla espiritual y al hecho de darse cuenta personalmente de la realidad de lo que significa servirlo a Él en o cerca de zonas en guerra.
>
> Muchos deciden que el costo es demasiado alto y se van para regresar a sus hogares. En este nuevo mundo de oportunidades globales, los que trabajan entre grupos de personas no alcanzadas necesitan más apoyo de atención a miembros con el fin de mantener la eficacia y la resiliencia a largo plazo.

Cada vez más, los cristianos de todo el mundo son el blanco de terroristas suicidas y ataques terroristas. Paul Borthwick describe una importante tendencia global en cuanto a la edad promedio de las personas en el mundo: la define como «joven, inquieta e inestable». El autor escribe:

> Más del cincuenta por ciento del mundo tiene menos de veinticinco años. [...] Hay un dicho en Medio Oriente que dice que la pobreza es la madre del terrorismo. Y la desesperanza es la madre de un montón de violencia en el mundo. Si la elección está entre un gran banquete en el cielo con setenta vírgenes frente a vivir una vida de desempleo y pobreza, algunos estarán dispuestos a inmolarse para escapar de esta vida[7].

Sin embargo, sigue existiendo una gran necesidad de llegar a todos los pueblos de las principales religiones. Hasta un «ochenta y seis por ciento de todos los musulmanes, hindúes y budistas no conocen personalmente a ningún cristiano»[8]. Convertirse del islam al cristianismo tiene un gran precio. La mayoría seguramente sea despedida o encarcelada, pero otros muchos son asesinados. Es de común conocimiento que los «regímenes musulmanes no fomentan la libertad religiosa. Está prohibido convertirse del islam a otras religiones»[9]. Como todo el mundo puede ver, hay una tendencia creciente de peligro y persecución que afecta a quienes trabajan en lugares transculturales.

La tendencia de unas crecientes tasas de abandono

En segundo lugar, está la tendencia de unas crecientes tasas de abandono entre los cristianos que trabajan transculturalmente[10]. La cruda realidad contemporánea del servicio transcultural está contribuyendo a la erosión significativa de los trabajadores globales. Muchos llegan al terreno con visión, entusiasmo y vocación, pero sin expectativas realistas ni un entendimiento del riesgo y del sufrimiento, alfabetización bíblica amplia y con habilidades interpersonales ineficaces.

La Alianza Evangélica Mundial estima que 30.600 trabajadores ubicados en destinos internacionales abandonan el terreno cada cuatro años. De estos, el setenta y uno por ciento lo dejan por razones que se podrían haber evitado[11]. En un país de Medio Oriente, los líderes religiosos de cinco agencias diferentes basadas en la fe informan de que solamente uno de cada diez compañeros de trabajo se queda durante diez años. La mayoría de ellos abandonan tras tres o cuatro años. Otra agencia informó de que la tasa de abandono de su personal en contextos hostiles y resistentes es de entre el 50-60 por ciento. Este abandono significa que más de la mitad de todos sus trabajadores abandonan por razones principalmente evitables y antes de haber llegado a ser eficaces[12].

Un líder de servicios pastorales veterano respondió así al problema de la tasa de abandono:

> El problema es que se pierde mucho más que dinero. Piensen en el daño a una familia que tiene que dejar un próspero trabajo por necesidades o bien personales (depresión, pérdida de fondos, pérdida de visión) o bien de otra índole (guerra en el país, necesidades de padres ancianos, etc.).
>
> Piensen en la tristeza de una pareja o familia que ha invertido de ocho a diez años en un ministerio y que ahora debe abandonar; se preguntan si malentendieron el llamado de Dios; se preguntan por qué los abandona su iglesia, etc.
>
> Piensen en el costo para el equipo que se queda sobre el terreno (moral debilitada; sobrecargas de trabajo para quienes siguen allí y deben encargarse de la tarea).
>
> Piensen en la tristeza de los grupos de personas a los que ministraba un equipo. En alguno de nuestros emplazamientos sobre el terreno, el proyecto de traducción se demoró más de cincuenta años porque, por una u otra razón, los equipos tenían que abandonar uno detrás de otro. Las personas se preguntan si llegarían a tener alguna vez el Libro. Hay una pérdida para sus donantes, que se preguntan si se ha desperdiciado todo el dinero que invirtieron[13].

La tendencia de unos países emisores cambiantes[14]

En tercer lugar, existe la tendencia de cambio de países emisores. En los últimos treinta años, aproximadamente el setenta y cinco por ciento de todos los trabajadores vocacionales cristianos que sirven alrededor del mundo provienen de fuera de Europa y América del Norte. El siglo XX experimentó el gran cambio del cristianismo al sur global, una tendencia que continuará en el futuro.

En 1970, aproximadamente el cuarenta y uno por ciento de todos los cristianos eran de África, Asia o América Latina. En 2020, se espera que esta cifra sea de casi el sesenta y cinco por ciento[15]. Estos trabajadores globales tienden a ser de países más pobres, donde los grupos emisores son a veces incapaces de proporcionar visitas pastorales y, típicamente, el personal es incapaz de proporcionar recursos restauradores suplementarios tales como un retiro anual apartado de la región donde ministran. Los trabajadores de los países emisores más nuevos tienen un servicio a miembros mucho menor desde fuera del país, y deben encontrar formas prácticas y espirituales para no perder la motivación en contextos transculturales arriesgados y desafiantes.

Tendencia a un mayor quebrantamiento de los trabajadores cristianos
Por último, en la Iglesia existe un mayor quebrantamiento que se equipara con los miembros magullados que van al extranjero. El Dr. Stephen Sweatman, presidente de *Mission Training International* [*Capacitación para Misiones Internacional*], dijo: «Si describimos el mundo entero como si fuera una única familia, esta está huérfana de padre, es abusada y está lastimada»[16]. Los trabajadores cristianos que son llamados a servir internacionalmente desde todas las partes del mundo tienden a ir hasta el terreno «más débiles» y «con más magulladuras» debido a muchos factores. De estos, los principales son los efectos de la disfunción en nuestras iglesias y familias en nuestro país de origen.

A la luz de las altas tasas de abuso sexual, físico, emocional y mental, de divorcio y el trauma que estas situaciones acarrean[17], los trabajadores transculturales a menudo llevan al terreno toda una variedad de desafíos personales. Estos pueden incluir traumas pasados no resueltos, la falta de habilidades en la resolución de conflictos, habilidades interpersonales disfuncionales, problemas relacionados con la masculinidad y la paternidad, o concepciones erróneas de Dios y relacionadas con Él. Todos estos factores contribuyen a los problemas de la baja resiliencia y la falta de resistencia en el extranjero, especialmente en situaciones peligrosas y de alto riesgo.

¿Estamos haciendo las preguntas incorrectas?

El problema de la elevada tasa de rotación del personal ha llevado a la proliferación de libros y artículos sobre el sufrimiento. La siguiente parece ser una de las asunciones: «Si las personas solo conocen y aceptan una verdad doctrinal correcta sobre Dios o el sufrimiento, estas se harán más resistentes y resilientes. Solo tenemos que dar la información correcta y podrán manejar el "estrés del grifo que gotea[18]" al vivir en o cerca de una zona en guerra».

Las dificultades que tiene el personal ubicado en el extranjero al no ser capaz de manejar los riesgos actuales son una importante crítica de la actual generación de trabajadores transculturales. A pesar de todos los recursos sobre el sufrimiento, parece que hay «una superabundancia de información[19]» sobre cómo manejar el riesgo y el sufrimiento. Abraham Heschel afirma: «Formulamos y debatimos los problemas al mismo tiempo que estamos ajenos y nos alienamos de las experiencias o percepciones que justifican nuestro planteamiento de los problemas[20]». El entender la perspectiva de las personas que han vivido la realidad del riesgo en líneas de combate extranjeras ciertamente minimizaría la «alienación de la experiencia» a la que se refiere Heschel.

Por lo que a mí me consta, la discusión sobre una teología del riesgo se ha caracterizado principalmente por la enumeración de historias de riesgo de la Biblia y el alentar a las personas para que «tengan fe». Para mí, como madre ama de casa, las historias de riesgo anecdóticas con poca conexión aparente entre sí y sin una guía sobre cómo pensar en la progresión del riesgo en la Biblia no me fueron de ayuda. Este enfoque no me llegó al alma ni al corazón, ni tampoco me ayudó a lidiar con el caos que supone vivir en una situación de alto riesgo durante largos días y años. Quería encontrar qué escrituras podrían habérsele ocurrido a Pablo (quien solo tenía los escritos del Antiguo Testamento) cuando se puso en riesgo, y aplicarlas a mi propia situación.

También es crucial reconocer nuestra propia «inclinación» cultural. Los planes de seguros financieros y la planificación de contingencias pueden consumir una gran cantidad de tiempo, energía y fondos tanto en organizaciones seculares como ministeriales. La cultura reacia al riesgo de América del Norte no se presta a la producción de una generación de personal transcultural capaz de ser resiliente y soportar un peligro extremo.

Si la suposición es que los trabajadores cristianos tienen que entender el sufrimiento, y las agencias y líderes preguntan: «¿Qué es lo que no entienden del sufrimiento los trabajadores transculturales de primera línea? ¿Qué necesitan saber acerca del sufrimiento antes de ir?». Entonces, ¿es posible que se estén haciendo las preguntas incorrectas? ¿Estamos dando respuestas incorrectas a una generación extremadamente reacia al riesgo? ¿Existe un factor clave para incrementar la resiliencia del personal transcultural y reducir las tasas de abandono en áreas de alto riesgo? Si es así, ¿cuál es este factor?

La respuesta a esta pregunta ha de ser relevante no solo en la Iglesia norteamericana, sino también para los trabajadores «en tiempos de una crueldad abrumadora y la amenaza diaria del desastre y la muerte inminentes. La respuesta no solo ha de ser válida en los salones de actos de los seminarios»[21]. Debe ser válida para el trabajador cristiano que sabe que por ir a trabajar al día siguiente se enfrenta al riesgo de que lo metan en la cárcel por ser cristiano; o que podría morir asesinado en la calle de camino al trabajo por algún hombre armado con un kalashnikov de 15 dólares mientras conduce su motocicleta de 125 dólares estadounidenses. Las respuestas han de ser válidas para un hombre o mujer moribundos y los hijos que los acompañan.

> Así como el conocer el sufrimiento está muy lejos de la experiencia real del mismo, el *saber* que hay un riesgo es sumamente diferente a *la experiencia* de arriesgar la propia vida.

Así como el conocer el sufrimiento está muy lejos de la experiencia real del mismo, el *saber* que hay un riesgo es sumamente diferente a *la experiencia* de arriesgar la propia vida. Propongo que un entendimiento bíblico del riesgo es un factor muy importante que contribuye y es necesario para aumentar la perseverancia y la firmeza (los profesionales clínicos usan los términos «resistencia» y «resiliencia») en situaciones de riesgo.

La resiliencia al riesgo requiere mucho más que aceptación mental para «corregir» una doctrina. Un entendimiento bíblico del riesgo es el prerrequisito para una teología del sufrimiento. Pero también es una característica de la vida interior. Esto incluye aceptación cognitiva y una respuesta de corazón vivencial e interna, así como experiencia personal y comunitaria con el Señor. Es práctico y espiritual, y está profundamente arraigado en las Escrituras. Para los seguidores de

Cristo que planeen adentrarse en una situación peligrosa, de algo riego y hostil, resulta crucial tener una comprensión firme de este requerimiento fundacional.

Resistencia y resiliencia

La mayoría de los grupos de personas que necesitan transformación viven en áreas del mundo donde ha habido un aumento dramático de la persecución y los asesinatos de cristianos. Se necesita una mayor resiliencia para soportar todos los tipos y grados de persecución, dificultad y peligro. Pero ¿qué es la resiliencia?

Resiliencia es sinónimo de fortaleza mental. Es lo que ocurre durante y después de que se produzca una dificultad o un sufrimiento. He aquí una definición de resiliencia: «*La resiliencia humana es la capacidad de hacer frente a la realidad, de involucrarse y crecer a través de los desafíos y las adversidades de la vida por medio de la fortaleza interna, el apoyo social, las habilidades para hacer frente a los problemas y las creencias/valores fundamentales que incluyen el propósito de la vida y el sentido espiritual*».[22] ¿Cuán resiliente eres?

En términos de la atención a miembros, la resiliencia se describe a menudo metafóricamente como una banda elástica. Describe la elasticidad del ser capaz de estirarse y volver de nuevo a la forma inicial. Es una buena metáfora para tener en cuenta aquí. Sin embargo, las bandas elásticas no me evocan mucha emoción en el alma. Con todo el debido respeto a mi psicólogo y a mis amigos de atención pastoral, personalmente siempre he imaginado la resiliencia como tener una columna vertebral de titanio. En otras palabras, mis convicciones son tan fuertes y profundas que es como si se hubieran forjado en el más duro de los metales conocidos para la humanidad, y no se fundirán ni en el más abrasador de los fuegos del peligro. Digo con David: «Por tanto, no temeremos [...] aunque los montes se deslicen al fondo de los mares» (Salmos 46:2-3). No seré movida de mi confianza en Dios.

David formó y declaró su convicción sobre cómo respondería emocional, física y espiritualmente *antes* de que ocurriera la realidad de su gran temor. Así son la firmeza del alma y la fortaleza del espíritu, hablando en términos bíblicos. Usando como guía las palabras de David, hemos de cultivar una fortaleza interior *antes* de que vengan las pruebas (resistencia) y, al volvernos hacia Dios a través de la experiencia de riesgo, la resistencia no hará sino acentuarse y aumentar tras experimentar un riesgo, lo que dará como resultado una mayor firmeza de la fe que queda demostrada por nuestra experiencia de Dios en ese momento (resiliencia).

En este sentido, tanto las bandas elásticas como las «columnas vertebrales de titanio» son imágenes incompletas de la resiliencia, ya que no manifiestan la imagen del crecimiento espiritual que por lo común se experimenta en una situación de riesgo. La Biblia compara a menudo la fe con la imagen de un árbol con raíces profundas que crecen en el desierto (Isaías 41:19). Las raíces de un árbol crecen hacia las profundidades buscando las áreas de agua y nutrientes cuando las circunstancias por encima del suelo son sumamente adversas —cuando el tiempo es sumamente cálido y seco en la superficie—. Unas raíces profundas significan que el árbol no se cae con las violentas tormentas.

El riesgo al que hay que hacer frente en un entorno transcultural nos obliga a afrontar nuestros miedos más profundos, experimentar partes de nosotros mismos de las que nos damos cuenta que nos avergüenzan (una rabia abrumadora, por ejemplo), admitir y resolver nuestras debilidades y reconocer la realidad del poco control que tenemos verdaderamente sobre nuestra vida. Nos obliga a volvernos hacia Dios o a alejarnos de Él. A menudo, el riesgo requiere que lidiemos con cuestiones potencialmente demoledoras de la fe.

En el riesgo, o crecemos intensamente hacia la semejanza y unión con Cristo, o no. Pablo usa expresiones como «la firmeza de vuestra fe» y «andad en Él, firmemente arraigados y edificados en Él y confirmados en vuestra fe» en Colosenses 2:5-7. Nos adentramos en el riesgo teniendo con nosotros la firmeza de la fe, que solo se hace más profunda al refinarse nuestras ideas sobre esta y al experimentar la verdadera fidelidad de nuestro Padre a través de la experiencia de riesgo.

Así pues, ¿qué pasajes bíblicos son relevantes para que madres, padres, hijos y solteros desarrollen firmeza de alma y de espíritu? ¿Qué ayudará a aumentar la resistencia y la resiliencia? ¿Y cómo integramos la evaluación de riesgos cotidiana con lo que la Biblia dice del riesgo?

Cuatro preguntas importantes

Son muchas las preguntas que tenía sobre el riesgo transcultural. Para esta discusión, las he catalogado en cuatro amplias pero importantes preguntas:

1. ¿Qué podemos aprender sobre el riesgo a partir de las expresiones idiomáticas de riesgo que se usan en el Nuevo Testamento?
2. ¿Cómo entendemos la administración y la guía del Espíritu Santo en una situación de riesgo?
3. ¿Qué componentes se necesitan considerar e integrar en el riesgo transcultural?
4. Al integrar los hallazgos identificados en las preguntas de la una a la tres, ¿cómo calculamos el riesgo transcultural?

La respuesta a estas preguntas llevará a los trabajadores transculturales a formular sus creencias y a desarrollar un mayor entendimiento bíblico del riesgo, integrado con lo que han discernido sobre lo que el Espíritu Santo los llama a hacer en el momento de riesgo. Esto incluye la tarea de instruirse en el riesgo (tal como se define en el Capítulo 8) y evaluar qué mitigación del riesgo debe hacerse para una administración correcta en cada situación de riesgo única.

La evaluación y el manejo del riesgo son cada vez más una necesidad diaria de los campos de servicio actuales. Como madre de hijos pequeños, presté atención a la evaluación del riesgo todos los días durante casi diez años mientras vivía en Afganistán ¿Era lo suficientemente seguro para los niños montar en bicicleta por la calle? ¿Qué bazares quedaban fuera de los límites debido a las amenazas de secuestro?

Mi deseo es que este libro fortalezca a los colegas que sirven en el extranjero y a los hijos que estén con ellos, para que resistan con fidelidad. Espero que este libro ayude a identificar los componentes cruciales de una base bíblica del riesgo y proporcione un marco bíblico y práctico para desarrollar una convicción personal acerca del riesgo para los seguidores de Cristo que vayan a trabajar en situaciones hostiles de alto riesgo.

La primera parte trata tres referencias específicas al riesgo en el Nuevo Testamento y demuestra su conexión con una historia del Antiguo Testamento como contexto espiritual para prepararnos para el riesgo. Incluye una discusión de aquello en lo que Pablo y la Iglesia primitiva podrían haber pensado en cuanto al riesgo a medida que avanzaban para compartir el Evangelio.

Uno de los descubrimientos más comunes en el riesgo son las ideas erróneas que tenemos acerca de Dios. A menudo, nuestro Padre usa el riesgo para revelarnos aquellas áreas que Él quiere cambiar en nosotros al seguirlo hacia esa situación. Dios se arriesga a llevarnos hacia Él y, a medida que nos arriesgamos vulnerablemente a llevar a otros hacia Él, nos volvemos más como Él, y lo vemos más verdaderamente como Él es y ganamos un mayor entendimiento de Su corazón.

La segunda parte aborda la evaluación y el manejo del riesgo. Deben considerarse todos los aspectos del riesgo transcultural. El contar con una manera sistemática de resolver una evaluación del riesgo integral aumentará la confianza de quienes trabajan en el extranjero, sus familias, parejas, organizaciones y equipos. La discusión de la mente y las emociones resulta especialmente útil. Más de mil estudios sobre la psicología del riesgo de investigadores seculares ofrecen una visión de una conciencia más efectiva de cómo estamos manejando el riesgo como individuos, equipos y líderes.

Si bien es crucial discutir pormenorizadamente el manejo del riesgo desde la perspectiva del reino de operar dentro del llamado de cada uno para el servicio transcultural, ningún estudio atento, ningún marco eficaz, ninguna planificación de contingencia inteligente o discusión profunda puede reemplazar la guía del Espíritu Santo. Puede que haya que dejar de lado todos los planes cuando el Espíritu nos pida que nos quedemos y que potencialmente demos nuestra vida.

Aplicación

1. Analiza el país al que deseas o planeas ir, o del que deseas o planeas regresar ¿Qué estadísticas puedes encontrar sobre las tasas de abandono de las principales organizaciones vocacionales cristianas que están allí?

2. ¿Con quién puedes hablar para informarte de las dificultades reales que hay sobre el terreno y de por qué lo pasan mal los trabajadores transculturales que se quedan allí?

3. ¿Quiénes se han quedado y qué los ha ayudado a progresar en esta desafiante situación?

Resumen del Capítulo 1

1. Oye «el sonido de marcha en las copas» de los árboles (1 Crónicas 14:15) cuando leas los titulares de prensa. La batalla espiritual se está librando siempre tras las historias de los noticieros, y entre estos acontecimientos casi siempre hay cristianos nacionales, trabajadores humanitarios cristianos y personal vocacional cristiano.

2. Las cuatro tendencias a nivel mundial son:

   - Mayor persecución de los cristianos en todo el mundo.
   - Tasas de abandono más altas debido mayoritariamente a razones evitables.
   - Cambio de los países emisores; vienen más trabajadores del sur global.
   - Un mayor número de seguidores de Jesús que van y sirven «magullados». Se adentran en el terreno con relaciones rotas, provenientes de hogares rotos, con falta de profundidad espiritual y con analfabetismo bíblico.

3. Cuatro preguntas que hay que hacer son:

   - ¿Cuáles son los pasajes de la Biblia más útiles para empezar a desarrollar un entendimiento bíblico y fundacional del riesgo?

- ¿Cómo equilibramos la administración y la guía del Espíritu Santo en el riesgo?
- ¿Qué componentes se necesitan considerar e integrar en el riesgo transcultural?
- Al integrar los hallazgos identificados en las preguntas de la una a la tres, ¿cómo calculamos el riesgo transcultural?

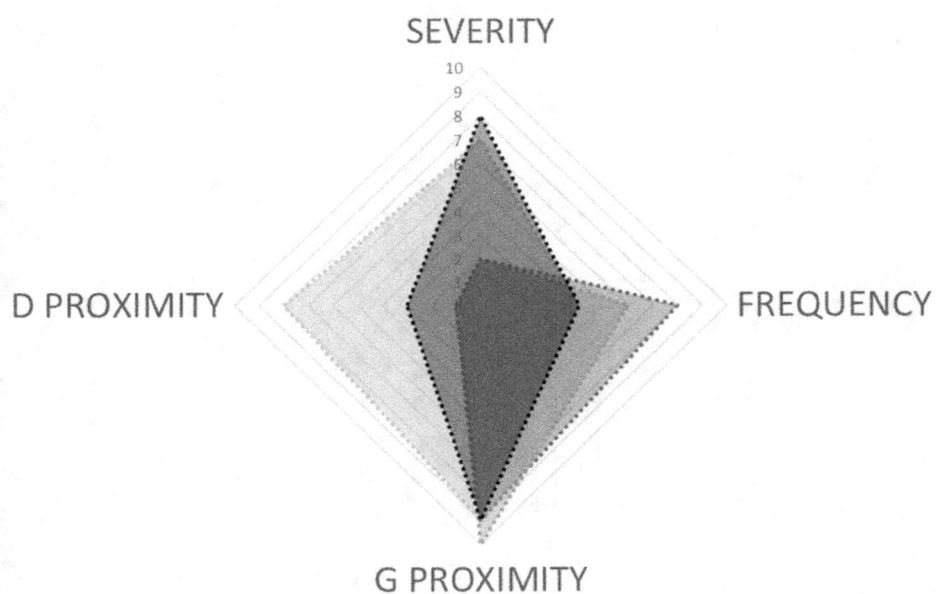

Ilustración 1.1 Vista general de la teología del sufrimiento y de la teología del riesgo

Esto ilustra que todos los creyentes experimentan sufrimiento, ya vivan en una seguridad relativa o en peligro. Tu teología del sufrimiento determina cómo respondes al sufrimiento independientemente de donde estés. Una teología del riesgo influye en si avanzas hacia más riesgo o hacia la seguridad. ¿Qué ocurre cuando una persona ofrece una respuesta de la teología del sufrimiento a una persona que hace una pregunta de la teología del riesgo?

primera parte

Contexto bíblico y espiritual

capítulo 2

Tres palabras de riesgo en el Nuevo Testamento

¿Qué estaban pensando?

¿Hay alguna forma de averiguar lo que podrían haber pensado los líderes de la Iglesia primitiva cuando consideraron el riesgo de compartir la buena nueva? La cuestión del riesgo no solo aparece en el Nuevo Testamento. Si miramos en el Antiguo Testamento, vemos muchas veces en las que las personas arriesgaron sus propias vidas frente a enemigos que parecían demasiado grandes. Una de esas veces aparece en Éxodo 17, en la guerra entre Israel y Amalec. Hay una correlación fascinante entre varios pasajes del Nuevo Testamento y la batalla de Éxodo 17. Parece que esos escritores neotestamentarios tuvieron en mente este contexto cuando se refirieron al riesgo.

En la Biblia, hay tres pasajes específicos en los que aparece el verbo «arriesgar» en el Nuevo Testamento. Cada una de estas veces, la palabra en español se traduce a partir de tres palabras griegas diferentes. Claramente, aunque estos tres pasajes guardan conexión entre sí por el uso de la misma palabra, debe haber otros aspectos del riesgo que podamos entender y aplicar hoy día. Estos son los tres pasajes en los que muchos traductores eligieron usar la palabra «arriesgar»:

> Nos pareció bien, habiendo llegado a un común acuerdo, escoger algunos hombres para enviarlos a vosotros con vuestros amados Bernabé y Pablo, hombres que han arriesgado su vida por el nombre de nuestro Señor Jesucristo (Hechos 15:25-26 LBLA).

> Saluden a Priscila y a Aquila que son mis compañeros de trabajo en Cristo. Ellos arriesgaron su propia vida para salvar la mía, y les estoy muy agradecido. Las iglesias de los que no son judíos también les dan las gracias (Romanos 16:3-4) PDT.

> Recibidlo, pues, en el Señor con todo gozo, y tened en alta estima a los que son como él; porque estuvo al borde de la muerte por la obra de Cristo, arriesgando su vida para completar lo que faltaba en vuestro servicio hacia mí (Filipenses 2:29-30 LBLA).

Lucas y Pablo, como todos los escritores del Nuevo Testamento, habían memorizado grandes volúmenes del Antiguo Testamento en hebreo, lo que influyó significativamente en sus escritos. Con un pequeño "juego" llamado «¿Dónde hemos oído eso antes?»[23], empezamos a ver expresiones, palabras y conceptos de los pasajes de arriba que apuntan a la primera guerra entre Israel y Amalec[24].

Seguro que querremos ver más de una expresión coincidente para sugerir que Lucas y Pablo tenían en mente Éxodo 17 cuando escribieron acerca del riesgo. Observaremos cada una de las conexiones y consideraremos brevemente la visión general de Pablo de la guerra espiritual para entender mejor y más sobre el riesgo bíblico y algunos principios espirituales del riesgo. En este capítulo veremos cuatro coincidencias: el uso de "escoger hombres" en Hechos 15:22 y Éxodo 17; la presencia del Padre, el Hijo y el Espíritu a través de motivos y palabras en Hechos 15:22-32, Filipenses 2:27-30 y Éxodo 17; y la guerra y el riesgo en Hechos 15, Romanos 16:4 y Éxodo 17.

Modismos y coincidencias

Las expresiones idiomáticas son una de las principales herramientas para entender las culturas de Asia Central y Medio Oriente. El Nuevo Testamento lo escribieron judíos que tenían una cosmovisión hebraica. Por lo tanto, vemos muchas frases hechas hebraicas en el Antiguo Testamento que están traducidas al griego. En la Biblia, dos expresiones idiomáticas sinónimas comunican la idea del riesgo tanto en hebreo como en griego[25].

El hebreo emplea lo que se denomina «lenguaje fenomenológico»: describe cómo se ve el riesgo en el mundo físico y cómo aparece usando verbos de acción. La lengua griega emplea más filosofía y lógica en su definición de las palabras e ideas[26]. Esto significa que entenderemos cómo se ve el riesgo en acción cuando nos pongamos nuestras gafas «hebreas», pero comprenderemos el significado preciso de la acción cuando nos pongamos las gafas «griegas». Ambas perspectivas son útiles y facilitarán un entendimiento más integral de cómo responder al riesgo al participar en los esfuerzos de la fe.

«Escoger hombres»: conexión de la frase en el Antiguo y Nuevo Testamento

La primera pregunta que hay que hacer cuando leemos el pasaje de Hechos es: «¿Dónde en la Biblia oímos la expresión "escoger hombres"?». Nuestra exploración nos ayudará a enlazar las ideas compartidas por los dos Testamentos. Aquí vemos que se escoge el mismo tipo de hombres en Hechos 15:22 y en Éxodo 17:9 en la historia de la guerra entre Israel y Amalec. «Escoger hombres» se usa por primera vez en la Biblia en Éxodo 17:9. Moisés le dice a Josué que "escoja hombres" que puedan salir y pelear con él contra Amalec ¿Qué tipo de hombres debe escoger Josué y qué tipo de hombres escogen los apóstoles y los ancianos?

Podemos especular razonablemente que Josué escogió a muchos de los hombres que eran conocidos como ancianos entre el pueblo de Egipto cuando aún seguían en la esclavitud; aquellos a los que Moisés y Aarón tuvieron que convencer de que Dios estaba obrando. Los hombres escogidos son los mejores, los que son sabios, sensatos y experimentados[27]. Eran hombres que habían sido examinados por los fuegos refinadores de la aflicción (Isaías 48:10; Job 34:4). Eran hombres fuertes y temerosos de Dios. Quizás sabían incluso cómo luchar contra la brujería y la hechicería, pues los amalecitas eran conocidos como hechiceros[28]. Moisés confió claramente en el discernimiento de Josué sobre el tipo de hombres necesarios para entrar en batalla, y «escoger» significa que no se escogió a todos los hombres que había disponibles. Solo fueron escogidos algunos de ellos, quizás los guerreros más experimentados.

Otro aspecto de estos hombres escogidos que corrieron el riesgo de la guerra fue su motivación. Se arriesgaron porque fueron escogidos. No había ningún grupo de israelitas buscando tener la oportunidad de arriesgarse. No vemos a Josué acercándose a Moisés para decirle: «Ey, Moisés, ¿tienes algún trabajo arriesgado del que pueda hacerme cargo para mostrar cuánto amo a Dios y cuán especial soy para Él?».

Algunos trabajadores transculturales tienen la percepción errónea de que buscar el riesgo es el más alto llamado, una demostración de fe, y esto los motiva. Sin embargo, muy a menudo las motivaciones ocultas tras el comportamiento de una persona tienen un impacto significativo sobre cómo afectará dicho comportamiento a esa persona o a otros. El Nuevo Testamento apunta a la importancia de las intenciones de nuestro corazón, más que solo evaluar las acciones en sí (Mateo 12:33-35). Ser escogido para arriesgarse, ser escogido para entrar en batalla, significa que uno es escogido por Cristo y que se arriesga para Cristo por el simple hecho de haber sido llamado. Los hombres y las mujeres que han sido escogidos para arriesgarse lo hacen porque se lo han pedido, ya sea a través de los líderes o por un claro llamado de Dios. No elevan el riesgo como valor en sí mismo.

> Ser escogido para arriesgarse, ser escogido para entrar en batalla, significa que uno es escogido por Cristo y que se arriesga para Cristo por el simple hecho de haber sido llamado.

¿Qué tipo de hombres eran?

Los líderes de la Iglesia de Jerusalén tenían que escoger a algunos hombres para que fueran y ayudaran a la Iglesia de los gentiles. Algunos judíos habían ido desde Judea y habían ido a la Iglesia de los gentiles en Antioquía, y causaron toda suerte de problemas fingiendo ser líderes enviados por la Iglesia de Jerusalén. Habían inquietado a los creyentes gentiles.

La Iglesia de Jerusalén escogió a hombres —Judas y Silas— de entre los hermanos, añadiendo que eran «hombres prominentes». Lucas reitera algunos versos después que «escogieron hombres» ¿Por qué nos tienen que decir dos veces que escogieron a ciertos hombres y no a otros? La repetición y la amplificación de las palabras o expresiones en el relato bíblico nos dicen que prestemos atención a lo que está ocurriendo.

Los líderes de la Iglesia de Jerusalén enviaron una carta a los inquietados gentiles, la cual comenzaba así: «Puesto que hemos oído que algunos de entre nosotros, a quienes no autorizamos, os han inquietado con sus palabras, perturbando vuestras almas (...)» (Hechos 15:24). Nuestras traducciones contemporáneas de la Biblia pueden no comunicar la importante farsa que estaban montando estos visitantes. La expresión «perturbaron sus almas» es una expresión idiomática que significa «cargar de equipaje tu alma»[29]. Estaban imponiendo reglas opresivas a la Iglesia, lo que causaba todo tipo de angustia y preocupación. Estaban perturbando a los creyentes gentiles y desmantelando las enseñanzas fundacionales de Pablo exigiendo con severidad la circuncisión y gobernando la Iglesia por la fuerza. Estos hombres estaban rellenando con dogmas dañinos las almas de los jóvenes seguidores de Cristo; estaban haciendo una montaña de un grano de arena. En esencia, eran lo contrario a los hombres que se describen en el verso 22.

En contraste, Judas y Silas, que se dieron a conocer como profetas, «exhortaron y confortaron» a los creyentes con sus palabras. Vemos una notable diferencia de la presencia y el impacto de la enseñanza de estos dos tipos de líderes en la vida del alma interior que mora en el corazón de los creyentes. Me pregunto si Lucas y los ancianos tuvieron en mente Jeremías 23 y Ezequiel 34 cuando compararon a Judas y Silas con estos hombres. En estos capítulos, los profetas transmiten la visión de Dios sobre los malos pastores de Israel que abandonaron y destruyeron el rebaño, mediante el miedo, el desaliento y dispersando a las ovejas.

Arriesgaron su vida

¿Por qué contrastaría Lucas «perturbaron sus almas» con «arriesgaron su vida»? A primera vista, no parecen guardar ninguna relación. La expresión idiomática «arriesgaron su vida» significa «entregar la vida» o «exponerse por voluntad propia a un peligro o riesgo»[30]. Esto significa que estos hombres estaban dispuestos a morir por sus creencias; eran hombres caracterizados por el amor sacrificial y eran personas dignas de plena confianza[31].

Creo que Lucas está contrastando estas dos expresiones porque los hombres que perturban el alma de los otros son generalmente hombres (y mujeres) que disponen de mucho tiempo, que no tienen una perspectiva de aquello por lo que es digno morir y que «hacen una montaña de un grano de arena», como se suele decir. Esto quiere decir que dan una importancia suprema a los asuntos pequeños, lo que daña el Cuerpo de Cristo. Sin embargo, los hombres que arriesgan su vida sabiendo que pueden morir son exactamente lo opuesto a «perturbados». Esto es algo que entendemos a través de la experiencia cuando arriesgamos nuestra vida por el bien del Evangelio.

Lo que ocurre internamente es que hay un recorte, una simplificación, una reducción del enfoque. La mente se fija en lo que es supremamente importante, y la vida se disfruta con la mayor de las simplezas. En ese punto, los problemas menores que antes eran importantes se relegan a un segundo plano, y los hombres y mujeres que han tenido el privilegio y han sido escogidos para entrar en este estado son capaces de ayudar a otros a discernir aquello en lo que merece la pena centrarse y por lo que merece la pena morir.

Lo fascinante de este comentario es que, de una forma típicamente hebraica, estos cuatro hombres se describen, con verbos, como hombres de acción. Las descripciones de estos leales siervos no se reunieron con base en su conocimiento doctrinal, sus títulos, rangos o logros, sino en su acción justa. A Judas, Silas, Pablo y Bernabé se les confió el venir y «fortalecer a los débiles, curar a los enfermos, vendar a los heridos, hacer volver a los descarriados, buscar a los perdidos y enseñarles y corregirles con cuidado» (Ezequiel 34:4, mi paráfrasis añadida). Estos son hombres cuyas almas están ancladas y que lideran a otros hacia el mismo sitio donde se encuentran parados (Hebreos 6:19).

La experiencia de una familia

Una familia en una zona en conflicto de Asia Central narró que tenían dos líderes pastorales de iglesias distintas que se ofrecieron a visitarlos y ministrarlos durante un periodo de crisis. La seguridad había caído en picada y mucha gente se sentía asustada e inquieta. La familia procesó reflexivamente ambos ofrecimientos de una visita de campo y, al hacerlo, caminaron de la misma manera como los apóstoles y ancianos de Hechos 15. Eligieron a hombres desde la perspectiva de qué impacto tendrían estos en su alma.

Un pastor era de una iglesia que parecía valorar predominantemente una fórmula de productividad espiritual muy inapropiada para el contexto musulmán donde vivía la familia. Además, los líderes de la iglesia habían comunicado un énfasis ministerial que la familia sobre el terreno no compartía. No parecía seguro hacer que este pastor viniera y, posiblemente, hiciera aumentar la tensión con una actitud sentenciosa, por lo que declinaron su oferta. Al otro pastor que les había ofrecido una visita personal, le dijeron: «Por favor, venga. Usted puede ayudarnos». Este pastor tenía experiencia en Medio Oriente y la iglesia asociada estaba cien por ciento detrás de la familia y del proyecto en el que esta participaba.

En el momento de riesgo, es *esencial* tener líderes que exhorten y conforten a las personas, como Judas, Silas, Pablo y Bernabé. Es importante tener líderes que tengan una influencia pacificadora sobre las ovejas y que hablen sabiamente, no líderes que podrían aumentar la angustia, la preocupación y el miedo a una situación de crisis.

La conexión entre el riesgo y el sacerdocio en el Antiguo y Nuevo Testamento

Hay dos conexiones entre el riesgo que Epafrodito corrió en el servicio a Pablo y el sacerdocio de Moisés y Aarón. El sacerdocio en el Antiguo Testamento es un énfasis importante en la historia de la guerra entre los israelitas y los amalecitas (Éxodo 17:8-16). Moisés y Aarón son *los dos* sacerdotes del pueblo de Israel: «Moisés y Aarón estaban entre sus sacerdotes» (Salmos 99:6; ver también Hebreos 3:1-3). En esta historia, Moisés y Aarón actúan como vasos para la presencia de Dios: Moisés, teniendo en alto sus manos sobre el pueblo de Israel; y Aarón, ayudando a sostener las manos de Moisés cuando este se cansaba. En el Antiguo Testamento, el «levantar las manos» por encima del pueblo es la forma como se mediaban a menudo las bendiciones divinas[32]. Juntos, Aarón y Moisés mediaron el poder y la presencia de Dios para el pueblo de Israel, lo que formaba parte de su función sacerdotal.

En el Nuevo Testamento, Pablo describe primero a Epafrodito como un ministro usando la misma palabra para servicio sacerdotal usada en otras partes del Nuevo Testamento (Lucas 1:23; Hechos 13:2; Hebreos 9:21; 10:11). Más adelante, Pablo conecta el riesgo que corrió Epafrodito y lo reafirma como servicio sacerdotal: «Pero lo he recibido todo y tengo abundancia; estoy bien abastecido, habiendo recibido de Epafrodito lo que habéis enviado: fragante aroma, sacrificio aceptable, agradable a Dios» (Filipenses 4:18).

Pablo describe la muerte de Cristo en Efesios 5:2 como un «fragante aroma». «Esta era una expresión común para describir los sacrificios del Tabernáculo y el Templo»[33], escribe Tim Hegg. Pablo considera la acción práctica de arriesgar la propia vida de uno por el bien del Evangelio como un acto de servicio sacerdotal ¡Considera que la acción de riesgo es profundamente espiritual![34].

Cuando juntamos lo que Moisés y Aarón hicieron en Éxodo 17 y el gran elogio de Epafrodito que Pablo ofrece en Filipenses 4:18, vemos el riesgo bajo una nueva luz. Moisés y Aarón estaban ayudando a los israelitas a ganar ese día a través de sus acciones, mientras que Epafrodito ministró a Pablo a través de su riesgo y lo que le llevó.

En la buena voluntad de Abraham a la hora de ofrecer a su hijo al Señor como sacrificio, vemos que «arriesgó» la vida de su hijo en obediencia a Dios. El Señor salió al encuentro de Abraham en el «momento de riesgo» señalándole un cordero trabado en un matorral[35]. El riesgo es servicio sacerdotal en la guerra y también es cuidado espiritual para quienes libran una batalla. Este servicio sacerdotal se describe en términos sacrificiales: arriesgar nuestra vida por el otro y por el reino de Dios es inherente al sacrificio.

Por último, aquí vemos la comunidad formada por quienes corren riesgo. Pablo llama a Epafrodito «colaborador y compañero de milicia». Hay una relación especial entre quienes han corrido un riesgo juntos, y Pablo hace el mayor elogio de estos tomadores de riesgos por el Evangelio.

La visión del Padre, del Hijo y del Espíritu

Al mirar a través de los ojos de Pablo y de los líderes de la Iglesia primitiva, hay varios lugares en estos tres pasajes (también en Éxodo 17:8-16) que revelan la presencia del Padre, del Hijo y del Espíritu. La evidencia de las actividades unificadoras del Espíritu de Dios reveladas en la unidad de la elección de los hombres se manifiesta en:

- Hechos 15:22: «Entonces pareció bien a los apóstoles y a los ancianos [...]».
- Hechos 15:25: «Nos pareció bien [...]».

- Hechos 15:25: «[...] habiendo llegado a un común acuerdo».

Los apóstoles y los ancianos demostraron cómo es la unidad del Espíritu Santo en acción (Efesios 4:3-4). Lo demostraron a través de la forma como llegaron a un acuerdo sobre la importante decisión de escoger qué hombres acompañarían a Pablo y Bernabé, así como la decisión de seleccionar qué requerimientos pedir a las iglesias gentiles.

El Padre y el Hijo se mencionan tanto en el pasaje de Hechos como el de Filipenses. En Hechos 15:26, solo es la segunda vez en el Antiguo Testamento en la que «Señor» y «Jesucristo» se combinan formando un único título para Dios[36]. En Filipenses, Pablo dice acerca de Epafrodito que «Dios tuvo misericordia» y «recibidlo, pues, en el Señor», que son las dos traducciones de títulos para Jehová Dios en el Antiguo Testamento. Para finalizar, aporta la razón de por qué deben recibirlo en el Señor: «estuvo al borde de la muerte por la obra de Cristo».

¿Qué conexión guardan estos pasajes con la historia de Éxodo 17:8-16? En Éxodo 17, Dios Padre está en Su trono (verso 16); Moisés, estando sentado sobre una piedra con su vara de pastor, prefigura a Jesús, nuestro Buen Pastor; y el Espíritu está empoderando a los israelitas para que libren la batalla y ganen a través de los brazos extendidos de Moisés.

Es común que los que nos encontramos en medio de una situación de riesgo nos sintamos solos y aislados. A veces, puede parecer incluso que Dios nos ha abandonado. Pero en los tres pasajes de riesgo en el Nuevo Testamento y en la historia de Éxodo 17, Dios el Padre, el Hijo y el Espíritu están presentes y activos. Debemos aferrarnos a estas imágenes vivientes y asirnos con fuerza a la realidad espiritual de que Jesús estará con nosotros todos los días, hasta el fin del mundo (Mateo 28:20).

Riesgo y guerra

Estos tres usos del verbo «arriesgar» en el Nuevo Testamento conectan el riesgo con la guerra. Fijémonos en las tres palabras griegas que forman esta conexión.

Paradidomi

Paradidomi significa «ceder» y el tiempo verbal que se utiliza en Hechos 15:26 significa que estos hombres han escogido de forma activa entregar su corazón y su alma y permanecer en esa posición. Es como si no estuvieran solamente preparándose ante la posibilidad de la dificultad, sino que se han colocado decididamente en medio de ella; es ahí donde escogen vivir, así que, claro, pueden ocurrir cosas terribles.

Esta palabra usada en Hechos 15:26 se utiliza con frecuencia en el Nuevo Testamento en el contexto de la traición y la guerra contra los enemigos de Dios. Por ejemplo, se utiliza en Mateo 26:45, donde descubrimos que Jesús fue «entregado en manos» de pecadores. Jesús, el que «aplastará pronto a Satanás», participa en la guerra. También significa que existe la posibilidad de ser traicionado[37] y de que uno entregue su vida en manos de sus propios enemigos como parte de la batalla cósmica que se libra entre Dios y Satanás.

Otras formas como se usa esta palabra incluyen la administración[38], la anunciación de la Palabra a los demás[39] y la batalla cósmica[40]. Judas nos dice que los seguidores de Cristo deben batallar como si estuvieran en una guerra por la fe «entregada» [*paradidomi*] «a los santos» (Judas 3). Antes mencioné que, en Hechos 15:26, «riesgo» significa «entregar la vida». En hebreo, esta misma expresión —«entregado en manos de»— se utiliza en el Antiguo Testamento en relación con la guerra ¡más de cien veces![41].

Parabaleusamenos

La forma como se utiliza esta palabra en Filipenses 2:30 significa que es una acción que Epafrodito escoge voluntaria y conscientemente; es un «he renunciado a mi vida». El riesgo es haber decidido hacerlo; así que sí, puede que sucedan cosas terribles, pero, por supuesto, era de esperar: es en ese lugar donde Epafrodito se colocó decididamente a sí mismo. Cuando Pablo describe a Epafrodito como alguien que había arriesgado su vida (*parabaleusamenos*), este amplifica la descripción de Epafrodito con cinco nombres, incluido «compañero de milicia». Pablo describe a Epafrodito como un guerrero que sufrió con él[42]. Más adelante, Pablo recuerda a Timoteo: «Sufre penalidades conmigo, como buen soldado de

Cristo Jesús» (2 Timoteo 2:3). Todos estos ejemplos vinculan *parabaleusamenos* (riesgo) con la guerra.

Hypotithemi

Por último, en Romanos 16:4, la palabra para «riesgo» (*hypotithemi*) conecta el concepto de riesgo en el Nuevo Testamento con la guerra entre los israelitas y los amalecitas en Éxodo 17. Prisca y Aquila básicamente «se jugaron el cuello» («hipotecando el cuello»[43]): este es un segundo modismo usado para traducir «riesgo» en el Nuevo Testamento[44]. ¡Qué imagen del abrirse vulnerablemente a lo que pueda pasar!

Se trata del mismo tiempo verbal como el utilizado en *parabaleusamenos*, y significa haber escogido decididamente esta acción. Arriesgarse es exponer el cuello de uno a la bota o a la espada, así que, naturalmente, puede que a uno se lo corten. No es que estuvieran dispuestos a «bajar el cuello», pero esto fue precisamente lo que hicieron. La espada puede o no caer, pero, aun así, el cuello está expuesto. En cierto sentido, habían dado completamente su vida por el bien del Evangelio; lo único que pasa es que no se les arrebató la vida en este punto. Prisca y Aquila expusieron sus vidas por Jesucristo, jugándose el cuello debido a la sólida base de Cristo que los sostenía[45].

La palabra griega que Pablo usó para describir lo que hicieron Prisca y Aquila también se usa en la Septuaginta (la primera traducción en griego del Antiguo Testamento) con el significado de «colocar bajo» (una piedra). En Éxodo 17:12, la piedra es sobre lo que se sentó Moisés cuando se cansó de estar parado y de sostener las manos en alto. Todas las veces que *hypotithemi* se utiliza en la Septuaginta representa el «colocar bajo» en acuerdo de alianza y la ayuda de Dios. En toda la Biblia, tanto Dios el Padre como Jesús se describen como nuestra roca: «Él vendrá a ser santuario; pero piedra de tropiezo y roca de escándalo [...]» (Isaías 8:14)[46].

Hemos visto que, en el riesgo, escogemos jugarnos el cuello, exponernos y entregar la vida al peligro. Lo hacemos como servicio sacerdotal por lo que Jesús sufrió por nosotros a través de Su muerte en la cruz.

Riesgo y peligro

Lo importante sobre el concepto de riesgo en el Nuevo Testamento es que ninguna de las tres palabras utilizadas en griego para «riesgo» es sinónima de la palabra griega para «peligro». En los tres contextos, «riesgo» se utiliza para entregar la vida de uno por Jesucristo y por compartir las buenas nuevas. Hablando en términos bíblicos, parece haber una diferencia de matiz entre arriesgar la vida de uno y los peligros a los que nos exponemos cuando vamos a un contexto transcultural. Lógica y obviamente, existe una conexión entre el arriesgar la vida, la reputación, la salud, la seguridad física y más cuando viajamos y trabajamos transculturalmente.

Sin ninguna duda, Pablo se expuso a varios peligros de manera continua, igual que todos los que viajan transculturalmente para compartir el Evangelio. Las dos palabras utilizadas para «peligro» en el Nuevo Testamento revelan que son muchos los peligros que se experimentan cuando uno obedece el llamado de Dios. Pablo los enumera en 2 Corintios 11:26-27:

> Con frecuencia en viajes, en peligros de ríos, peligros de salteadores, peligros de mis compatriotas, peligros de los gentiles, peligros en la ciudad, peligros en el desierto, peligros en el mar, peligros entre falsos hermanos; en trabajos y fatigas, en muchas noches de desvelo, en hambre y sed, a menudo sin comida, en frío y desnudez.

La realidad de Pablo es nuestra realidad. Estos son peligros reales a los que nos seguimos enfrentando hoy día. Como ya dijimos antes, a efectos de este estudio, «riesgo transcultural» se define como «un riesgo que se corre por llevar el Evangelio transculturalmente con una alta probabilidad de experimentar una gran pérdida». Los peligros que Pablo enumera también son lo que a veces nosotros experimentamos en el riesgo. Quizás tengamos que preguntarnos si estamos dispuestos a arriesgar nuestra vida, la vida de nuestros hijos, *y también* arriesgarnos a correr con valentía los riesgos arriba mencionados y los señalados en capítulos posteriores.

Cuando diez hombres armados invadieron nuestra casa y nos retuvieron a punta de pistola, llegados a un punto la situación estaba cada vez más peligrosamente fuera de control. Yo me negaba a hacer lo que los ladrones querían hasta que no me dejaran sacar a mi bebé de la guardería. Debido a la acalorada discusión, habían puesto a mi esposo de rodillas, con kalashnikovs rozándole las sienes y los dedos en el gatillo. Detecté que estaba a tan solo milisegundos de quedarme viuda.

Sí, el peligro de sufrir un robo significaba que estábamos arriesgando nuestra vida, y allí estábamos nosotros en esa situación, haciendo frente al peligro por el Evangelio. No estoy minimizando los peligros a los que nos enfrentamos, tan solo estoy señalando que existen diferencias exegéticas en cómo habla la Biblia sobre el riesgo y el peligro. Lógicamente, nos arriesgamos a muchas cosas peligrosas cuando nos embarcamos en un servicio transcultural, pero es de esperar.

Aplicación

1. ¿Qué tipo de líder eres? ¿Estarías entre los «hombres o mujeres escogidos»?

2. Cuando sales de una habitación, ¿dejas un «fragante aroma», una presencia llena de paz y relajante para quienes están bajo tensión?

3. ¿Cuál ha sido tu perspectiva sobre el riesgo en comparación con la idea del «riesgo como servicio sacerdotal»?

4. ¿Dónde sientes la presencia del Padre, del Hijo y del Espíritu Santo en tu momento de riesgo?

5. Lee Mateo 10. Hay una progresión de oposición en seis niveles: «Evitado (verso 14); rechazado (verso 14); detenido (versos 17-19); abusado (verso 17); perseguido (verso 23) y matado (verso 28)».[47] ¿A cuál de estas te enfrentas basándote en los peligros que Jesús narra aquí? ¿Cómo sientes que el Espíritu Santo te está guiando a responder a esta oposición en este momento?

Resumen del Capítulo 2

1. Tres palabras clave griegas para «riesgo» son:
   - *Paradidomi:* entregar la vida, escoger exponerse al peligro (Hechos 15:22-32).
   - *Hypotithemi:* jugarse el cuello; hipotecar el cuello de uno (Romanos 16:4).
   - *Parabaleusamenos:* apostar la vida de uno (Filipenses 2:30).

2. Los tres pasajes sobre el riesgo están conectados de cuatro formas con la historia del Antiguo Testamento de la guerra entre Israel y Amalec (Éxodo 17:8-16). Estas son:
   - *Hombres escogidos:* la misma expresión se utiliza en Hechos 15 y Éxodo 17.
   - *Riesgo, sacerdocio y sacrificio:* el riesgo se asocia con el servicio del sacerdocio para quienes participan en el ministerio transcultural. Moisés, Aarón y los sacerdotes de Israel sirvieron todos en la batalla.
   - *Riesgo y el Padre, el Hijo y el Espíritu:* el riesgo se asocia con Dios el Padre, el Hijo y el Espíritu tanto en los pasajes del Nuevo Testamento como en el pasaje de Éxodo 17.
   - *Riesgo y guerra:* la misma palabra para «riesgo» en Romanos 16:4 se utiliza para «piedra» en Éxodo 17. El riesgo implica poner nuestra vida sobre una base firme en la batalla.

3. En la Biblia, «riesgo» y «peligro» son palabras y conceptos griegos distintos ¿Estamos dispuestos a arriesgar nuestra propia vida y a hacer frente al peligro por el bien del Evangelio?

capítulo 3
La primera guerra de Israel

Amalec de generación en generación

He sugerido que las tres palabras griegas para «arriesgar» y sus versos circundantes apuntan a la guerra de Éxodo 17. Ahora, fijémonos en profundidad en algunos de los puntos clave de este pasaje y veamos qué más podemos descubrir de las reflexiones de Lucas y Pablo acerca del riesgo tras estudiar esta historia. El texto se trata de Éxodo 17:8-16:

> «Entonces vino Amalec y peleó contra Israel en Refidim. Y Moisés dijo a Josué: Escógenos hombres, y sal a pelear contra Amalec. Mañana yo estaré sobre la cumbre del collado con la vara de Dios en mi mano. Y Josué hizo como Moisés le dijo, y peleó contra Amalec; y Moisés, Aarón y Hur subieron a la cumbre del collado. Y sucedió que mientras Moisés tenía en alto su mano, Israel prevalecía; y cuando dejaba caer la mano, prevalecía Amalec. Pero las manos de Moisés se le cansaban. Entonces tomaron una piedra y la pusieron debajo de él, y se sentó en ella; y Aarón y Hur le sostenían las manos, uno de un lado y otro del otro. Así estuvieron sus manos firmes hasta que se puso el sol. Y Josué deshizo a Amalec y a su pueblo a filo de espada.
>
> Entonces dijo el Señor a Moisés: Escribe esto en un libro para *que sirva de* memorial, y haz saber a Josué que yo borraré por completo la memoria de Amalec de debajo del cielo. Y edificó Moisés un altar, y le puso por nombre El Señor es mi Estandarte, y dijo: El Señor lo ha jurado; el Señor hará guerra contra Amalec de generación en generación».

Moisés recordó al pueblo esta experiencia en Deuteronomio 25:17-19:

> «Acuérdate de lo que te hizo Amalec en el camino cuando saliste de Egipto, cómo te salió al encuentro en el camino, y atacó entre los tuyos a todos los agotados en tu retaguardia cuando tú estabas fatigado y cansado; y él no temió a Dios. Por tanto, sucederá que cuando el Señor tu Dios te haya dado descanso de todos tus enemigos alrededor, en la tierra que el Señor tu Dios te da en heredad para poseerla, borrarás de debajo del cielo la memoria de Amalec; no lo olvides».

Los amalecitas atacaron por sorpresa y mataron despiadadamente a los ancianos, los débiles y los enfermos: a todos los que habían quedado atrás. «Israel se vio obligado a librar su primera guerra defensiva por la supervivencia»[48]. Es posible que los israelitas vieran el ataque como uno con intenciones genocidas, tal como se describe en Salmos 83:4-9[49].

Los amalecitas, presentados en un primer momento como los descendientes del nieto de Esaú, son primos lejanos de los israelitas, a quienes se les ordena en repetidas ocasiones que no olviden lo que los amalecitas les hicieron y que los destruyan por completo[50].

Contexto en la Antigüedad

«En la tradición judía, Amalec representa la maldad pura»[51], lo que quedó demostrado en la ortografía real de la palabra. Antes del desarrollo de la escritura hebrea moderna, la lengua hebrea solía escribirse con letras que eran dibujos. Cada letra tenía un significado. Esta forma de escritura hebrea se denomina «paleohebreo». Entender el significado de las letras aumenta el entendimiento que alcanzamos al hacer estudios terminológicos del hebreo y del griego.

La primera palabra de Amalec, la *ayin*, se dibuja como un ojo en paleohebreo y sigue representando un ojo en la escritura hebrea moderna. Probablemente es de aquí de donde nos llega la expresión «mal de ojo». «Malak», la segunda parte de la palabra, es un verbo que significa «cortar, amputar». Por tanto, la palabra «Amalec» significa el «ojo amputado» y «representa la ceguera espiritual que actúa de forma arrogante en el mundo [...] la falta de temor de Dios y, por lo tanto, representa los poderes de la oscuridad y del mal»[52]. William Braude e Israel Kapstein escriben:

> «Amalec» es, de raíz, el tipo de langosta que se abalanza velozmente, o la insinuación de un sabueso que lame sangre o una mosca ávida por llegar a una herida abierta. Sin embargo, el recuerdo de Amalec también tenía la finalidad de que Israel no olvidara su infracción moral en Refidim poco después de su salida de Egipto, infracción que sirvió para provocar al sabueso Amalec, que a partir de entonces recurrió a todo tipo de malvados engaños[53].

Lo particularmente malvado de esta guerra es que los israelitas no estaban en territorio amalecita, ni tampoco los amalecitas corrían peligro de que Israel invadiera su territorio. Los amalecitas atacaron Israel debido a su odio ancestral a Jacob. Los israelitas estaban tan adentrados en el desierto que simplemente no podían regresar a Egipto en busca de una escapatoria. Independientemente de la dirección por la que hubiesen ido, los amalecitas los habrían atacado. No les quedaba otra opción más que ir a la batalla.[54]

Las manos de Moisés

Al leer la historia de la guerra de Israel contra Amalec, vemos que Moisés estaba sujeto a la fragilidad humana; no podía sostener sus manos en alto todo el día por sí solo. Pero en sus manos hay muchísimo más simbolismo. A los israelitas se les da un mensaje vivo de cómo son la firmeza y la fidelidad. Las manos de Moisés eran *emunah* (fieles), lo que quiere decir que, con ayuda, tenían la capacidad de ser firmes hasta la caída del sol. Esta es la única vez que *emunah* se usa en el Antiguo Testamento en el sentido físico; en otros sitios, se refiere a la firmeza, la fiabilidad, la fidelidad y la confiabilidad de Dios y de los fieles seguidores de Dios[55].

Al parecer, Moisés no reparó en un primer momento en la función que debía desempeñar en la batalla. Había planeado ir y permanecer en la cima de la colina que daba al valle donde se libraba la batalla. Al parecer, debió haber habido un proceso para que él, Aarón y Hur repararan en la importancia de que las manos de Moisés permanecieran en alto sosteniendo la vara de Dios. Así que, hallaron una piedra en la que Moisés se sentara y ayudaron en la batalla sosteniendo en alto los brazos de Moisés, quien descubrió a lo largo del día que el Espíritu de Dios estaba obrando a través de él para ayudar a los israelitas a prevalecer. Gracias a la firmeza y la fidelidad de las manos de Moisés, Yahvé fue experimentado como confiable y presente entre ellos, en respuesta a la pregunta de Éxodo 17:7: «¿Está el Señor entre nosotros o no?».

Hay muchos símbolos bien conocidos para el Espíritu Santo en la Biblia, pero uno de los menos referenciados es la mano de Dios como símbolo del Espíritu Santo[56]. Algunos ejemplos son: «la mano del Señor estaba sobre Elías», «la mano del Señor vino sobre [Eliseo]» y «según estaba la mano del Señor mi Dios sobre mí (Esdras)». Dios mostró gracia hacia los israelitas al demostrar el poder de Su Espíritu a través de las manos de Moisés levantadas durante la batalla.

La progresión de las manos

El lugar donde los israelitas desafiaron furiosamente a Dios se llamaba Refidim. Este nombre significa lugar de «dificultad y conflicto», pero también significa «manos perezosas». Es significativo que la primera mitad del capítulo 17 incluya «Refidim», que significa «manos perezosas», y que en la segunda mitad de este capítulo veamos las «manos fieles y firmes» de Moisés[57]. En su comentario sobre Éxodo, Nahum M. Sarna escribe: «Refidim significa el fallo moral de Israel, ya que justo antes de la batalla se mostraron furiosamente en desacuerdo y se enfrentaron a Moisés y a Dios, casi con alusiones jurídicas, imputando cargos a Dios por Su falta de cuidado hacia ellos»[58]. En 17:1-7 se dice hasta en seis ocasiones que los israelitas murmuraron, se resistieron o contendieron; ellos «viajaron en conflicto». Su fallo de confianza en Dios dio como resultado guerra y muerte.

Hay una progresión de «manos» en este capítulo. Desde las manos perezosas y llenas de orgullo de Israel en Refidim a las firmes manos de Moisés fortalecidas por el Espíritu Santo y la ayuda de la comunidad, hasta el último verso vemos las manos de Dios en el trono en una imagen de permanencia, gobierno soberano y certidumbre del resultado[59]. Lo que es tan reconfortante es que Dios está sentado en Su trono; no se retuerce las manos lleno de preocupación por los amalecitas, pues conoce el plan final.

El sentarse implica descanso. Salmos 110:1 es uno de mis versos favoritos sobre el riesgo. El salmista dice que Dios está sentado y que la victoria resultará en el descanso de Sus pies sobre el estrado (la tierra). En la lengua turca, la palabra para «estrado» es «puf», pronunciado como se lee en español. Esto parece ser apropiado aquí: algún día, los enemigos, la injusticia y la maldad que vemos en todo el mundo quedarán aplastados como un «puf»; desaparecerán todas las lágrimas y todo el dolor.

La piedra

Moisés se sentó sobre una piedra. Tal como se dijo antes, «piedra» se usa como título de Dios y del Mesías. La palabra *eben*, que se utiliza aquí en el pasaje de Éxodo, se deletrea *alef bet vav*. En paleohebreo, las letras son dibujos y tienen significado. Estas tres juntas quieren decir: «La fuerza de la casa asegurada con un clavo»[60].

El hecho de que Moisés se siente presenta aspectos del Altísimo. El sentarse sobre la piedra con las manos extendidas prefigura el verso 16, donde vemos que Dios está sentado sobre Su trono, con Sus manos sobre este. Jesucristo, el representante de Yahvé, fue clavado a la cruz, asegurando la victoria sobre la muerte en la batalla contra Lucifer. El Espíritu Santo fluyó misteriosamente desde las manos de Moisés hasta los que luchaban, fortaleciéndolos para la victoria.

Hallo consuelo en esta imagen. Aunque los israelitas que estaban librando la batalla no conocían todos los detalles de lo que estaba ocurriendo en la cima de la montaña o en los cielos, sabían que estaban ganando cuando Moisés hacía su trabajo (sostenía las manos en alto), y sabían que su cometido era luchar contra su enemigo y dejar los resultados a Dios.

Alza tu mirada

Sin embargo, el dejar la historia con el énfasis en las manos de Moisés y sugerir que la principal aplicación es la acción poderosa del Espíritu Santo y la necesidad de que una comunidad de fe ore por los que estamos en riesgo sería tergiversar un importante principio espiritual que está en juego aquí. En la primerísima guerra que los israelitas experimentaron como nación, se les dio un mensaje vivo para todos los tiempos. Moisés, con su mano extendida sosteniendo la vara de Dios, representaba a Yahvé. Al alzar su mirada a Moisés/Yahvé, los israelitas estaban entregando su corazón y la batalla a Dios[61], y eran fortalecidos para seguir luchando.

Moisés representaba el encuentro del reino celestial (el lugar de Dios) y el reino terrenal (de la batalla). La existencia de Dios, Su relación y pacto con los israelitas se experimentaban en la victoria de la batalla solo cuando los brazos de Moisés estaban levantados con la vara de Dios y con la ayuda de Aarón y Hur[62]. Debían alzar su mirada al Padre celestial y confiar en Él para que les diera fuerza en la batalla.

Más adelante, en su historia en la Tierra Prometida, los israelitas interactuaron con Asera, que significa literalmente «vara, varilla o poste». La imagen de Asera se situaba en lugares elevados fácilmente visibles como la diosa territorial que otorgaba una bendición sobre esa área en particular. Comúnmente, «Asera era una mujer desnuda entre dos leones o un árbol entre dos gacelas»[63]. Oseas 4:12-14 declara el pecado de Asera: «Mi pueblo consulta a su ídolo de madera [...]. Ofrecen sacrificios sobre las cumbres de los montes [...]». Alzaron su mirada para contemplar lo incorrecto.

Más tarde, David escribió: «Levantaré mis ojos a los montes; ¿de dónde vendrá mi socorro? Mi socorro viene del SEÑOR, que hizo los cielos y la tierra» (Salmos 121:1-2). Y Pablo continuó haciendo hincapié en la importancia de alzar la mirada cuando enseñó: «Si habéis, pues, resucitado con Cristo, buscad las cosas de arriba, donde está Cristo sentado a la diestra de Dios» (Colosenses 3:1-2) ¡Alza la mirada! Y, en Efesios 2:4-7, Pablo también dijo (Biblia Peshitta aramea en español):

> «Pero Dios, que es rico en sus misericordias, por su gran amor con el que nos amó, aun estando muertos en nuestros pecados, nos dio vida junto con el Cristo, y por su gracia Él nos salvó; y habiéndonos resucitado con Él, nos hizo sentar con Él en el Cielo mediante Jesucristo, para manifestar en las edades venideras la grandeza de la riqueza de su gracia y su bondad, la cual mostró para con nosotros mediante Jesucristo».

Nótese que no he dicho «solo ten fe». Si me dieran un dólar por cada vez que he escuchado esta expresión, podría invitar a todos mis amigos a tomar café. Esta expresión nunca me ha sido útil en tiempos de riesgo o peligro. En todo caso, ¿cómo puede alguien «solo tener fe»?

¿Hacia quién o qué alzas la mirada cuando las cosas se vuelven estresantes? Esto es un indicador de cómo responderás en las situaciones de riesgo. Puede que no sea una mujer desnuda en el monte con la forma de un poste de madera, pero ¿es una mujer desnuda en internet? ¿Es comer demasiada comida? ¿Y qué hay del alcohol? Sean cuales sean nuestros mecanismos para sobrellevar el «estrés» normal en nuestra cultura familiar, estos se verán automáticamente aumentados por cien en situaciones de riesgo.

Memorial

Hacia el final de la historia en Éxodo 17:14, Dios dice a Moisés que escriba en un libro todo lo que ha pasado ese día como memorial y que se lo haga «saber a Josué». El Señor no solo le está diciendo a Moisés que *no* se olvide de ese día. Un comentario decía así: «La raíz hebrea significa mucho más que simplemente recordar cosas pasadas. Más bien, ser consciente, prestar atención, lo que significa un agudo enfoque de atención sobre alguien o algo. Abarca preocupación e implicación, y es activo, no pasivo, de modo que resulta en una acción»[64].

¡No lo olvides! El alzar la mirada conduce a recordar, y recordar conduce a la acción. Dios no quiere que los israelitas recaigan en la acusación de que Él no se preocupa por ellos, como hicieron en Refidim.

Yo haré y tú harás

Hay una incongruencia interesante entre las versiones de Éxodo 17 y Deuteronomio 25 de esta historia, lo que revela un principio rector en el riesgo y la guerra espiritual. En el pasaje de Éxodo, se dice que el Señor, que significa Dios, hará guerra contra Amalec para siempre; pero en el pasaje de Deuteronomio se les dice (a los israelitas) «borrarás» a Amalec. Entonces, ¿qué ocurre? ¿Se contradice la Biblia aquí?

Ambas versiones son complementarias, no contradictorias. En Éxodo, vemos que Dios hará guerra; Dios será quien lo hará. Cuando Dios dice lo que hará, es una invitación a examinar y a entender las acciones de Yahvé. Podemos jugarnos la vida por que algún día habrá una victoria definitiva, permanente, cumplida y completa sobre los enemigos de Dios. Pero en Deuteronomio se dice que lucharemos contra Amalec durante generaciones venideras. Parece que Amalec, el enemigo de nuestro Dios y de toda la humanidad, será finalmente destruido al nosotros luchar junto a Dios. Se nos llama a la acción, a la batalla, a perseverar en la guerra hasta nuestro último aliento (Mateo 10:22; 24:13; Romanos 5:1-5). Y puesto que el texto de Éxodo dice que el Señor hará guerra contra Amalec de generación en generación, esto significa que cada generación es llamada a luchar contra los enemigos de nuestro Señor. Todos somos llamados a la batalla espiritual.

Este concepto espiritual de que Dios nos invita a participar con Él en la batalla contra los amalecitas por todas las generaciones hasta que Su victoria final llegue a consumarse significa que podemos alzar la mirada hacia Él y confiar en Su control sobre nuestras situaciones de riesgo. El arriesgarnos, el enfrentarnos al peligro y al sufrimiento resultante que experimentamos, todos forman parte de la batalla constante que tiene un propósito y un significado dados por Dios mismo. Si bien puede que no nos sintamos «en control» de nuestra situación, Dios sí lo está, y siendo conscientes de esto podemos sacar fuerzas del alma para seguir adelante.

Yah

Hay otra reflexión significativa sobre la batalla de generación en generación en el verso 16. Este verso revela la batalla spiritual que se libra hasta el final del Apocalipsis. El texto hebreo real dice: "la mano de Yah sobre el trono». Sin embargo, muchas traducciones dicen algo como: «El Señor ha jurado [...]». La expresión «mano sobre el trono» tiene el significado de permanencia y del carácter absoluto de los acontecimientos futuros. En el futuro, Amalec será eliminado para siempre.

Sin embargo, en la escritura hebrea descubrimos algo más increíblemente significativo en el reino espiritual. Al fijarnos en la escritura hebrea de «Yah» y de «trono» al comienzo del verso 16, vemos que a los dos les falta la letra «alef». ¿Qué importancia tiene esto? Al usar la Biblia para interpretar la Biblia,

Salmos 9:4-10 explica acerca de Amalec: «Tú has destruido sus ciudades; su recuerdo ha perecido con ellas». ¿Y qué dice luego? «Pero el Señor permanece para siempre» (versos 6-7). Aquí, «Señor» se escribe por completo, estando insertada la «alef» que falta. «Ha establecido Su trono para juicio» (Salmos 9:7). Ahora la palabra «trono» también se escribe correctamente con la «alef» y, por lo tanto, está completa[65].

Esto significa que el nombre y el trono de Yah estarán completos, pero que aún no lo están. Esto se debe a que la batalla sigue librándose. El Señor sigue luchando, y se nos llama a luchar junto a Él. Cuando Amalec sea finalmente derrotado para siempre, el nombre y el trono de Yah estarán completos, y habrá paz.

Cuatro principios espirituales

Esta historia, junto con la amplificación de las tres ilustraciones del Nuevo Testamento, evidencian cuatro principios espirituales experimentados por los israelitas que son aplicables a nosotros hoy.

Firmeza de las acciones

La fortaleza del alma en la batalla proviene de la firmeza de actuar en la fe. En este sentido, el arriesgarnos parece como descansar sobre la piedra y basar nuestra vida en la piedra, que es la fidelidad, el amor indefectible, la santidad y el poder de Dios en Sus promesas e intenciones para Su pueblo. Algunas veces, la fortaleza del alma parece más como fregar los platos, pues es el actuar correcto en el caos del riesgo. No me refiero a actividades espirituales místicas. A menudo, la respuesta *no* es asistir a más reuniones de oración ni leer más la Biblia. La respuesta es hacer lo correcto en el momento y, a menudo, es algo físico y muy práctico.

Permanecer en comunidad

Al igual que Moisés, no podemos ganar la batalla por nuestra cuenta. Necesitamos la ayuda que proviene de dos fuentes: el poder del Espíritu Santo y la ayuda práctica y espiritual de la comunidad de santos que nos rodea y de aquellos que oran por nosotros en nuestro lugar de origen. El enemigo opera a menudo como una jauría de lobos: escoge a los débiles y a los aislados. Tenemos que permanecer conectados al Espíritu y a la familia de Dios que nos rodea y ora por nosotros.

Entender a nuestro enemigo

Al igual que los israelitas abrieron la puerta al ataque de los amalecitas, también nosotros abrimos las puertas al ataque del enemigo al permitir que las relaciones personales se caractericen por el conflicto, la contienda, la ira y la desconfianza rebelde con respecto a la fidelidad de Dios. Esto no significa que, de no haberse quejado, los israelitas no hubiesen sido atacados. No estamos exentos de sufrir un ataque en el mundo, donde existe el mal, pero el grado de desconfianza rebelde hacia Dios abrió las puertas al enemigo y apartó la mano contenedora y protectora de Dios.

La subestimación de nuestro enemigo es probablemente uno de los problemas más comunes que veo en el servicio transcultural. La gente no ve las «coincidencias» de cuando hay murmuraciones, traición, calumnia y una total persecución. Racionalizamos, minimizamos y simplemente culpamos al «pecado» y nos acostumbramos a algo «normal» que es cualquier cosa menos normal. Todo lo que lo resalte es poco. Los demonios son reales, nuestro enemigo nos estudia, nos conoce y nos ataca cuando menos lo esperamos y estamos menos preparados. En mi experiencia, este ataca con mayor frecuencia a las mujeres y a los niños antes que a los hombres. Si el enemigo logra debilitar a la familia que sirve transculturalmente, entonces puede destruir el ministerio.

Mirarlo a Él

El principio espiritual más importante de esta historia es mirar a nuestro Padre celestial, entregarle nuestro corazón y confiar en el único[66] con la fuerza y el poder para salvarnos, dependiendo de Él y confiando en Él. Él es misericordioso para perdonarnos y rescatarnos, pero nosotros debemos luchar en busca de una salida.

Preparación para la guerra

Entonces, ¿qué nos enseña sobre el riesgo esta guerra en Éxodo? John J. Parsons señala que este ataque de Amalec «simboliza toda la subsiguiente guerra espiritual en la vida de Su pueblo»[67]. En el contexto de los israelitas, la guerra era un acto de adoración y de obediencia a Dios[68]. La batalla cósmica se centra en a quién adorarán los humanos, ¿a Lucifer o a Dios?

Ya que el riesgo forma parte de la guerra, nos preguntamos qué estándares hay en el Antiguo Testamento para hacer frente al riesgo ¿En qué estaría pensando Pablo cuando escribió acerca del riesgo? Ahora que vemos que el riesgo está conectado con la guerra contra Amalec, que hemos de librar en todas las generaciones, tenemos que saber cómo prepararnos para esta batalla. Puede que Pablo estuviera pensando en las enseñanzas de Deuteronomio 7 y 20, los dos pasajes clave acerca de la guerra prescriptos a los israelitas.

Pablo, un rabino, escribió varios pasajes clave sobre la guerra espiritual. Él interpretó el significado espiritual de la guerra en Éxodo 17 con cómo deben pensar y actuar los seguidores de Cristo al arriesgar su vida en la guerra contra los poderes de la oscuridad. Nuestros enemigos ahora no son de carne y hueso, sino las fuerzas del caos en el reino espiritual: principados, poderes, pecado, carne, muerte y el hombre del desorden[69]. Algunos temas cruciales que Pablo podría haber considerado de los pasajes de Deuteronomio incluyen[70]:

1. Cuando veas a tu enemigo y te preguntes cómo puedes derrotar a un enemigo tan grande, no te dejes llevar por el miedo, sino recuerda lo que el Señor ha hecho en el pasado, la gran prueba, las señales, las maravillas, la mano poderosa y el brazo extendido (Deuteronomio 7:17-19; 20:1).

2. Conoce a tu Dios. Él está en medio de ti, Él es grande y formidable (Deuteronomio 7:21).

3. Recuerda que el Señor lo hará (Deuteronomio 7:22).

4. Cuando te acerques a la batalla, presta atención a tu vida interior ¿Estás asustado o aterrado? Recuerda que el Señor va contigo, que luchará por ti y te dará la victoria (Deuteronomio 20:3-4).

5. Las razones enumeradas en Deuteronomio 20:5-8 para no ir a la guerra son el que haya trabajo sin terminar en nuestros hogares en relación con las responsabilidades domésticas o laborales, el estar comprometido a casarse o a estar recién casado, o el estar lleno de miedos y temores.

Todos estos principios para la guerra tienen aplicación en el trabajador transcultural de hoy en día. Incluso los principios más importantes ocultos tras estas tres razones para no ir a la guerra son sabios y no han perdido su relevancia en nuestra época.

Por ejemplo, en nuestro viaje experimentamos dos de las razones que se enumeran. No podíamos ir «a la batalla» (trabajar transculturalmente) debido al trabajo por hacer en casa en relación con las responsabilidades domésticas o laborales. Neal y yo descubrimos que no teníamos la capacidad mental ni emocional para ocuparnos de la vida en Asia Central y manejar de forma responsable el rentar nuestra casa en los Estados Unidos. Algunos sí pueden hacerlo, pero nosotros simplemente no somos así. Tuvimos que vender nuestra casa para poder centrarnos en vivir allá donde estábamos.

También, simplemente no estábamos preparados para mudarnos a Afganistán justo después de casarnos, aun siendo mayores que la mayoría. Nuestro noviazgo fue a larga distancia (¡por varios continentes!) y nuestra compañía nos exigía que nos quedáramos en casa durante el primer año. Agradecimos mucho el tiempo para pasar nuestro primer año de matrimonio juntos en nuestra propia cultura.

Hay otras razones de por qué no vamos a trabajar transculturalmente o por qué dejamos el terreno antes de lo previsto. Sin embargo, los problemas de las responsabilidades relacionadas con la familia (p. ej., unos padres cada vez más ancianos, hijos adultos con problemas, los retos educativos, etc.) no se enumeran de forma específica en el texto de Deuteronomio. El principio espiritual expresado aquí es discernir qué les impide participar por completo en el servicio al Señor en cada etapa de su vida.

A los israelitas también se les exigió que se prepararan para la guerra[71]. Tenían que hacer numerosas acciones antes de entrar en combate, todas ellas diseñadas para ayudarlos a entender experiencialmente que Dios estaba presente con ellos en la batalla, pero que también se preocupaba por la vida interior de ellos. Así como los israelitas necesitaban tener vitalidad espiritual para ir a la guerra, también nosotros tenemos que prepararnos para arriesgar nuestra vida[72].

Quizás David estaba pensando en la guerra contra los amalecitas en Éxodo cuando escribió: «Bendito sea el Señor, mi roca, que adiestra mis manos para la guerra, y mis dedos para la batalla. Misericordia mía y fortaleza mía, mi baluarte y mi libertador, escudo mío en quien me he refugiado, el que sujeta a mi pueblo debajo de mí» (Salmos 144:1-2 LBLA). Por último, Apocalipsis 19 y 20 ofrecen una imagen detallada de cómo será la batalla final contra «Amalec»: todos los poderes de la oscuridad serán borrados por completo de la faz de la tierra de una vez por todas.

Poniendo todas las piezas juntas: el riesgo en el Antiguo y en el Nuevo Testamento

En el Capítulo 1, la primera pregunta importante que quería contestar fue: «¿Qué podemos aprender sobre el riesgo a partir de las expresiones idiomáticas de riesgo que se usan en el Nuevo Testamento?». Para contestar a esta pregunta, abordé tres palabras de riesgo. En el Capítulo 2, vimos dónde encajan estas palabras de riesgo en la historia de Éxodo 17, y también mencioné las diferencias entre las formas griega y hebrea de ver el mundo. Podemos superponer la estructura idiomática griega con las palabras de acción hebreas que describen el riesgo. Lo que me encanta de esta imagen es la integración de la espiritualidad y la practicidad de ello.

Físicamente, Moisés necesitaba ayuda. Aarón y Hur debían tener resistencia física para sostener en alto los brazos de Moisés durante todo el día. Moisés tenía más de ochenta años y tuvo que sentarse (¡bueno, a mi edad tampoco creo que quiera estar de pie todo el día!). Los «hombres escogidos» tenían que conocer habilidades de combate antes de ir a la guerra. Puedo imaginármelos practicando su lucha con espadas la noche antes mientras se preparaban. Hacía falta fuerza física para matar al enemigo durante todo el día; estarían acalorados, sudados, cubiertos de sangre y cansados.

La comunidad que apoyaba a los hombres que luchaban estaba formada por Moisés, Aarón y Hur. Estos tres participan del servicio sacerdotal sosteniendo en alto sus manos y presentando el pueblo para el Señor y el Señor para el pueblo. Debajo de Moisés se colocó una piedra, que representa la base firme sobre la que descansamos al adentrarnos en el riesgo. Esa piedra fundacional es Cristo. Y, por último, los escogidos para participar en la batalla hacen lo que siempre hacen los hombres y mujeres escogidos: ¡se ponen manos a la obra!

Conclusión

En Deuteronomio 25:17-19, se ordena a Israel que recuerden lo que Amalec les hizo y que borren su memoria. Esto es un llamado a la guerra espiritual: habrá guerra de generación en generación, tal como dice Éxodo 17:16. Cuando vemos nuestro llamado en estos términos, significa que entendemos que la batalla entre el bien y el mal, Dios y Satanás, aunque en última instancia será ganada por Dios, aún no ha terminado.

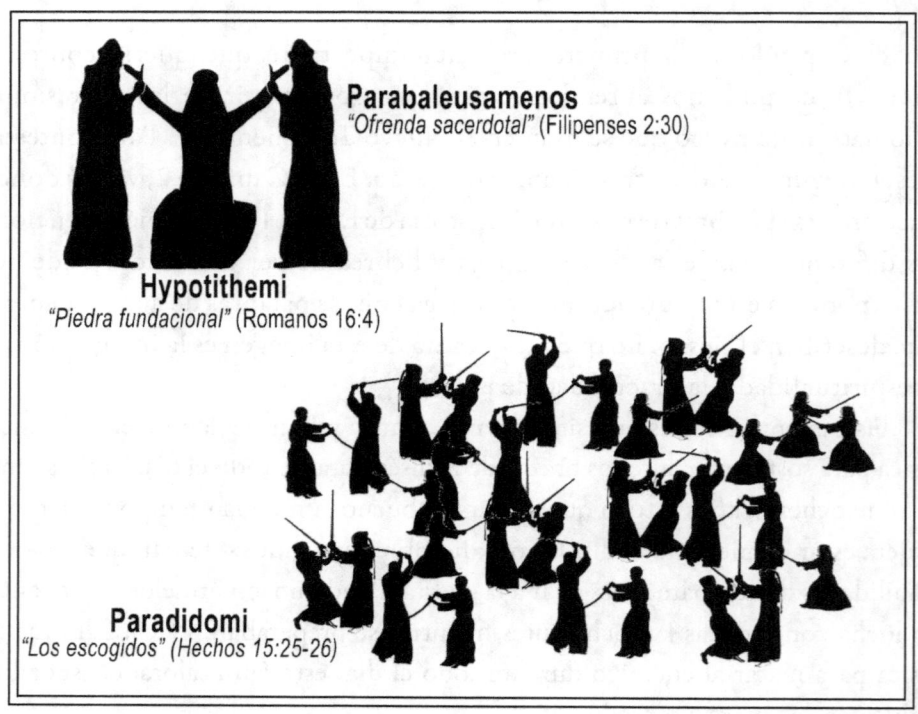

Por medio del poder de Dios en la vida de los creyentes, los seguidores pueden luchar contra el adversario y ganar. Sin embargo, debe haber una capacitación y una preparación en la vida de todo creyente para prepararlo para combatir contra la ceguera espiritual y la arrogancia en esa generación. Jeremías 12:5 declara: «Si corriste con los de a pie y te cansaron, ¿cómo, pues, vas a competir con los caballos? Si caes en tierra de paz, ¿cómo te irá en la espesura del Jordán?».

¿Cómo nos convertimos en hombres y mujeres escogidos que viven como grandes guerreros? Lo hacemos viviendo con nuestros ojos espirituales, viendo las realidades espirituales del mundo físico que nos rodea y escuchando el llamado de Dios a que corramos riesgos específicos. Cuando el Señor está con nosotros y cuando confiamos en Él minuto a minuto, ganamos la guerra contra Amalec que se nos ha asignado librar.

HAZ FRENTE AL ELIGRO: UNA GUÍA A TRAVÉS DEL RIESGO | 49

Aplicación

1. ¿Qué aspecto de la historia relativa a este capítulo te ha alentado o conmovido más? ¿Por qué?
2. Busca todo lo posible por lo que estar agradecido y no dejes de aumentar la lista.
3. Tal como el Señor dijo a Moisés, escoge recordar (con tu familia) todo lo que el Señor hace durante el acontecimiento o la época de riesgo.

Resumen del Capítulo 3

Hay cuatro principios espirituales que podemos aprender de esta historia:

- Firmeza en las acciones: la fortaleza del alma en la batalla proviene de la firmeza de actuar en la fe. En este sentido, el arriesgarse significa descansar sobre la piedra y basar nuestra vida en las enseñanzas de las Escrituras.
- Permanecer en comunidad: al igual que Moisés, no podemos ganar la guerra por nuestra cuenta. Necesitamos la ayuda que proviene de dos fuentes: el poder del Espíritu Santo y la ayuda espiritual y práctica de la comunidad de santos que nos rodea y que ora por nosotros en nuestro lugar de origen.
- Entender a nuestro enemigo: el enemigo puede atacarnos, acceder a nosotros y debilitarnos cuando nos caracterizamos por discrepar, por los conflictos y por la incredulidad en la fidelidad de Dios.
- Mirarlo a Él: tenemos que entregar nuestro corazón a nuestro Padre, y Él nos dará paz a medida que avanzamos en la batalla.

capítulo 4
Guardianes del frasco de alabastro

Cuando arriesgamos nuestra vida por el bien del Evangelio, son muchos los recursos que se nos brindan para este propósito. El riesgo implica una pérdida, no solo para nosotros mismos, sino para todas las personas afectadas, así como muchos recursos físicos. Sin embargo, en la Iglesia parece que la enseñanza acerca de la mayordomía muy comúnmente se limita de manera al contexto del dinero. No obstante, un atento estudio lexicográfico de los mayordomos y de la mayordomía a lo largo de la Biblia demuestra que esto abarca la totalidad de la vida.

Comenzando en Génesis 2, a la humanidad se le dio la responsabilidad de administrar la tierra y todo lo que hay en ella. En todo el Antiguo Testamento, un mayordomo es quien supervisa todos los asuntos de una casa. A partir de la palabra griega usada para «mayordomía» en el Nuevo Testamento, nos llega la palabra «economía»[73]. En un artículo titulado «La mayordomía en el Nuevo Testamento», William Hendricks escribe:

> La mayordomía se enmarca en el contexto más amplio de todo el mundo, preocuparse por él, construir casas, alimentar a familias, tener conciencia de la comunidad de fe y la comunidad más amplia de la humanidad, ser sabios al preocuparnos por las posesiones, tener sabiduría al supervisar la obra del reino de Dios, ser responsable de la vida y sus oportunidades y ser de provecho para el plan de Dios mismo. La mayordomía total es la responsabilidad total de todo lo que el hombre tiene y de todas las relaciones y experiencias de la vida[74].

Lo fascinante es que en el Nuevo Testamento Jesús parece tener dos opiniones opuestas sobre la mayordomía que dan como resultado dos enfoques distintos del riesgo[75]. En la economía del reino, existen dos extremos de administrar en el riesgo que dependen de la situación y de la persona. Al escuchar la guía del Espíritu Santo, Él dirige en la administración de las personas, los automóviles, las oficinas, el dinero e incluso el tiempo, la energía y las emociones.

Derrámalo todo... o quizás no

El riesgo calculado

El primer escenario es la palabra *paradidomi* (riesgo) en Hechos 15:26. Esta misma palabra griega se utiliza dos veces en Mateo 25:20 y 25:22 en la historia de los talentos. En esta parábola, los administradores que corrieron riesgos calculados para aumentar los recursos de su señor fueron elogiados, mientras que el que no se arriesgó no lo fue.

En esta historia, todos los siervos tenían el deseo correcto: agradar a su señor[76]. Sin embargo, el siervo que escondió el talento y no intentó arriesgarse para aumentar el dinero de su señor escuchó su miedo interno y enterró el dinero. Este siervo tenía el entendimiento erróneo de su señor: «Yo sabía que eres un hombre duro», le respondió (Mateo 25:24). El entendimiento erróneo que tenía de su señor dio como resultado elecciones equivocadas. Brad Young escribe en *The Parables: The Jewish Tradition and Christian Interpretation* [*Las parábolas: la tradición judía y la interpretación cristiana*]: «Malinterpretó la esencia de su señor. El siervo tenía buenas intenciones, pero la imagen errónea de su señor y, por lo tanto, tuvo una visión deficiente para usar el recurso de su señor de manera sabia»[77].

Lo que resulta especialmente incómodo de esta parábola son las consecuencias que experimentó el siervo que tenía un solo talento. Este lo perdió todo, incluso hasta el extremo de ser echado fuera de la presencia de Dios ¡La mayordomía es un asunto serio!

Debemos adentrarnos en el riesgo con las intenciones y los deseos correctos de agradar a nuestro Señor. Pero, aún más que eso, nuestro Dios desea que lo conozcamos como Él es verdaderamente. Él usa las circunstancias de riesgo para eliminar las imágenes erróneas que tengamos de Él. Cuando lo conocemos de una manera experiencial más profunda, vemos con ojos espirituales cómo debemos administrarnos sabiamente a nosotros mismos y a los recursos que se nos han confiado para traerle gloria a Él en ese acontecimiento de riesgo. Él quiere que administremos Sus recursos con un corazón que lo ame y le tema, pero *no* con un corazón que solo le tema.

Si nos detenemos aquí, sacaremos la conclusión de que la mayordomía se trata de aumentar los recursos de nuestro señor. Si solo hay una respuesta «correcta», concluiremos que el análisis del riesgo y la mitigación del riesgo son imperativos, ya que debemos preservar sus recursos a toda costa. Sin embargo, esta no parece ser la visión de las Escrituras.

Derrámalo todo

Parabaulos, la otra palabra de riesgo utilizada en Filipenses 2:30, se usa en el contexto del aroma fragante con el que Epafrodito arriesgó su vida para llevárselo a Pablo. Probablemente Pablo acuñara esta palabra porque no había ninguna referencia a ello en ningún escrito griego anterior a su época. Utilizó una palabra aparentemente creada a partir de un verbo que significa «hacer una apuesta, aventurarse», y el nombre que significa «apuesta, temeridad, imprudencia» o «persona que arriesga su vida para cuidar de los enfermos de peste»[78]. Epafrodito «apostó» su vida para llevar a Pablo regalos llamados un aroma fragante ¿Cómo puede considerarse esto responsable? Para hallar la respuesta a esta pregunta, juguemos de nuevo al juego de «¿Dónde hemos oído eso antes?».

¿Dónde hemos olido un copioso aroma fragante ofrecido al Señor? No solo encontramos aromas fragantes que agradan al Señor en el Antiguo Testamento, sino que, en el Nuevo Testamento, los cuatro Evangelios comparten la historia de una mujer con un frasco de alabastro lleno de perfume costoso (Mateo 26:6-13; Marcos 14:3-9; Lucas 7:36-50; Juan 12:1-8). Quizás fueron dos mujeres distintas y dos acontecimientos diferentes, pero vemos que en las cuatro ocasiones esta mujer «desperdició» abundantemente un recurso costoso para honrar a su Señor ¡Imagina la fragancia impregnando toda la estancia esa noche!

¿Qué dice nuestro Señor de este denominado «desperdicio»? Dijo que lo que ella hizo sería recordado para siempre, que sus pecados le eran perdonados, que su fe la había salvado y que podía ir en paz. Ella hizo algo hermoso y lo amaba mucho a Él. Hacía falta mucha valentía para que esta mujer hiciera lo que hizo en presencia de otras personas. Jesús recibió su regalo y la elogió.

De la misma manera, algunas veces parece que cuando nos arriesgamos por el Señor y lo perdemos todo, inclusive vidas preciosas, el Señor recibe el riesgo como un aroma fragante que lo honra.

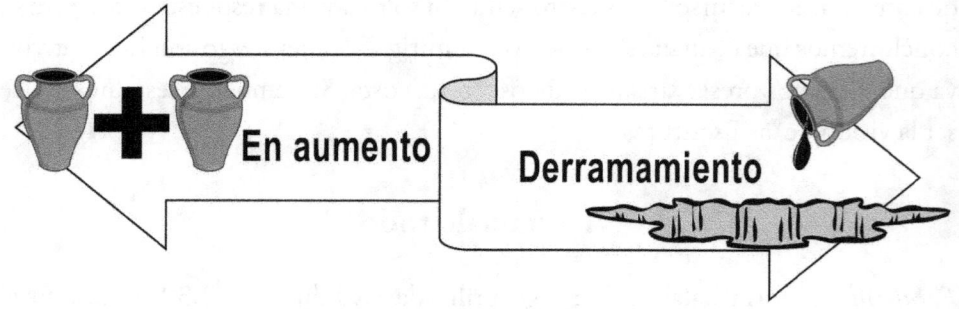

¿Cuál es tu respuesta final?

¿Cómo reconciliamos estas dos visiones de la mayordomía? Somos individual y corporativamente guardianes del mismo «frasco de alabastro». ¿Cómo se nos llama a administrar lo que se nos ha dado? ¿Aumentamos los talentos del Señor o quebramos el frasco y derramamos nuestra vida por Él? Ambas acciones implican riesgo, pero una parece calculada y responsable y la otra es más como una apuesta, un derroche, un arriesgarlo todo imprudentemente. En la mentalidad hebraica, sin embargo, las dos son respuestas apropiadas... para estas situaciones. Los que viven en Occidente provienen de una cosmovisión cultural que requiere una fórmula, un proceso o una guía de tres pasos.

A medida que Neal y yo estudiamos a los Profetas, vimos que estos corrieron riesgos fielmente para predicar el arrepentimiento a las personas. Los profetas como Jeremías fueron fieles toda su vida, pero al final, la administración de su ministerio, si se mide según la métrica de la Iglesia occidental de la inversión y la rentabilidad de esta, no tendría prácticamente nada que enseñarnos. Lamentablemente, sospecho que Jeremías no habría sido capaz de traspasar el umbral del éxito de la Iglesia occidental moderna. Perdió demasiado tiempo. Su administración no tuvo como resultado ningún «éxito» aparente.

Sí, una administración responsable requiere que hagamos un análisis, una mitigación y gestión del riesgo (véanse los capítulos 11-13). Sin embargo, habiendo hecho todo esto de antemano, la vida en el Espíritu significa que nos adentramos en el riesgo con gratitud y agradecimiento por todo lo que el Señor nos ha confiado. Administramos fielmente esos recursos de la mejor manera que podemos y luego se los devolvemos todos a Él en el momento de riesgo para que se haga con estos lo que Él ordene[79]. La respuesta final es «sí». Ora sobre lo que tienes que hacer y luego administra según se te haya guiado para esa situación de riesgo.

¿Qué administramos?

Oportunidades y recursos físicos

En Mateo 25, vemos que tenemos que administrar recursos físicos, lo que también implica recursos no físicos. En el trabajo de un proyecto transcultural, «oportunidad» incluye la oportunidad de permanecer en el país (adquisición de la visa y recursos), y también las oportunidades futuras de compartir el Evangelio.

En cuanto a quienes trabajan entre grupos de personas no alcanzadas, si el Gobierno echa a todos los expatriados debido a un riesgo insensato, entonces ya no hay luz en ese escenario no alcanzado para compartir el Evangelio. Las oportunidades se han de administrar de modo que la luz permanezca cerca de las personas que esperan oír las buenas nuevas.

El cuerpo local

También tenemos que administrar nuestro impacto en la iglesia local, ya sea que nos vayamos o nos quedemos en el evento de riesgo. Es relativamente fácil para los expatriados abandonar la situación de riesgo ¿Pero qué pasa con todos los creyentes que se dejan atrás y que simplemente no pueden salir ni por aire ni por tierra? Duele mucho dejar a nuestros queridos amigos frente al peligro, y algunos dicen, incluso, que es irresponsable. Puede que nuestros hermanos locales desarrollen resentimiento por nuestra marcha, pero, a veces, puede que estén en un mayor peligro si nos quedamos.

Los honramos invitándolos a compartir su opinión sobre si irnos o quedarnos. También los honramos al dejar que tomen las elecciones que tienen que tomar para administrarse a sí mismos y a sus familias, sin legislar su respuesta en el riesgo. Los honramos con cómo actuamos en la situación de riesgo a la que ellos se enfrentan.

Un día, mi amiga Farida[80] me pidió que fuera a su casa a visitarla. Sin embargo, me puso algunas condiciones. Tenía que andar como lo hacía ella, llevar mi bolso como ella lo llevaba y vestir lo que ella había escogido de mi armario. De este modo, parecería una mujer afgana y, socialmente, ella se enfrentaría a muchos menos riesgos, dado que era peligroso que los afganos y los extranjeros se vieran juntos.

¡Qué divertido fue para ella venir a mi habitación y escoger mi *peron* y *tumban* (camisa larga y pantalones holgados) y enseñarme a caminar y llevar el bolso! Nos reímos mientras me enseñaba cómo «ser» afgana. Y yo también disfruté profundamente cuando visité su nueva y diminuta casa algunos días después. Nunca me había sentido más orgullosa de mi nueva habilidad de contextualización que cuando, unas semanas después, caminando sola por el bazar, escuché a algunos hombres locales murmurar en dari: «¿*KharejI ya DakhelI*?» («¿Es extrajera o local?»).

El fruto

Mateo 25 nos enseña que cuando administramos, habrá algo más que administrar cuando lo hayamos hecho bien. Los siervos aumentaron los talentos de su señor, lo que significa que tenían más que administrar. En ocasiones, el fruto eterno crece durante los momentos más arriesgados. En otras palabras, después de que casi dos terceras partes de la comunidad dejaran Kabul en 2008, teníamos más oportunidades que nunca para compartir por qué nos habíamos quedado. Esto dio como resultado el fruto de que los locales se abrieron a las buenas nuevas ¡Entonces tuvimos que administrar incluso más! Era un momento emocionante y lo continúa siendo (¡los lugares peligrosos siempre lo son!).

El análisis del riesgo empresarial siempre hablará del riesgo como una oportunidad, y lo mismo ocurre con el riesgo asociado a un llamado transcultural de Dios. El riesgo *es una* oportunidad, y, en el poder y bajo la guía del Espíritu Santo, ocurrirán cosas sorprendentes que no podemos predecir o controlar. Y tenemos que administrar este fruto.

No solo vemos el fruto eterno de nuevas vidas que siguen a nuestro Mesías, sino que también experimentamos el creciente fruto del Espíritu en nuestra propia vida. Frente al mal, aprendemos la perseverancia, la paciencia e incluso la bondad. El riesgo nos enseña a esperar, y en la tranquila espera de que algo ocurra, aprendemos a confiar. Al confiar y seguir dando nuestros miedos constantemente a Dios, nos fortalecemos en la fe. Cuando uno o más de nosotros es fuerte en la fe, alienta y estimula al resto del cuerpo simplemente mediante el ejemplo en el momento de riesgo. Cada generación necesita ver esto. Dios dijo que Él tendría guerra con Amalec en cada generación, y cada generación necesita el remanente de guerreros valientes que permanezcan firmes y enseñen a los demás cómo hacerlo.

El dolor

Estos tres usos de la palabra «arriesgar» en el Nuevo Testamento implican peligros y amenazas asociados con el riesgo. La Iglesia reconoce el costo personal que pagaron Pablo, Bernabé, Prisca, Aquila y Epafrodito. La forma como estos manejaron el dolor en el riesgo reveló algo acerca de su carácter, por el que todos fueron elogiados. Lo que hicieron se denomina la administración del dolor. En ocasiones, el arriesgarnos toca dolores pasados en nuestra vida, y, a veces, el arriesgarnos por Cristo hace que un nuevo dolor entre en nuestra vida ¿Cómo administramos el dolor que sentimos?

Existen distintas formas en las cuales podemos administrar el dolor del riesgo o el dolor que se revela a través de este. Utilizando la descripción[81] que Frederick Buechner hace de la administración del dolor, podemos ver distintas formas de *no* administrar el dolor en el riesgo:

1. El dolor de nuestro pasado se revela en el riesgo, o sufrimos un dolor, y queremos olvidarlo, esconderlo (a través de la espiritualización), ocultarlo y pretender que nunca ha ocurrido. El recordarlo resulta perturbador y demasiado duro de procesar, por lo que simplemente no lidiamos con el dolor revelado en el riesgo. El problema de esto es que cuando ignoramos el dolor, cuando lo escondemos, nuestras almas dejan de crecer y el dolor se convierte en un absceso, una raíz de amargura que infecta todas y cada una de las partes de nuestra vida. Nos volvemos cínicos y hastiados.

2. Otra forma en la que evitamos administrar el dolor se da cuando usamos el riesgo o nuestro dolor para ganar simpatía. Señalamos el riesgo que corrimos para ganarnos la atención de los demás, pero ignoramos la

sangre que se filtra de nuestra alma. La simpatía se siente bien durante un momento hasta que la gente se cansa de escuchar y aparece la siguiente gran historia de riesgo.

3. Usamos el dolor como excusa del fracaso: «Siempre voy a ser así» o «Lo siento, no puedo darte la respuesta que quieres, así es como responde mi cultura». Sí, Neal y yo lo hemos oído (como si una cultura tenga permiso para quebrantar los estándares bíblicos solo porque dice ser superior).

4. Permitimos que la amargura y la falta de perdón penetren en nuestra alma solo porque experimentamos dolor. Dios no «estuvo a la altura» en el riesgo, como tampoco lo estuvieron nuestros compañeros de equipo. Equipos enteros se han hecho añicos porque, en el riesgo, la gente no respondió de la forma como otros pensaron que debía hacerlo.

Entonces, la pregunta es: ¿Cómo podemos administrar el dolor de tal manera que crezcamos en nuestro entendimiento de los deseos de Dios para nosotros cuando nos enfrentamos al riesgo? Son varios los factores que hay que tener en cuenta aquí. En primer lugar, Satanás no es nada caballeroso. A menudo, parece que primero ataca a las mujeres y a los niños. Manda daño y conmoción precisamente a las áreas que ya han sido heridas con el fin de distraernos de nuestro llamado. Y son exactamente esos momentos de crisis las áreas que Dios quiere sanar.

Recuerdo a otra mujer expatriada que me atacaba malintencionadamente y me acusaba de todo tipo de comportamientos orgullosos. Incluso llegamos a una mediación para intentar superar todas las cosas de las cuales me estaba acusando. Algunos años después, ella me dijo que en realidad nunca me había perdonado en esa reunión de mediación ni tampoco después, y que jamás nos había respetado ni a mi esposo ni a mí. Al reflexionar durante años sobre este doloroso acontecimiento, me di cuenta de que esta mujer me había atacado solo algunas semanas después de que falleciera mi madre. Me atacó en mi aflicción. (Esta mujer tan solo tenía algunos años menos que mi madre). Empecé a ver la realidad espiritual que operaba tras esta mujer, que experimentó un dolor real procedente de mí y necesitaba enfrentarme. Sin embargo, sospecho que no solo sufría por mí, sino también por algún acontecimiento anterior.

Como mujer en camino de la santificación, yo tenía algunas cosas por las que pedir perdón, pero el nivel de crueldad en sus palabras y en su correo electrónico era desproporcionado en comparación con lo que yo había hecho. Creo que el enemigo usó a esta mujer para intentar desalentarme ferozmente cuando me encontraba en un momento débil de mi vida.

Curiosamente, nuestro Dios nos quiere sanar incluso cuando nos adentramos en la batalla en el acontecimiento de riesgo. Para lo que nos podemos preparar, lo que podemos trabajar o en lo que tenemos cierta elección es la forma como lidiamos con el dolor en nuestra vida y en la vida de nuestros amigos y compañeros de equipo ¿Cómo escogeremos responder al dolor de la memoria que la crisis saca a la luz? Buechner interpreta que la parábola de los talentos en Mateo 25 significa que el siervo que escondió el talento enterró su propia vida, ocultó el dolor y, al hacerlo, se encogió, pasó a ser menos, disminuyó y, en última instancia, quedó fuera de la presencia de Dios.

La salida del dolor pasa por atravesarlo. Lo que quiero decir con esto es que cuando el dolor emocional se vuelve abrumador, la senda de la sanación se hace normalmente más clara cuando somos conscientes de ello, en vez de ocultarlo. Cuando somos conscientes de nuestro dolor, de los momentos duros de nuestro pasado, podemos abrir los lugares profundos de nuestra alma para confiar en la ayuda que los demás puedan brindarnos para sanar. Es entonces cuando estamos más vivos. Cuando estamos en contacto con nuestro dolor, somos conscientes de nuestra impotencia para hacer verdaderamente cualquier cosa sin la ayuda de Dios. Cuando conocemos nuestro dolor de forma íntima, conocemos un gozo y una paz profundos porque sabemos exactamente lo maravilloso que es que Dios nos use de todas formas. Nuestro dolor no se vuelve nuestra identidad, detrás de la cual nos ocultamos, sino que se convierte en una herramienta para transformarnos y sanarnos.

Son muchas las causas de la depresión, y yo misma he experimentado algunas de ellas. He estado clínicamente depresiva dos veces a lo largo de los veinticinco años de mi carrera ministerial y he experimentado un profundo quebranto, la mayoría de las veces a manos de otros cristianos. Me han diagnosticado ataques de pánico y me he sanado de este «trastorno». Dios permitió que todo este dolor entrara en mi vida, parte de él justo cuando estábamos en medio de los momentos arriesgados en Afganistán, con el fin de eliminar áreas de mi vida por medio del dolor y sanarme de mis dolores pasados.

Si las personas conocieran el dolor que siento y el profundo pesar que llevo en el alma, quizás se sorprenderían. Puede que algunos piensen que estoy demasiado quebrantada y que tengo demasiadas fallas como para serle útil al Señor. Pero el secreto es que —lo diré entre susurros— *Él se deleita usándome*. Y yo me deleito en el deleite que Él tiene en mí. Y continuamente me sano a unos niveles cada vez más profundos cuanto más camino en Su presencia.

Uno mismo

Por implicación, debo administrarme a mí mismo de modo que pueda administrar las oportunidades, los recursos físicos, el dolor y el fruto que se me ha confiado. El administrarme a mí mismo incluye las energía emocional, espiritual, mental, económica, relacional y cultural necesaria para perseverar y resistir en cualquier situación de riesgo que se me haya confiado.

¿Qué significa «administrarse a uno mismo»? Esta es una parte crucial de la administración que se debe abordar para que maximicemos lo que Dios está haciendo en y a través de nosotros durante el riesgo. El administrarse a uno mismo incluye aprender el discernimiento sobre lo que está pasando dentro de uno (véase el Capítulo 4), en qué punto de su viaje espiritual uno se encuentra (véase el Capítulo 6), cuáles son las preguntas básicas de uno (véase el Capítulo 7) y cuáles los patrones emocionales y de pensamiento (véase el Capítulo 10). En el Capítulo 11, describo esto en términos de lo que está ocurriendo entre Dios y mi persona, cómo uno maneja su relación con los demás y qué está pasando en la vida interior de uno a través de los patrones de pensamiento y la vida emocional de cada uno.

Suena complicado, pero en realidad no lo es. Yo lo resumo así: el administrarnos a nosotros mismos trae gloria a Dios al volverse nuestras mentes, emociones y voluntades cada vez más como la imagen de Dios creada antes de que se sentaran las bases del mundo. No es ninguna ciencia ni tampoco es nada nuevo. Simplemente he tomado lo que la mayoría de nosotros ya sabemos sobre el seguir a Cristo y lo he aplicado al momento de riesgo como una guía, especialmente para quienes se sienten aislados y solos.

Isaías 22

Un comentario final sobre la administración: Isaías 22 muestra una de las imágenes más tristes en la Biblia de la ira de Dios hacia un mayordomo negligente e insensato. Este mayordomo, Sebna, vivía como si todo estuviera bien y no hacía nada para prepararse para el día del juicio. El Señor apartó violentamente a Sebna y, en su lugar, puso a Eliaquim, al que dio grandes honores. Isaías describe a Eliaquim como un padre para los habitantes de Jerusalén que vivían en una época espantosa. Esto es lo que necesita el momento de riesgo: hombres y mujeres que sean como padres y madres para los que están en riesgo.

Nosotros contábamos con un hombre como este. El pastor de nuestra iglesia en Kabul y su esposa eran personas queridas, un hombre y una mujer escogidos por Dios para un momento difícil. Neal y yo raramente nos sentimos «pastoreados» durante los años que vivimos en países «arriesgados», pero bajo el liderazgo esta pareja pastoral en Kabul durante tan solo algunos años, no solo nosotros, sino muchos de nuestra comunidad, nos sentimos amados, afirmados y pastoreados[82].

Una fuerte advertencia

Ya me he referido a una importante advertencia en lo que a la autoridad y la administración se refiere. Antes mencioné que si encajas en el perfil de la comunidad de fe mayor, aun si no socializas con dicha comunidad, tú y tu agencia siguen corriendo el gran riesgo de ser deportados o de que se te deniegue el visado. También realicé una fuerte advertencia sobre la obediencia a tus líderes. No los desobedezcas. Si no puedes obedecerlos, entonces apártate de su autoridad con gentileza.

Aquí es donde hemos mantenido numerosas discusiones sobre lo que significa administrar la oportunidad y la guía de Dios en el riesgo. Tiene que ver con la tensión de la obediencia a las autoridades, administrar el llamado que has sentido en tu vida por medio del Espíritu Santo y el impacto del riesgo en la comunidad. Si abandonas una agencia para irte a otra que te proporcione el visado en la misma ciudad porque quieres hacer aquello para lo que te sientes llamado a hacer por el Espíritu Santo, por favor, dedica unos minutos a pensar detenidamente en algunas cuestiones:

1. Reconoce y evalúa el impacto del riesgo en tu antigua agencia ¿Piensas honestamente que el irte con una agencia distinta en la misma ciudad hará que tu agencia anterior sea inmune a tu comportamiento «arriesgado»? Es un mito pensar que cuando te vayas ya no estarán en riesgo.

2. Considera el impacto sobre la comunidad en general. Si la mayoría de la comunidad actúa de una manera, pero tú adoptas un comportamiento opuesto, aun por el bien del Evangelio, reconsidera tu percepción de lo que Dios te está llamando a hacer. No están aislados de tu comportamiento arriesgado; tus acciones probablemente tendrán un impacto sobre toda la comunidad.

3. Lo más probable es que las personas se muestren predispuestas hacia lo que creen que «escuchan del Señor» cuando no participan en una comunidad sana (diálogo) con otros creyentes maduros (que no necesariamente comparten sus mismas perspectivas). Creo que este es especialmente un peligro para las personas de culturas individualistas. Parece que la falta de diálogo sano puede resultar en una merma de la calidad del pensamiento de todos: de aquellos que «saltan del barco» como de los que no.

Sí, Dios ciertamente lo prepara todo para Su gloria. Tal como dice Pablo, algunos predican a Cristo por envidia y rivalidad, pero otros lo hacen de buena voluntad (Filipenses 1:15). Luego, Pablo concluye su pensamiento: «De todas maneras, ya sea fingidamente o en verdad, Cristo es proclamado; y en esto me regocijo» (Filipenses 1:18). Afortunadamente, Dios sigue obrando a través de nosotros, Él obra a pesar de nosotros y Su reino avanza.

Aplicación

1. Haz una lista de todo a lo que Dios te llama a administrar.
2. ¿Cómo tiendes a lidiar con el dolor en tu vida? ¿Qué necesitas cambiar?

3. ¿Cómo te has sentido desafiado por los dos extremos de la administración abordados en la Biblia? En una escala del 1 al 10, siendo la situación de apuesta del frasco de alabastro el número 10 y el riesgo calculado el número 1, ¿qué número crees que Dios te está llamando a vivir? ¿Cuál es el impacto del riesgo sobre los demás?

Resumen del Capítulo 4

1. La administración implica mucho más que las finanzas. También incluye los recursos físicos, las oportunidades, el dolor, el fruto e incluso a ti mismo.

2. Adminístrate a ti mismo con cuidado si te sientes llamado a desobedecer a tus líderes. Haz un análisis del riesgo de tu comportamiento sobre la comunidad en general y vuelve a hablar en oración con el Señor acerca de tu llamado.

capítulo 5
Escucha la voz de Dios en el momento de riesgo

La guerra implica una incertidumbre; tres cuartas partes de las cosas sobre las que se basa la acción bélica yacen ofuscadas en una bruma de una incertidumbre más o menos intensa. Por tanto, aquí se precisa, antes que nada, un entendimiento fino y penetrante que perciba la verdad con un juicio atinado.
—Carl von Clausewitz

En 1832 se publicó el libro de Carl von Clausewitz «*De la guerra*», reconocido por habernos dado el concepto de la «bruma bélica». Si bien Carl von Clausewitz nunca usó técnicamente el término de «bruma bélica», el experto militar prusiano describió tan bien las percepciones erróneas y la información falsa asociadas con la guerra que el término se utiliza actualmente para describir la dificultad asociada con la toma de decisiones en medio del conflicto ¡Y cuánto más distorsionado está nuestro entendimiento cuando consideramos que nuestra guerra también se libra en el reino espiritual! Necesitamos a un consejero sobrenatural para ver a través de la bruma del campo de batalla celestial.

La buena nueva es que Jesús nos envió a un consejero semejante. El Espíritu Santo es nuestro Abogado, nuestro *Parácletos*, quien fuera llamado a nuestro lado para ayudarnos (Juan 15:26; 16:13-15). Al ganar confianza y escuchar correctamente Su voz, tendremos más claridad sobre cómo administrar los recursos que se nos han confiado en los momentos de riesgo ¿Cómo oímos la guía del Espíritu Santo para quedarnos, marcharnos o avanzar hacia un peligro incluso mayor?

Cómo escuchar al Espíritu Santo a través de siete fuentes

Existen al menos siete formas a través de las cuales el Espíritu Santo puede elegir hablarnos en el momento de riesgo. Puede que experimentes otras, como en la naturaleza, pero las seis primeras son las principales que yo experimenté en Afganistán. (¡No podíamos salir a la naturaleza porque se consideraba demasiado arriesgado!).

Algunas veces, cuando no puedes oír la voz de Dios hablándote tranquilamente, el equilibrio de la información en el momento de riesgo a partir de alguna combinación y énfasis de las otras seis formas puede aclararte el camino. Abogo por no basar las decisiones de riesgo en una sola fuente. Fijémonos en las siete fuentes a través de las cuales podemos escuchar al Espíritu Santo.

Consultores de seguridad: cristianos y no cristianos

Empecemos con los consultores de seguridad. Mi esposo tenía múltiples fuentes de informes de seguridad que le llegaban a su oficina cada día para ayudarlo en la evaluación y la gestión del riesgo. Estas incluían agencias de seguridad cristianas como el Servicio de Gestión de Crisis Coreano, *Crisis Consulting International*, el Instituto de Planificación de Emergencias (Reino Unido), la *Fort Sherman Academy* y también informes de seguridad de nuestros países emisores de pasaportes, informes de empresas de seguridad independientes (*think tanks*), informes de seguridad de organizaciones no gubernamentales (ONG), informes de seguridad de los países de acogida, amigos nacionales, la comunidad de líderes de organizaciones no gubernamentales y agentes de seguridad que se proporcionaban información entre ellos. También puede haber informes interinstitucionales en los que la información se comparte por las respectivas embajadas y otras fuentes que tienen las agencias.

Cuando el Espíritu se mueve, es cierto: nos quedamos a pesar de las advertencias de nuestro Gobierno. Puede que continuemos quedándonos incluso cuando este rompe las relaciones diplomáticas. A veces, el Gobierno emisor de tu pasaporte te pide que te marches debido al desmoronamiento de la seguridad, y puede que tengas que hacerlo.

Es crucial saber que tienes un claro llamado del Espíritu Santo a quedarte cuando tu Gobierno no quiere que te quedes. En estas situaciones, cuando no contamos con el apoyo de nuestros Gobiernos, debemos tener un reconocimiento claro por escrito de todos los riesgos y las pérdidas potenciales, y ayudar a nuestras familias y parejas a entenderlo. Por ejemplo, nuestras familias actuarán mejor si están equipadas con el conocimiento de que lo más seguro es que nuestro Gobierno no se incline por ayudarnos cuando no haya ninguna misión diplomática en el país.

La comunidad a nuestro alrededor

En segundo lugar, con la mención de la comunidad a nuestro alrededor me refiero a que tenemos que prestar atención y escuchar a los locales y expatriados cristianos y no cristianos. La información aportada por la comunidad nacional y expatriada es una importante manera a través de la cual el Espíritu Santo habla en situaciones de riesgo.

Los locales

Los líderes sabios e informados de la comunidad local fueron una fuente estratégica de información de seguridad para mi esposo y para mí. También es muy sabio pedir a los líderes locales consejos sobre el riesgo y la teología del riesgo. Lo cierto es que ellos tienen una información cultural y bíblica única que añadir a nuestro entendimiento del riesgo. Muy a nuestro pesar, estos fueron a menudo infrautilizados y no se les consultó sus ideas sobre el riesgo ni en términos bíblicos ni prácticos.

Es sabio contar con amigos de confianza dentro de la cultura que te cuenten lo que se dice en los bazares, el Gobierno, los servicios religiosos locales o las reuniones públicas habituales. Aunque los rumores abundan, presta atención a los factores como el tono, la frecuencia y el nivel de violencia que se comunica. Estos factores son como un barómetro que mide la atmósfera. Si tienes la oportunidad, es sabio contar con amigos de una variedad de sectores socioeconómicos que compartan contigo de forma regular su apreciación de lo que está ocurriendo.

Una de las agencias cristianas más antiguas que trabaja en Afganistán pareció haber reconocido el valor de obtener información de locales de confianza. La información obtenida de los líderes que, de manera sabia, pasaban por un tamiz las noticias que se difunden en los medios a partir de su comprensión cultural instintiva, era fuente clave y creíble acerca de la realidad sobre el terreno. Con muchísima frecuencia, veíamos a expatriados que daban mucho «peso» a la información procedente de fuera del país y de los informes de seguridad gubernamentales (nuestro Gobierno nos decía frecuentemente que nos fuésemos lo antes posible).

A menudo, la comprensión de nuestros amigos locales era superior a todos nuestros análisis de seguridad. Ellos eran simplemente los conocedores locales y veían las señales culturales que la mayoría de nosotros pasábamos por alto. El Espíritu Santo hablaba a través de ellos, incluso en momentos inesperados. Por ejemplo, un día, una colega y yo íbamos caminando por un bazar cercano orientando a una nueva integrante del equipo sobre los tipos de suministros disponibles cuando un tendero se inclinó hacia adelante y nos susurró en inglés: «No es seguro. No deberían estar aquí ahora mismo». El hecho de que un conocedor local nos hablara de la situación de seguridad, de la que yo *no* me había percatado en absoluto, hizo que saltaran todas mis alarmas y que se me disparara la adrenalina.

Mi instinto en ese momento fue moverme junto con las otras dos mujeres hasta el centro de la calle donde todos podían ver que éramos mujeres occidentales, llamar a mi esposo por el teléfono móvil y mantener la conexión con él hasta salir de allí y conseguir un taxi que nos llevara a casa. Suspiré aliviada cuando nos encontrábamos a un par de kilómetros de distancia de esa área.

Los expatriados

Adicionalmente, la comunidad de expatriados es un aspecto esencial de una información equilibrada. Una comunidad de sabios veteranos que hayan resistido las tormentas en las vicisitudes puede proporcionar la perspectiva equilibrada necesaria. Algunas veces, necesitamos ayuda de guías que ya hayan transitado antes por la senda del riesgo y que entiendan cómo discernir los espíritus y la guía del Espíritu Santo.

Un error importante que cometen muchos trabajadores u organizaciones es pensar que lo que hacen no tiene ningún impacto sobre otros que están sirviendo a Dios transculturalmente, aunque no sean vistos juntos en sociedad. La realidad es que la mayoría de las veces las personas que encajan en el perfil de los trabajadores de ayuda humanitaria son consideradas como amenaza religiosa y se las agrupa en un mismo saco cuando se deporta a trabajadores o se les niega el visado, incluso cuando vivimos al otro lado de la ciudad el uno del otro y no asistimos a los mismos eventos de la comunidad.

Durante los años que estuvimos en Afganistán, los líderes expatriados de nuestra comunidad se reunían regularmente para hablar sobre la seguridad y la protección física de la comunidad de expatriados en general. Estos encuentros fomentaban el espíritu de unidad para todos nosotros. Como líderes, modelaron a «hombres y mujeres escogidos». En oración, ellos consideraban la guía del Señor para todos nosotros como comunidad.

Un área de tentación para los líderes es la que se menciona en Isaías 5:21: «¡Ay de los sabios a sus propios ojos e inteligentes ante sí mismos!». Warren Wiersbe comenta al respecto: «En vez de escuchar a Dios, los líderes se consultaban entre ellos y tomaban decisiones basándose en su propia sabiduría»[83]. Es importante permanecer sensibles a la guía de Dios y no llenarnos de orgullo con nuestra propia importancia y experiencia.

Veíamos esto cuando los líderes de los equipos en la comunidad no consideraban el impacto general de hacer lo que era «normal». Algunas veces, nos olvidamos de consultar a otros líderes para evaluar el impacto de nuestras acciones en la comunidad en general. Por ejemplo, un grupo estaba adorando en voz alta en el hotel de la conferencia anual. El otro grupo estaba adorando en susurros, pero los locales seguían asumiendo que ambos grupos estaban conectados debido a la «ruidosa» adoración del primer grupo. Posiblemente, el primer grupo no había considerado la necesidad de adorar de forma distinta para minimizar las consecuencias que los demás podrían enfrentar.

Las familias

En tercer lugar, otra forma clave en la que el Espíritu Santo nos habla es a través de nuestras familias. Puede ser a través de tu familia inmediata, como tus esposo e hijos; podría ser a través de tu familia ampliada en tu lugar de origen o podría ser a través de tu familia espiritual, aquellos con quienes compartes preciadas amistades y que te conocen de verdad en el contexto de tu ministerio.

Si tus hijos no lo están pasando bien en el entorno, esto es de suma preocupación. Tú conoces a tus hijos mejor que ninguna otra persona, y ellos captan tu estrés ¿Están estresados porque tú lo estás? ¿Necesitan ser estirados para aprender la resiliencia? ¿O ha llegado la hora de que te marches y los lleves a un lugar más seguro?

¿Y qué hay de tu cónyuge? ¿Cómo lidia tu cónyuge con el estrés a largo plazo? ¿Qué cambios puedes hacer para ayudar a tu cónyuge a tener una mayor resiliencia en la situación? ¿O debes considerar marcharte por la salud mental, emocional y espiritual del otro a largo plazo? Estas son todas áreas en las que tenemos que discernir la voz del Espíritu Santo.

Nuestra familia también incluye a nuestra familia ampliada. Al igual que reclutaron a Simón de Cirene para que ayudara a Jesús a llevar la cruz al Gólgota, los que vamos debemos tener en cuenta el costo que tiene para los demás, especialmente nuestra familia, cuando elegimos obedecer el llamado de Dios en nuestra vida. Me es difícil imaginar lo que mi madre debió haber sentido cuando yo, su hija más joven, me llevé a mi bebé de tres meses a Afganistán. Por supuesto, nuestras familias querían que siguiéramos el camino que Dios tenía para nosotros, pero el dar su bendición al hecho de estar separados algunos años o toda una vida era y sigue siendo un gran sacrificio para las familias y los padres.

Algunos de nosotros venimos de culturas orientadas a la comunidad y, por tanto, el dejar la comunidad tiene un significado mucho más grande en estas situaciones. Puede que tengas responsabilidades o expectativas familiares que no serás capaz de cumplir al seguir la guía de Dios para servirlo a Él en otra cultura. Anhelas la bendición de tu familia e incluso la liberación del cumplimiento de estas responsabilidades de la manera tradicional. Pero, antes de poder hacerlo, nuestras familias necesitan que compartamos con claridad nuestro llamado y nuestra interpretación del riesgo tal como lo vemos en las Escrituras. En algunos casos, puede que tu familia ni siquiera comparta tu misma fe; en este caso, el costo para ti será alto, ya que eliges un camino individual que no te permite cumplir con las responsabilidades de tu comunidad.

Tu elección de agradar a Dios significa que puede que los decepciones y que no te apoyen relacionalmente. Será todo un desafío hallar formas para demostrar tu amor y respeto hacia ellos y tu cultura al dejarlos y adentrarte en esta situación de riesgo.

Idealmente, cada vez que dejas a tu familia, tus padres, hermanos y familia ampliada te bendecirán y te darán la libertad de ir en paz. Para los que nos marchamos, puede que sea importante el bendecirlos también a ellos y liberarlos de cualquier culpa que puedan sentir al no seguirnos. Hay una profunda pérdida que se repite cada vez que dejamos a nuestra familia en cada etapa de la vida. Se me viene a la mente mi amiga Patti, quien envió a su primera hija a la universidad. Como madre, estaba a más de quince mil kilómetros de distancia, incapaz de estar allí para los desafíos del primer año de su hija. Lloraba nuevas pérdidas como madre de una hija en edad adulta.

Como los que nos adentramos en el riesgo, también tenemos que caminar gentilmente con nuestras familias en su viaje hacia un entendimiento más profundo de lo que significa seguir a Cristo en situaciones de alto riesgo. Tendrán preguntas acerca de nuestro llamado. Prepárate para contestar a las preguntas «¿Estás *seguro* de que esto es lo que Dios quiere que hagas?» y «¿cómo justificas el meter a los pequeños en semejante peligro?». Es importante ser capaz y estar preparado para contestar a estas y otras preguntas ¿De quién más pueden aprender nuestras familias sobre cómo vivir a través del riesgo si no hallamos formas de comunicarnos con ellas al respecto? Nuestros familiares pueden ser algunos de nuestros mayores defensores, así que dales las palabras que tienen que decir para que puedan defenderte de forma precisa a ti y al llamado de Cristo en ti.

En numerosas ocasiones me han consolado las palabras de Jesús en Mateo 12:50, cuando dice: «Porque cualquiera que hace la voluntad de Mi Padre que está en los cielos, ése es Mi hermano y Mi hermana y Mi madre». Imagina, soy la hermana de Jesús, soy Su madre. Él es mi hermano. Así que, muchas veces cuando he vivido transculturalmente o he estado lejos de «casa» la mayor parte de los últimos veinticinco años, Él ha enviado al hermano, la hermana, el padre y la madre que yo necesitaba.

La Biblia

En cuarto lugar, la Biblia nos habla sobre lo que el Espíritu quiere que hagamos en el momento de riesgo ¿Hay en la Biblia alguna sección, historia o expresión en particular que te siga viniendo a la mente? ¿Hay alguna canción de una determinada historia de la Biblia que no puedes parar de tararear? ¿Hay alguna imagen de la Biblia que se te viene a la mente cuando te levantas por la mañana? ¿Te ardía el corazón como a los discípulos de camino a Emaús cuando escuchaste la repetición de alguna historia en el servicio de culto semanal (Lucas 24:32)? Estas son solo algunas formas como habla el Espíritu Santo para dirigirnos hacia la Palabra de Dios para hallar dirección ¿Cómo te habla a ti la Palabra?

En la realidad a la que me enfrenté, no me fue útil un listado de historias de «riesgo». Lo más útil fue cuando empecé a meditar sobre la vida de los profetas[84]. Una lectura atenta de los Profetas nos dio una guía para comprender no solo nuestras emociones en el riesgo y las emociones de Dios en el riesgo, sino también el camino que Neal y yo teníamos por delante con nuestros hijos. Lo que aprendimos fue que cuando los profetas predicaban el arrepentimiento a las personas, cuando proclamaban la proximidad del juicio de Dios, ellos y sus familias no se marcharon cuando acaeció el juicio. Se quedaron y experimentaron los terribles acontecimientos que se desencadenaron. El Espíritu nos habló a través del estudio atento de Su Palabra.

La voz del Espíritu Santo

En Juan 14-16, Jesús pasa una gran cantidad de tiempo enseñando a Sus discípulos a depender de la guía del Espíritu Santo, especialmente en tiempos de dificultad, persecución y de «bruma bélica». En Isaías 30:20-21, el profeta Isaías nos aseguró el acceso a la guía del Espíritu con las siguientes palabras:

> «Aunque el Señor os ha dado pan de escasez y agua de opresión, tu Maestro no se esconderá más, sino que tus ojos contemplarán a tu Maestro. Tus oídos oirán detrás de ti una palabra: Este es el camino, andad en él, ya sea que vayáis a la derecha o a la izquierda».

Puede que Él también nos hable tranquila y directamente a cada uno de nosotros. Sin embargo, algunas veces puede que sea solo una impresión de lo que tenemos que hacer; no siempre «se siente» como el Espíritu Santo. A veces no hay ningún sentimiento que acompañe, sino que simplemente «sabes» qué es lo próximo que hay que hacer. No puedes explicarlo. Casi nunca entrará en contradicción con tus autoridades dadas por Dios e, incluso si lo hace, hay una bendición en la obediencia de las autoridades que el Señor ha establecido por encima de ti, incluso si o aunque estas tomen una decisión distinta de lo que tú crees que el Señor te está diciendo que hagas.

Hay veces en las que Dios habla con esa voz apacible, justamente como lo que leemos con Elías (1 Reyes 19:12). Él habla de numerosas formas creativas.

Él habla de distintas maneras con Neal y conmigo. Sin embargo, lo que Dios dice y Su guía están *siempre* en línea con Su carácter. Podemos reconocer la actividad del Espíritu Santo a través de los frutos en nuestra vida y la vida de quienes nos rodean (Mateo 7:16-20).

Quienes tienen autoridad sobre nosotros

En sexto lugar, y extremadamente importante, están la autoridad y el líder designados al trabajador cristiano. Hay numerosos versos acerca de la obediencia a las autoridades y solo un par de lugares en el Nuevo Testamento donde los cristianos desobedecieron a las autoridades (Hechos 4:19; 5:29). En estos lugares, los cristianos desobedecieron a las autoridades que les estaban pidiendo no enseñar en absoluto acerca de Jesús. El sumo sacerdote quería que estos parasen por completo, renunciaran y pusieran fin al movimiento sobre Jesús. Esta es una situación distinta a los momentos sobre el terreno en los que hacemos uso de la cautela y quizás «hacemos una pausa» para no mostrar ciertas películas o reunirnos con la gente debido a riesgos para la seguridad.

Pablo escribe repetidamente en sus cartas a las iglesias y a Timoteo que obedezcan a sus líderes[85]. Hebreos 13:17 dice: «Obedeced a vuestros pastores y sujetaos a ellos, porque ellos velan por vuestras almas, como quienes han de dar cuenta. Permitidles que lo hagan con alegría y no quejándose, porque eso no sería provechoso para vosotros». Estos versos nos enseñan a obedecer, pero no dicen «Obedezcan solo si están de acuerdo con sus líderes».

¿Por qué son Jesús, Pablo, Pedro y el escritor de Hebreos tan firmes al respecto? Pues porque a los líderes se les ha dado la responsabilidad de administrar a su equipo y sus recursos. Son responsables ante Dios de sus buenas, y no tan buenas, decisiones. Y nosotros, como seguidores, somos responsables de obedecerlos.

Si tus líderes, tras mucha oración y consideración, deciden que lo mejor para ti es que te marches, entonces ha llegado la hora de que lo hagas. No hagamos sus responsabilidades más difíciles para ellos de lo que ya lo son. Hay aspectos dolorosos del liderazgo, especialmente en el riesgo. Nuestros líderes son veladores de nuestra alma y darán cuenta de ello, y eso es una enorme responsabilidad. Sin embargo, si tus líderes te dan la libertad de decidir si quedarte *o* marcharte, tendrás que discernir lo que el Espíritu te está pidiendo que hagas.

Sueños y visiones

Mientras escribía este libro, he escuchado a muchos hermanos y hermanas de Asia Central hablar sobre el riesgo y sobre cómo oyen al Espíritu Santo. Neal y yo impartimos nuestro primer taller completo de Evaluación y gestión de riesgos (RAM por sus siglas en inglés) a estudiantes de la Biblia de Asia Central. Cuando les preguntamos cómo oían la voz y la guía del Espíritu Santo, su primera respuesta fue: «A través de sueños y visiones». El fruto del Espíritu era evidente en sus rostros y en lo que compartían al revelarnos los detalles de sus visiones. Para muchos occidentales, esto queda fuera de su experiencia normal de Dios.

La realidad es que Dios da muchos sueños y visiones y se revela mucho más de esta manera a las personas que están fuera de la cultura occidental. Ciertamente, esto es a veces difícil de aceptar para quienes están inmersos en una interpretación de la verdad basada en la Palabra. He oído muchas historias de cómo Dios obró a través de sueños y visiones, de cómo Dios ha traído hacia Él de esta manera a muchas personas de Asia Central, y cada vez hay más libros que dan testimonio, a partir de las experiencias de seguidores de Cristo de todo el mundo, de cómo Él obra de esta manera. Un criterio simple que siempre aplico en estas situaciones proviene de Jesús:

> «Cuidaos de los falsos profetas, que vienen a vosotros con vestidos de ovejas, pero por dentro son lobos rapaces. Por sus frutos los conoceréis ¿Acaso se recogen uvas de los espinos o higos de los abrojos? Así, todo árbol bueno da frutos buenos; pero el árbol malo da frutos malos. Un árbol bueno no puede producir frutos malos, ni un árbol malo producir frutos buenos. Todo árbol que no da buen fruto, es cortado y echado al fuego. Así que, por sus frutos los conoceréis (Mateo 7:15-20)».

Yo no soy «experta en sueños y visiones», pero por lo general busco qué tipo de fruto es evidente en la vida del creyente, en su propia historia, así como en su rostro cuando la comparte. Mi experiencia ha sido que los sueños y las visiones son consistentes con los principios bíblicos y la historia de las Escrituras, así como con el carácter de Dios revelado en las Escrituras. Cuando nos abrimos al misterio de la vida en el Espíritu, experimentamos la inescrutable grandeza de Dios en la forma creativa como Él se comunica con Su pueblo y lo guía con delicadeza.

Un principio rector

Seguimos necesitando conocer cómo aplicar las historias bíblicas y los principios espirituales en cada situación de riesgo única. Recuerdo que, siendo una joven madre en Afganistán, me enviaron una lista de historias de «riesgo» y me dijeron que esta «teología del riesgo» era la guía. Quizá soy más lenta que los demás, pero no podía ver la conexión entre esas historias y cómo se suponía que debía aplicarlas a mí misma y a las situaciones a las que me enfrentaba con mi esposo, mis hijos pequeños, mi equipo y mi comunidad.

A menudo, veo que el énfasis en las discusiones sobre la teología del riesgo se centra en lo que Pablo hizo en una variedad de situaciones. Sería fácil decir a alguien que, puesto que Pablo huyó de una situación, también debería huir. De igual modo, el decirle a alguien que se quede porque eso es lo que hizo Pablo es igual de inadecuado. En cambio, nuestro foco principal aquí ha de estar en *cómo* escuchó Pablo al Espíritu Santo. Aunque Pablo representa para nosotros un excelente ejemplo en el riesgo vocacional cristiano, su guía y la nuestra siempre es el Espíritu Santo. Sin excepción, Pablo relata lo que la vida en el Espíritu lo condujo a hacer. Algunas veces, el Espíritu Santo habló a Pablo a través de sus amigos y los locales en la comunidad; otras veces, le habló a través de visiones.

La guía del Espíritu Santo es la dominante en el análisis y la gestión de riesgos. Es por eso que es tan importante saber cómo oímos Su voz, cada uno de forma única, y discernir cómo nos habla Él en cada situación. Una forma como Dios nos madura es hablándonos de forma creativa y de manera distinta, en diferentes situaciones y en distintas etapas de la vida. Él quiere que aprendamos a prestar atención y a desarrollar los ojos de nuestro corazón. Puede que Él nos hable incluso a través de nuestras emociones.

> **La guía del Espíritu Santo es la dominante en el análisis y la gestión de riesgos**

¿Cómo aprendemos a oír la voz de Dios? La respuesta de los santos de los últimos dos mil años de historia de la Iglesia es unánime e inequívoca al respecto[86]. A través de la soledad y la disciplina del silencio en oración, aprendemos a oír Su voz. Si nuestros tiempos de oración siempre se caracterizan por que hablamos a Dios y nunca detenemos nuestro diálogo interior para sentarnos en silencio meditando acerca de Su Palabra y dándole la oportunidad de hablar, entonces nosotros somos nuestros propios obstáculos en el aprendizaje de escuchar e identificar Su voz.

Me imagino a algunas madres jóvenes leyendo esto y preguntándose cómo pueden encontrar un momento de silencio en el ajetreado cuidado de sus hijos pequeños, especialmente en una situación de alto riesgo ¡Recuerdo que en esa etapa de la maternidad los «momentos de silencio» eran mis momentos de sueño! Es por eso que te animo a utilizar los momentos que tienes: frente al fregadero de la cocina, en la ducha o cuando vayas caminando a algún sitio. Usa esos momentos como «momentos de trono», momentos en los que vas ante el trono del Señor en el silencio de tu corazón y meditas acerca de Él. Aunque es una batalla, es posible cultivar estos momentos.

Un ejemplo de cómo el Espíritu Santo puede hablar a través de las emociones puede incluir el sentir una inquietud y una ansiedad abrumadoras al pensar sobre un plan determinado. Las emociones de inquietud y la falta de paz son Su manera de decirnos: «Detente, no hagas eso». Sin embargo, a veces, sabemos que Él quiere que sigamos adelante a pesar de nuestros miedos y ansiedades. Así que, ¿cómo podemos diferenciarlo? La diferenciación entre estos dos escenarios requiere una escucha y un discernimiento en oración y, posiblemente, incluso el consultar a otras personas.

Por ejemplo, no hace mucho tiempo tuve la tentación de postularme para un trabajo en mi campo. Hablé de ello con mi esposo, pero cada vez que me imaginaba a mí misma en ese trabajo surgía en lo más profundo de mí una sensación de malestar e inquietud. Era mucho más que un «nudo en el estómago»; era una sensación totalmente desprovista de paz. En cambio, en numerosas ocasiones en las que he considerado no ir a la iglesia debido a factores de alto riesgo (p. ej., un atentado suicida, etc.), inmediatamente «supe» que, a pesar de mis miedos, tenía que ir y estar allí. Como líderes en la Iglesia, ya habíamos hecho una gran mitigación de riesgos, todo lo humanamente posible y apropiado para la situación. Es por eso que el escritor de Proverbios dice: «Sin consulta, los planes se frustran, pero con muchos consejeros, triunfan» (15:22), y, de nuevo: «Porque con dirección sabia harás la guerra, y en la abundancia de consejeros está la victoria» (24:6).

El discernimiento en el riesgo

El distinguir el bien del mal puede ser especialmente complejo en el entorno de riesgo. Aquí hay un principio espiritual importante en ocasiones ignorado. Aprendemos que se requiere práctica para distinguir el bien del mal. Hebreos 5:13-14 (LBLA) enseña que «todo el que toma sólo leche, no está acostumbrado a la palabra de justicia, porque es niño. Pero el alimento sólido es para los adultos, los cuales por la práctica tienen los sentidos ejercitados para discernir el bien y el mal».

Definición

La idea clave en el discernimiento es «conocer lo que vemos en vez de ver lo que conocemos»[87]. La definición de Henri Nouwen es que «el discernimiento espiritual es el arte de reconocer a Dios en los muchos acontecimientos, encuentros y situaciones que experimentamos en la vida diaria»[88]. Otras expresiones que definen el discernimiento incluyen «percibir claramente, juzgar de forma precisa, cribar lo ilusorio y descubrir lo que es real»[89]. El fortalecer el «músculo» del discernimiento y el ver las realidades espirituales aumentan la resiliencia y la claridad en el momento de riesgo. Obtenemos pistas de lo que está pasando.

En su libro acerca del discernimiento, Nouwen declara: «La presencia de Dios es a menudo sutil, pequeña, tranquila y oculta»[90]. Luego, apunta a Isaías 11:1: «Y brotará un retoño del tronco de Isaí, y un vástago de sus raíces dará fruto». Dios está obrando, apenas de manera perceptible, de formas pequeñas, tiernas y vulnerables. El no verlo a Él en estas formas pequeñas es ceguera espiritual[91].

Recuerdo un tiempo en Afganistán en el que yo estaba muy confundida. Le pedí al Señor que me ayudara a resolver la oscuridad y la confusión en mi interior, sin saber cómo Él elegiría ayudarme. La discusión a continuación incluye algo de lo que aprendí en mi salida de la oscuridad y la confusión internas a través de las personas que Él trajo para ayudarme, los libros que leí y lo que Él me enseñó a partir de Su Palabra. La discusión de Thibodeaux es la más práctica en el entendimiento y la aplicación de principios espirituales maduros para el discernimiento individual[92]. Estoy en deuda con este último por la siguiente discusión, donde entrelazo aspectos destacados de su libro con nuestro enfoque sobre el discernimiento en el riesgo.

El discernimiento utiliza una combinación de fe y razón. Significa mucho más que tomar una decisión. Incluye una conciencia de lo que está pasando dentro de mí, una evaluación honesta de mi situación. Un discernimiento cada vez más profundo significa que me estoy volviendo cada vez más autoconsciente de mi vida interior. Implica cada aspecto de mi persona, mis emociones y análisis mental, mi voluntad y vida de oración, mis deseos y aquello a lo que me resisto. Es preguntarse: «¿Cuál es la fuente de mis pensamientos, emociones y acciones?».

Se trata de un proceso; no es «hacer» sino «ser», una conciencia cada vez mayor de acercarse a Dios o alejarse de Él. Se trata de aprender a estar en sintonía con los movimientos de mi espíritu que conducen hacia Dios y, a través del conocimiento de esto, se da la acción justa. La premisa en el libro de Thibodeaux es que «todos nuestros pensamientos, sentimientos y acciones o bien nos acercan a Dios o bien nos alejan de Dios» ¿Cómo es esto?

El alejarse de Dios interiormente

Lo que ocurre en el acontecimiento de riesgo puede ser una combinación de la tormenta perfecta que nos aleja potencialmente de Dios. El diablo, más el trauma potencial de inminentes circunstancias trágicas, más nuestras heridas del pasado, más los comportamientos destructivos, más nuestra mochila psicológica, más la debilidad emocional, todos ellos mezclados con el riesgo, pueden hacer que respondamos negativamente a Dios y a los demás en el acontecimiento de riesgo. Los sentimientos que afloran en nuestro interior realmente nos conducen interiormente por el camino hacia la muerte. Luego, debido a nuestra respuesta negativa, añádele la culpa que sentimos por ser un trabajador transcultural y lo que creemos que nuestros defensores esperan de nosotros, y nos hundimos en la depresión y en patrones de superación cada vez más adictivos. Nos volvemos cada vez menos resilientes y más inestables y depresivos psicológica o emocionalmente.

El acercarse a Dios interiormente

Lo contrario, sin embargo, parece ser así: al permitir que el poder vigorizante del Espíritu Santo obre en nosotros, más al ver el bien en el mundo incluso en las circunstancias más pequeñas, más al elegir el pensamiento dador de vida y patrones de comportamiento emocionales, el bienestar psicológico y la fortaleza emocional, respondemos a Dios y a los demás positivamente. Los sentimientos en nuestro interior, aun cuando experimentamos la convicción del Espíritu Santo, nos conducen interiormente por el camino hacia la vida.

Puede que sigamos sufriendo depresión y que tengamos desafíos de superación (los acontecimientos de riesgo a largo plazo son duros), pero, en general, sabemos que estamos avanzando con Su poder y ayuda. Nos caracterizamos por ser personas que caminamos en el Espíritu.

Una guía simple para evaluar lo que está pasando dentro de nosotros es hacer una pregunta basada en 1 Corintios 13: ¿cómo estoy creciendo o disminuyendo en la fe, la esperanza y el amor?

1. La fe: ¿me dieron mis acciones de hoy una mayor confianza en Dios, en la Iglesia y en las personas que hay en mi vida, o me condujeron a dudas improductivas y paralizantes?

2. La esperanza: ¿me han conducido los sentimientos que he estado experimentando últimamente hacia un mayor enfoque en el día del retorno de Cristo? ¿Me conforto a niveles más profundos porque mi destino yace en el sólido fundamento de la providencia de Dios (1 Tesalonicenses 4:18; Hebreos 10:23)?

3. El amor: ¿me han conducido las cosas que me preocupan a un mayor amor por Dios y los demás?

Un comentario sobre la pregunta anterior acerca de la esperanza. Recuerdo una reunión en Afganistán en la que el tema principal implicaba el análisis de riesgos del nivel de seguridad de esa semana. Un colega nos recordó a todos que debemos esperar en el día del retorno de Cristo. Estuvo muy bien dicho.

Sin embargo, si la casa se está quemando, tenemos que gestionar el riesgo de lo que estamos a punto de perder y salir de la casa. El análisis y la gestión de riesgos sugieren una mayordomía responsable. Si la situación se está deteriorando alrededor nuestro, debemos hacer una evaluación y trazar un plan de acción. No obstante, por arriba y por debajo de todo nuestro riesgo está la esperanza de que nos aferremos con firmeza al día en el que Cristo regrese para restaurarlo todo de nuevo. Existe una diferencia que debemos resolver entre la esperanza interna y la realidad del mal que hay alrededor nuestro.

El discernimiento de los espíritus demoniacos

También está el aspecto espiritual de lo que está pasando. Desde el Génesis al Apocalipsis, la Biblia asume la presencia de espíritus malignos y celestiales. La sobrespiritualización es una de las tendencias más comunes de los inmaduros en la fe o los que no están dispuestos a enfrentarse a sus pecados. A menudo, aquellos con el espíritu del orgullo culparán al reino demoniaco en vez de aceptar su contribución pecaminosa al problema.

Puede ser útil conocer el nombre de algunos espíritus demoniacos comunes cuyo objetivo es aumentar los estragos del riesgo. Los siguientes espíritus demoniacos específicos se pueden impregnar o mostrarse más activos en el riesgo. Personalmente, nos hemos encontrado con algunos de estos, pero lo más probable es que también haya otros. La lista no da cuenta de los espíritus territoriales ni tampoco está pensada como una lista completa.

- *El espíritu de las «voces de engaño»*[93]. Estas voces son una combinación de distracción, intrusión, confusión, niveles de pensamiento y pensamientos recurrentes que se repiten. Estas voces incluyen pensamientos intrusos como: «Nunca voy a superar esto; no entiendo; estoy confundido; eres estúpido; deberías haberlo sabido». Es diferente de la terminología psicológica para los patrones de pensamiento negativos. Es un enturbiamiento mental y una incapacidad para ver a través de la confusión, incluso para quienes normalmente toman decisiones de forma lógica y rápida.

- *El espíritu de la 'yihad'*[94]. Este espíritu está activo en muchos entornos musulmanes de hoy día. Fortalece a los que pretenden librar la guerra contra todos aquellos que no creen en la forma «correcta» del islam. Puede hallarse en los principales templos islámicos de la región.

- *El demonio asfixiante.* He conocido y he oído hablar de este demonio obrando suciamente en Afganistán, Pakistán, Asia Central, las áreas indias hinduistas de Londres, Turquía y en los EE.UU. hostigando a las personas que se preparan para ir a Turquía. Desconozco si tiene otro nombre, pero su principal función es hostigar y crear miedo a través de la asfixia. No parece que mate, pero sí presionar las vías respiratorias para que sea difícil respirar e invocar el nombre de Jesús. Al parecer, se siente y se parece a la asfixia.

- *El espíritu del orgullo.* Este es común entre los que sirven transculturalmente y que han experimentado muchos riesgos. En el momento de riesgo, se vuelve peor, y causa una distorsión del discernimiento acerca de qué dirección tomar.

- *Los espíritus en los objetos dedicados al islam.* Es conocido que los espíritus demoniacos se impregnan a objetos dedicados al uso islámico a través de oraciones coránicas. Amuletos, vestimentas, cerámicas con diseños de mal de ojo... es conocido que todos estos objetos permiten que los espíritus malignos se manifiesten en el hogar[95].

El enemigo no es terriblemente creativo. También hace algo similar en otras religiones: chamanismo, vudú, dioses hindúes, sincretismo religioso como el islam folclórico en Bulgaria, que mezcla cristianismo, islam y animismo, e incluso en ocasiones, la ortodoxia oriental usa iconos como talismanes. Pero el enemigo tampoco es bobo; este nos estudia. Nuestra niñera era una chica local que se había convertido en seguidora de Jesús durante el primer año que trabajó para nosotros. Tras haber visto cómo luchaba con su situación escolar local durante ese año, la invitamos a vivir con nosotros durante un año, así yo podría ayudarla con sus estudios. Una noche, ya nos habíamos ido a la cama cuando la niñera subió al piso de arriba para pedirnos que orásemos por ella. Nos contó que estaba viendo cosas moviéndose por la habitación, que estaban moviendo las cortinas y que sentía una presencia maligna.

Intuitivamente, presentí que si yo me iba al piso de abajo y me quedaba en la habitación con ella, el enemigo, en caso de estar molestándola, no se manifestaría en mi presencia, y que nuestra niñera se sentiría ridícula. También sabía que ella no aprendería nunca a confiar en el poder del Espíritu Santo en su interior para poder hacer frente al reino espiritual y ganar. Así pues, primero le pedimos que considerara si tenía algún pecado sin confesar y que le pidiera al Señor que se los revelara. Luego, oramos Efesios 6:10-18, le exhorté que le hablara en voz alta al demonio atormentador que intentaba asustarla y que luego se fuera a dormir.

Tras bajar las escaleras e intentar esto, volvió al piso de arriba por segunda vez; volvimos a fortalecerla de nuevo en el Señor y la niñera regresó para librar la batalla en la habitación. Al final, ganó y se fue a dormir, y ese demonio atormentador no volvió a molestarla nunca jamás.

La toma de decisiones en el riesgo cuando estamos confundidos

No es poco común estar confundido en el riesgo. Las emociones de la gente se disparan y el miedo se hace generalizado. A veces, es desconcertante saber qué es lo correcto y bueno que hay que hacer. La confusión se vuelve una experiencia desoladora cuando nos permitimos el sentirnos molestos por no saber lo que está pasando, y cuando nuestra incertidumbre o falta de conocimiento conduce a trastornos interiores.

El antídoto para esto es alabar, venerar y servir a nuestro Señor de la forma como Él quiere en el momento de riesgo. Por lo general, hay la suficiente luz como para dar el siguiente paso (Proverbios 20:24). Las respuestas a las siguientes preguntas no tienen la intención de ser principalmente o únicamente actividades espirituales; algunas veces, solo tuve que ser fiel para servir gozosamente a mis hijos, prepararles un ameno aperitivo y mantener al día el lavado de la ropa aun cuando sentía una gran ansiedad y miedo por la seguridad de mi esposo. A menudo, oraba continuamente al hacer mis quehaceres cotidianos. Estas son algunas preguntas que hay que hacer y que esperamos nos ayuden a ver a través de la confusión:

- ¿Cuál es la cosa más amorosa que hay que hacer?
- ¿Cuál es la cosa más esperanzadora que hay que hacer?
- ¿Cuál es la cosa más llena de fe que hay que hacer?
- ¿Me están acercando a Dios mis decisiones en el riesgo o me están alejando de Él?
- ¿Confío en falsos dioses de mi propia creación?
- ¿Cuál es la cosa más estratégica que hay que hacer en este momento para el reino de Dios?

Por ejemplo, cuando las cosas estaban en su punto más arriesgado para nosotros (cuando eran más espantosas), y la mayoría de la comunidad se estaba marchando, mi esposo se tomó el tiempo para estudiar el enfoque de nuestro proyecto. Descubrió que el ochenta por ciento de los esfuerzos de nuestro proyecto *no* estaban yendo a los grupos de personas no alcanzadas. El momento de riesgo es un momento de cambio y oportunidad y, así, mi esposo fue capaz de reordenar las prioridades de nuestro proyecto y, lentamente, poner la mayoría de nuestras energías y nuestro enfoque en ayudar a alcanzar a los grupos de personas no alcanzadas. Fue un momento enormemente estratégico que aún sigue dando beneficios hoy día.

Conclusión

Al igual que Jesús caminó sin ser reconocido por el camino de Emaús con dos de Sus discípulos, Él camina con nosotros en el riesgo, a menudo sin ser reconocido, y «se une a nosotros en nuestra tristeza y desaliento»[96]. Él comprende el olor del sufrimiento y de la muerte:

> Él escucha nuestra historia de confusión, desorientación, profundo dolor, pérdida de dirección, fracaso humano y oscuridad interior. Él está con nosotros en nuestra perdición. Jesús habla y revela que Dios conoce de primera mano nuestra perdición y que Su amor es más fuerte. La experiencia de reconocerlo y recordarlo conduce a la experiencia del corazón

ardiente. Él está eternamente presente para nosotros, aunque no podamos verlo físicamente. Al conocerlo a Él a través de Su recuerdo y a través de la experiencia del corazón ardiente, nos damos cuenta de que Él se encuentra en nuestro corazón. El problema es que en tiempos de crisis resulta difícil recordar a Cristo porque nuestros dolores se experimentan en el momento. El daño, el fracaso, el remordimiento y el dolor del pasado nos carcomen[97].

Podemos examinar todo el análisis del riesgo y del peligro y luego orar juntos y, a través de esto, parece hacerse evidente un «conocimiento» apacible de cuál es el siguiente paso. No hay ninguna fórmula para esto, pero resulta muy útil una discusión atenta y en oración acerca de la mayordomía y el riesgo, así como el sopesar los resultados potenciales con nuestros llamados a la luz del objetivo de extender Su reino.

Sin embargo, algunas veces simplemente no sabemos qué hacer. Él nos llama a confiar en lo «desconocido» y, en nuestro desconocimiento, nos llama a creer en Su bondad[98]. Es imperativo seguir confiando en Él aun cuando no lo entendamos[99]. No hay ningún proceso ni ninguna fórmula para garantizar con antelación que hemos tomado la decisión correcta. Pero, al mirar al Señor, hacer que nuestra prioridad sea conocerlo y amarlo, y al confiar abiertamente en Su liderazgo que está arraigado en Su amor por nosotros, empezaremos a ver cuál es el siguiente paso, y Su paz *llegará*.

En términos de un análisis de riesgos integral, tenemos que considerar y equilibrar las múltiples formas en las que el Espíritu Santo nos guía. He hablado de siete fuentes que hay que incorporar en el discernimiento de la guía del Espíritu Santo. No podemos ignorar el impacto que las fuerzas espirituales pueden tener sobre la situación. Además, el discernimiento de la guía de Dios a nivel interno también es un factor clave.

Aplicación

1. ¿Cómo te ha hablado el Espíritu Santo en el pasado y en qué tipo de situación?

2. ¿Qué circunstancias negativas usó Él para hablarte?

3. Si no puedes encontrar momentos y lugares de soledad para escuchar Su voz debido a problemas de seguridad, ¡usa tu creatividad! Haz de una de tus tareas diarias un lugar en el que puedas entrar al trono del cielo (p. ej., en la ducha, mientras lavas los platos en el fregadero de la cocina, mientras caminas por las ajetreadas y polvorientas calles, etc. Sea donde sea, cultiva momentos de silencio en tu corazón y escucha la voz del Espíritu Santo).

4. Haz una lista de las cosas positivas que han ocurrido hoy y da las gracias a Dios por ellas. Vuelve a hacerlo al día siguiente. Sigue haciéndolo todos los días a medida que te adentras en el acontecimiento de riesgo, buscando a Dios y dándole las gracias por todas las pequeñas cosas positivas que Él hace en tu vida, incluidos el amanecer y el atardecer, la comida que comes, etc.

Resumen del Capítulo 5

1. Las siete formas como el Espíritu Santo habla en el momento de riesgo son:

    - Consultores de seguridad.
    - La comunidad alrededor nuestro.
    - La familia.
    - La Biblia.
    - La voz del Espíritu Santo.
    - Autoridad organizacional o espiritual.
    - A través de sueños y visiones.

2. No hay una fórmula válida para todo el mundo para discernir la guía del Espíritu Santo; Su voz es consistente con el carácter de Dios y se discierne a través de los frutos resultantes en la vida de la persona que lo escucha.

3. Sé sensible al discernimiento de los espíritus que pueden estar causando estragos en la situación de riesgo.

- La fe: ¿me dieron mis acciones de hoy una mayor confianza en Dios, en la Iglesia y en las personas que hay en mi vida, o me condujeron a dudas improductivas y paralizantes?
- La esperanza: ¿me han conducido los sentimientos que he estado experimentando últimamente hacia un mayor enfoque en el día del retorno de Cristo? ¿Me conforto a niveles más profundos porque mi destino yace en el sólido fundamento de la providencia de Dios?
- El amor: ¿me han conducido las cosas que me preocupan a un mayor amor por Dios y los demás?

4. El discernimiento cuando estamos confundidos:

- ¿Cuál es la cosa más amorosa que hay que hacer?
- ¿Cuál es la cosa más esperanzadora que hay que hacer?
- ¿Cuál es la cosa más llena de fe que hay que hacer?
- ¿Me están acercando a Dios mis decisiones en el riesgo o me están alejando de Él?
- ¿Confío en falsos dioses de mi propia creación?
- ¿Cuál es la cosa más estratégica que hay que hacer en este momento para el reino de Dios?

capítulo 6
La primera pregunta de la Biblia

Un viaje espiritual

Hasta ahora, hemos visto algunos pasajes bíblicos sobre el riesgo. Hemos visto la absoluta necesidad de discernir la guía del Espíritu Santo al adentrarnos y al salir del riesgo, y la relación directa que Su guía tiene en la administración de todo lo que se nos ha confiado en el riesgo, incluidos nosotros mismos. A fin de comprender mejor hacia dónde nos guía espiritualmente Dios en el riesgo, resulta útil conocer el punto de partida.

La primera pregunta de la Biblia es: «¿Dónde estás?». Dios se lo pregunta a Adán y Eva después de que estos se cubrieran con hojas de higuera porque habían pecado. En hebreo existe la diferencia entre «donde» y «dónde». Se trata de la diferencia entre *ayyeh* y *'eypoh*: *'ayyeh* (forma corta *'ay*) es «donde» sin tilde y tiene carácter sorpresivo, como en «¿Por qué no estás aquí donde esperaba que estuvieras?»; *'eypoh* es «dónde» con tilde, como en «¿Dónde está la salida?». «Sorpresa frente a ubicación. A menos que conozcamos la diferencia entre estas dos palabras, nuestra traducción nos ocultará algo»[100].

¿Qué palabra supones que usó Dios en el jardín? ¿Estaba preguntando por la ubicación de Adán y Eva? No; utiliza la palabra *'ayyeh*. Y no solo eso, sino que en Génesis 3:9, esta palabra se escribe con un *he* adicional al final[101]. Esto revela las emociones de Dios acerca de lo que hicieron los dos primeros humanos. Lleno de dolor, Dios gritó desde lo más profundo de Su corazón: «¿Dónde están? ¿Por qué se ocultan de mí?». Él estaba comunicando el devastador pesar que sentía por la separación que existía ahora entre los humanos y Él mismo. Es similar a los gritos de dolor que resuenan en nuestra alma cuando muere el amor de nuestra vida.

Dios no preguntó porque no supiera dónde estaban; Él preguntó para que *Adán y Eva* reconocieran dónde estaban, tanto espiritual como físicamente: estaban separados de Él y, por tanto, se ocultaron. Dios quería que nombraran el problema y admitieran honestamente lo que habían hecho. De igual modo, Él quiere que cada uno de nosotros veamos nuestra separación de Él y quiere que *anhelemos* regresar a Él tan fuerte como el dolor que Él sintió cuando nos fuimos.

¿Dónde estás en el «viaje de regreso» a Dios? El viaje de la fe se ha trazado de muy diversas maneras a lo largo de los últimos dos mil años de historia de la Iglesia, preguntando: «¿Cuáles son las etapas de la madurez en la fe y las características de cada nivel de intimidad en el viaje con Cristo?». La madurez no se puede definir con una lista de verificación. Espiritualmente, ¿cuán consciente eres de dónde estás ahora mismo en tu relación con Dios? Al prepararnos para el riesgo, también queremos considerar cómo podemos ayudar a las personas a ser más conscientes de dónde están en su viaje de fe.

Madurez espiritual

Henri Nouwen describe la maduración de la fe como un movimiento de cinco características[102]. La primera es que uno se mueve de la opacidad a la transparencia. Esto significa que uno empieza a ver la realidad del mundo y de sí mismo, no las falsas máscaras e ilusiones, sino la realidad donde lo trascendente se ve en lugares, cosas y personas comunes. Es moverse hacia una mayor transparencia y autenticidad. Es poder ser consciente y honesto con respecto a dónde estás en tu relación con Dios y con el amor hacia los demás.

El segundo movimiento es de la ilusión a la oración. El moverse de la autodependencia, la ilusión de control y la autosuficiencia hasta la dependencia, validación y confianza en el Espíritu en oración resulta en una unión más profunda con Cristo. Una vida de oración más profunda se mueve, más allá de los listados, hasta una oración constante en el corazón interior con una actitud de reconocimiento y dependencia en Dios para todas las cosas.

En tercer lugar, el movimiento de la pena al gozo. Esto es examinar cómo vive uno con las pérdidas y elegir llorarlas como un camino hacia el gozo, tal como Jesús enseñó en las Bienaventuranzas. Es una cultivación periódica del gozo y la gratitud en todas las cosas, aunque, al mismo tiempo, siendo capaz de nombrar las pérdidas y dificultades por lo que estas son.

A continuación, está el cambio del resentimiento a la gratitud. En este movimiento, uno se libera del resentimiento, de la desalmada cólera que resulta en sospecha, cinismo y depresión. Significa cultivar el vivir con gratitud por cada momento. Al ganar una claridad cada vez mayor del discernimiento de las sutiles diferencias entre el bien y el mal, nos mostramos cada vez más agradecidos a Dios por todas las cosas.

Por último, nos movemos del miedo al amor. En las primeras etapas de la fe, el miedo controla las acciones, la autodefinición y la autopercepción de uno mismo. La madurez viene con el reconocimiento y la capacidad cada vez mayores para expresar los miedos y los patrones «por defecto» que todos tenemos en nuestra vida e introducimos en la situación del equipo transcultural. Moverse hacia el amor significa participar en el amor divino de la intimidad dentro de la Trinidad. Hay una congruencia entre lo que las personas sienten y el fruto espiritual en sus vidas con respecto a su crecimiento del amor por Dios y los demás en sus corazones y mentes.

Una persona que no está llena de miedos, sino de amor, está consistentemente llena de gratitud y gozo, no se queja ni tampoco critica a los demás. Esta persona puede compartir de forma apropiada y transparente, así como demostrar vulnerablemente su madurez espiritual. Al madurar a las personas, hay una insatisfacción cada vez mayor por una falta de intimidad en oración con Dios; hay frustración por no poder estar solo con Él más a menudo.

Una vida de oración espiritualmente madura no se caracteriza por orar a través de listados; cuando las personas oran, se siente como si estuvieran experimentando que Dios está sentado a su lado. Las conversaciones con los demás se pueden describir en realidad como una oración. El proceso de maduración de las personas se centra en la oración constante, tal como escribe Pablo: «Orad sin cesar» (1 Tesalonicenses 5:17). El rabino Abraham Heschel, visto en primera línea con Martin Luther King Jr. en su famosa marcha en Alabama en 1965, escribió más tarde: «Sentí que mis piernas estaban orando»[103]. Su vida de oración dio como resultado una acción justa.

¿Cómo te describirías a ti mismo en cada una de estas categorías? ¿Cómo te describiría tu cónyuge o tu amigo más íntimo? Si estuvieses caminando por los pasillos del cielo y escucharas que Dios está hablando sobre ti a la vuelta de la esquina, ¿qué le oirías decir de ti en cada una de estas categorías?

La necesidad de comunidad

Un importante punto de acuerdo de todas las tradiciones de fe dentro de la Iglesia es que el avanzar por el camino hacia la madurez espiritual no sucede sin ayuda. Vivir en aislamiento, no buscar información y consejo o no rendir cuentas espiritualmente ante alguien son muestras de falta de sabiduría. En el riesgo, el escoger aislarnos es aún más peligroso, ya que somos los principales blancos del enemigo y nuestros propios patrones mentales y emocionales negativos parecen «intensificar» el volumen en estos momentos.

El riesgo también afecta a nuestra relación con Dios. Ya he mencionado que la mayordomía de nosotros mismos incluye nuestra relación personal con Dios y plantea: «¿Cuál es nuestra experiencia actual de Dios en el riesgo?». Hay tres partes en cómo nos afecta el riesgo en nuestra relación con Dios. La madurez espiritual es la primera parte que he abordado. En la siguiente sección, trato un segundo aspecto de cómo se ve afectada por el riesgo nuestra relación con Dios y, en el Capítulo 7, hablo de la tercera parte.

El diagnóstico de nuestra conciencia de madurez espiritual

Sería lógico pensar que debemos contar con personas espiritualmente maduras que vayan a las áreas de riesgo. Sin embargo, algunas veces, la madurez espiritual se equipara erróneamente con la edad, la experiencia y el nivel de educación. Una edad más avanzada no significa automáticamente que los trabajadores sean espiritualmente maduros o espiritualmente autoconscientes. El que alguien haya estado «sobre el terreno» durante algunas décadas no significa automáticamente que esa persona sea sabia. Entonces, si la edad y la experiencia no son la clave, ¿qué lo es?

Si bien un enfoque en la madurez espiritual es útil, puede que un indicador más útil sea la conciencia que una persona tiene de dónde se encuentra en la etapa de su viaje con Cristo y de su unión con Dios ¿Qué señales son indicadoras de que alguien (¿yo misma?) está en el camino hacia una madurez espiritual más profunda? ¿Cuán consciente soy de dónde estoy en el viaje? ¿Cuán consciente es de su viaje mi compañero o compañera de equipo? ¿Y qué hará un nuevo miembro del personal? ¿Cómo responderá transculturalmente una vez que llegue y empiece a experimentar los desafíos de vivir en una situación de riesgo? Hay al menos siete áreas que hay que tener en cuenta en lo referente a nuestra propia madurez espiritual o la de cualquier otra persona.

Responsabilidad personal

Recuerdo a un miembro del personal que se dirigió a Neal y le dijo que tenía una expectativa sin cumplir en cuanto a la organización. Cuando se le preguntó cuál era, dijo que había entendido que la organización invertiría en su desarrollo espiritual. Es prudente asumir que los recursos que invertimos a nivel personal son los que buscaremos con mayor diligencia ¿Qué prioridad das al tener una conciencia de dónde estás en tu viaje espiritual personal? La conciencia viene indicada por una combinación de «informaciones».

Por ejemplo: «¿Qué libros estás leyendo? ¿Tienes un diario o registras tu vida con alguien? ¿Bajo el paraguas de qué maestros estás? ¿Participas en alguna orientación o algún asesoramiento de carácter tutorial o pastoral a nivel individual? ¿Qué plan has trazado para el crecimiento espiritual personal?». No hay ningún atajo para llegar a una vida más profunda, y la forma del Maestro sigue siendo el discipulado de vida a vida.

Descripción de tu viaje espiritual

¿Cómo describes tu vida de oración y tu entendimiento de la guerra espiritual? ¿Qué disciplinas espirituales cultivas de forma regular? Si te lo pidieran, ¿podrías dar ejemplos recientes y específicos para cada uno de los cinco movimientos descritos anteriormente? ¿Cómo describes tu experiencia del Padre, el Hijo y del Espíritu? Las respuestas que se sitúan principalmente en un extremo o en el otro indican posibles áreas de preocupación.

Por ejemplo, si tu experiencia de Dios se describe exclusivamente con una terminología emocional, puede que no cuentes con la suficiente alfabetización bíblica fundacional. En cambio, si tu relación con Dios se explica solo con descriptores factuales teológicos y cognitivos, puede que necesites trabajar el volverte más consciente de tus emociones, o, por lo menos, de las emociones de Dios.

¿Están tus disciplinas espirituales desconectadas de la conciencia espiritual? Con otras palabras, ¿te dejas llevar por la inercia de las disciplinas espirituales en vez de realizarlas como consecuencia de una relación íntima con Dios?

Escuchamos con bastante frecuencia la expresión «Tengo un compañero de rendición de cuentas». Una mujer a la que yo estaba orientando a través de un matrimonio difícil reveló que su esposo tenía un compañero de rendición de cuentas, pero, durante los meses en los que yo caminé con ella, él seguía siendo espiritual, verbal y emocionalmente abusivo con ella y los hijos. Un compañero de rendición de cuentas no es ninguna «píldora mágica» para la madurez espiritual; un compañero de rendición de cuentas ha de ser alguien con las agallas para enfrentarse a nosotros cuando sea necesario.

Historias recientes

Las historias recientes y reales de la experiencia de Dios son indicadoras de que alguien está en el viaje hacia una unión más profunda con Dios ¿Qué tipo de historias se te ocurren? ¿Tienes historias de fracaso y redención que contar, o son todas positivas? Si es así, eso puede revelar una falta de conciencia de la lucha.

Por los frutos

La única y simple guía de Jesús es que por sus frutos conoceremos si alguien es o no Su discípulo (Mateo 7:15-20) ¿Qué tipo de fruto es evidente en tu vida? Esto es tanto interno como externo; no se refiere únicamente a la actividad exterior. Jesús no estaba intentando «cristianizar» la productividad. Él se refiere al fruto de la vida interior, cada vez más con el corazón del Padre en nosotros mismos, y el fruto de una vida vivida bajo Su dirección y no basada en la definición occidental del éxito.

Jesús describe una vida fructífera que se involucra en actividades con base en Su liderazgo y en nuestro permanecer en Él (Juan 15), lo que da como resultado el fruto del Espíritu y una fidelidad que se expresa por medio de la obediencia. No se trata de preguntar: «¿Cuán productivo eres?». Este es probablemente uno de los mayores desafíos en términos transculturales: la gente está ocupada dando vueltas de una reunión a otra, y lleva un seguimiento de todas sus actividades con el fin de informar a sus compañeros en su país de origen. El enemigo se alegra bastante cuando estamos tan ocupados en nuestro trabajo que no tenemos tiempo de soledad en oración con Dios para escuchar que Él nos habla.

Nuestro Padre no quiere nuestra productividad (1 Samuel 15:22; Salmos 51:16-17; Oseas 6:6; 1 Juan 5:3). Él quiere que permanezcamos en Él, de modo que Él pueda obrar Su fruto en y a través de nosotros. Él quiere que lo obedezcamos y que hagamos lo que nos pide. Cuando esto ocurra, nuestro comportamiento será consistente con la realidad de nuestra vida interior. «La forma como vivo hoy es un reflejo de cómo vivo mi vida»[104]. La forma como actuamos en relación con nuestra familia, nuestro equipo, los creyentes nacionales y la cultura concuerda con la realidad de un corazón y una mente que cada vez siente y piensa más como nuestro Padre en el cielo. No tendremos que ocultarnos como Adán y Eva.

> **Nuestro Padre no quiere nuestra productividad. Él quiere que permanezcamos en Él, de modo que. Él pueda obrar Su fruto en y a través de nosotros.**

El discernimiento del espíritu de otra persona

Parte del discernimiento de la madurez espiritual de otra persona se basa en lo que Dios ha estado tratando individualmente con nosotros. Watchman Nee enseñó que «nuestra capacidad para conocer el espíritu en otra persona no viene de los libros ni de las experiencias de los santos antiguos, sino de nuestros tratos personales ante Dios»[105]. Pese a lo que enseñan algunos predicadores modernos, para esto no existen atajos. Cuando Dios permite el dolor en nuestra vida, llevará tiempo examinar lo que eso significa para nosotros. El dolor *es* doloroso.

Watchman Nee escribe: «Necesitamos un espíritu trabajable por medio del cual diagnosticar el espíritu de otra persona»[106]. Continúa diciendo que obtenemos un espíritu trabajable por medio de nuestros tratos con Dios. A medida que aprendemos a sentir nuestras fallas, explicarlas y sanarnos de raíz de estas fallas, tenemos discernimiento del espíritu de los demás. Por ejemplo, cuando alguien está llorando, tenemos que considerar las razones que se esconden tras sus lágrimas. Nee nos enseña que las lágrimas son resultado o bien del amor propio, o del dolor o bien del haber sido quebrados por Dios ¿Por qué estamos llorando? ¿Estamos avergonzados porque nos han descubierto? ¿O estamos dispuestos a que se nos quiebre lo suficiente para realizar los cambios necesarios para ajustarnos al estándar de comportamiento de Dios? Cuando entendemos por qué lloramos, es más fácil discernir el origen de las lágrimas en otra persona. A veces, el estar en servicio pastoral requiere un 'amor robusto'.

Una conciencia de aquello con lo que es demasiado duro lidiar

Es una falsa creencia pensar que el servicio transcultural no es lugar para lidiar con el crecimiento. Todos lidiamos con problemas en nuestra vida. Todos estamos en un proceso de sanación y santificación, por lo que no necesariamente para adentrarse en el entorno de riesgo la persona debe tener todo resuelto. En ocasiones, los problemas internos se revelan en el entorno de riesgo, y es entonces cuando Dios quiere obrar. A menudo, es la comunidad transcultural que experimenta el momento de riesgo la que mejor nos entiende y nos proporciona un lugar amoroso y seguro para que compartamos las «áreas ensombrecidas» de nuestra vida.

Sin embargo, a veces nuestro dolor interno es demasiado grande. Tenemos que ser honestos con nosotros mismos cuando tengamos que dar un paso atrás durante un tiempo para lidiar con traumas pasados y presentes y sanarnos antes de volver a adentrarnos en la batalla.

La conciencia de cómo fortalecerse en el Señor

Tanto Efesios 3:14-20 como 1 Samuel 30:6 enseñan el principio del fortalecerse en el Señor ¿Qué ideas tienes sobre cómo harás esto en la situación de riesgo? No esperes a que la situación de riesgo decida sobre hábitos normales.

En una fase temprana como familia en Afganistán, comenzamos algunas prácticas que continuamos hasta hoy día. Una es tener una velada de adoración en familia el día de nuestro «*sabbat*». Era cuidado: raras veces contábamos con invitados o aceptábamos invitaciones para salir de casa. Planeábamos aperitivos especiales y videos de adoración que les encantaban a nuestros hijos. También pedimos a nuestra iglesia en Estados Unidos a que nos proporcionase programas de escuela dominical para enseñar la Biblia sistemáticamente a nuestros hijos. Eran tantos los servicios religiosos que se cancelaron debido a la seguridad; necesitábamos ayuda para garantizar que estaban recibiendo una educación bíblica.

Otra forma de fortalecerse en el Señor es organizando un servicio de culto en comunidad. Nuestra comunidad solía reunirse a menudo y cantar canciones e himnos, compartir testimonios y también luchas. Todo esto fue un factor importante en el fortalecimiento de la comunidad, tanto de adultos como de niños.

Seis fundamentos de fe

Con demasiada frecuencia, la mayoría de la atención en el riesgo se ha centrado en «solo tener fe». La respuesta se reduce a menudo a hablar sobre las «conclusiones de fe»[107] a los trabajadores transculturales que puede que no estén seguros de poseer *suficiente* fe. Esto conduce a otra complicada pregunta: ¿cuánta fe es suficiente? Antes de adentrarse en una situación de alto riesgo, un trabajador transcultural que nunca ha sido puesto a prueba puede preguntarse si su fe resistirá bajo presión. Muchísimo personal lingüísticamente competente y en primera línea ha perdido su fe y ha dado la espalda a Dios.

Estas queridas personas no pierden su fe por la falta de creencias teológicas correctas, sino, con mayor frecuencia, debido a una falta de integración del dogma con las experiencias vividas. Pierden la fe por malentender las respuestas emocionales humanas y divinas a una decepción descomunal, las heridas relacionales y la realidad de vivir donde el trauma y el «olor de la muerte» son constantes. Simplemente, Dios no está a la altura de sus expectativas.

¿Y si preguntásemos una pregunta diferente que nos conduzca a centrarnos en lo que es necesario *antes* de la fe? ¿Hay ingredientes esenciales que conducen a la fe, elementos que hay que cultivar y que desarrollan, nutren y aumentan la fe? Salmos 37:3 enseña: «Confía en el SEÑOR, y haz el bien; habita en la tierra, y cultiva la fidelidad». La versión bíblica RVR-2015 dice «y apaciéntate de la fidelidad» ¿Qué significa cultivar o apacentarse de la fidelidad? Una forma consiste en *no* centrarse en el contenido de la fe, sino en qué cualidades generan fe. Al fijarnos en cómo cultivar la fe, accedemos a lo que Heschel acuñó como «teología profunda»[108].

La teología profunda pregunta: «¿Cuáles son las prácticas internas en lo más profundo del corazón que se cultivan de forma activa y que generan fe?». Estas prácticas no son sentimientos, sino actitudes y perspectivas cultivadas de forma regular y que enmarcan nuestra perspectiva acerca del riesgo. La teología profunda se centra en los conocimientos religiosos, los prerrequisitos y el acto de la fe. En cambio, la teología aborda «las creencias y dogmas nacidos de la fe»[109].

¿Qué es necesario que haya para que se desarrolle la fe? En Éxodo 17, Hechos 15:26, Romanos 16:4 y Filipenses 2:30, se ve que el riesgo y la fidelidad están directamente relacionados con las cualidades y las características de aquello sobre lo que se asientan. Si la fe se define como «un acto del hombre que, trascendiendo a sí mismo, responde a aquel que trasciende al mundo»[110], entonces los aspectos esenciales presentados por Abraham Heschel para ser capaz de hacer esto son la admiración y el temor, la deuda y la alabanza, el recuerdo y el actuar con justicia[111].

La admiración y el temor
La admiración

El riesgo requiere coraje, y «el coraje [es] imposible al margen de un compromiso con lo trascendente»[112]. El hecho es que Dios, el único inigualable, incomparable, totalmente por encima de nosotros y, sin embargo, apasionadamente enamorado de nosotros, es la fuente de toda admiración. Cuando cultivamos la perspectiva del poder de Dios y Su fiel amor por nosotros, podemos tener coraje. El problema de nuestra era moderna es que tendemos a pretender cosificarlo y reducirlo todo —incluido a Dios—, pero una persona no puede nunca cosificarse por completo[113].

Si verdaderamente estamos cultivando la admiración por Dios, cultivaremos una admiración por Su imagen divina grabada en nuestros compañeros de equipo ¡Puede que haya menos conflicto si admiramos la imagen de Dios en las personas que Él ha traído a nuestros equipos ministeriales!

La admiración es una sorpresa radical que no guarda ninguna relación en absoluto con la simple curiosidad. Sin embargo, la admiración última se asombra por que existamos, por que Dios *quiera* tener una relación con nosotros. La admiración es no dar por sentadas las cosas cotidianas; la admiración genera humildad: «Pero yo buscaría a Dios, y delante de Dios presentaría mi causa; El hace cosas grandes e inescrutables, maravillas sin número» (Job 5:8-9 LBLA). La admiración es el comienzo de la conciencia de la presencia de lo divino en todo: «[...] Maravillosas son tus obras, y mi alma lo sabe muy bien» (Salmos 139:14). Las maravillas de Dios son tan numerosas que son inefables (Salmos 40:5).

Hay dos formas para cultivar la admiración y, al menos, un obstáculo principal. El obstáculo es el interés personal. Las culturas orientadas hacia el tiempo valoran la velocidad, el control, la eficacia y la productividad. Sin embargo, la admiración se revela de otras maneras. El fruto de la admiración crece al contemplar la belleza y la grandiosidad del universo. También crece al cultivar una apreciación de lo que es majestuoso, magnífico e inigualable.

El detenerse y contemplar la belleza a todo nuestro alrededor requiere tiempo. Algunos días, alzaba la mirada y me daba cuenta de que no podía recordar la última vez que me había detenido para admirar la audacia de los majestuosos pinos que se alzaban a unos treinta metros de altura y que rodeaban mi casa en Kabul, árboles que se atrevieron a sobrevivir a muchas décadas de guerra. El darme cuenta de ellos me llevó su tiempo. Me recordaban que me maravillara ante el magnífico Dios que hizo semejante belleza.

El temor[114]

El temor es una respuesta a Dios y precede a la fe. Sin temor, no hay ninguna razón para que la fe se desarrolle. Es la antítesis del miedo, el camino hacia la sabiduría y la chispa de la conciencia de la presencia divina en el misterio. El misterio es todo lo que no podemos comprender sobre Dios y Su presencia debido a Su grandeza y nuestra finitud. Cultivamos el temor tanto de Dios como del misterio que lo rodea.

Tanto el temor como la admiración requieren tiempo para desarrollarse, y el interés personal es un desastre para el desarrollo de estas cruciales perspectivas del corazón que conducen a la fe. El temor es más que un simple sentimiento o una reacción emocional; en cambio, es «el acto de la comprensión de un significado mayor que nosotros mismos»[115].

¿Dónde se halla esta sabiduría espiritual? El temor se describe en Salmos 111:10, Proverbios 1:7; 15:33 y Eclesiastés 12:13. Proverbios 9:10 dice: «El principio de la sabiduría es el temor del SEÑOR, y el conocimiento del Santo es inteligencia». El temor de Dios es sabiduría; es una forma de estar en compenetración con el misterio de la realidad. De nuevo, Abraham Heschel dice: «El principio del temor es la admiración, y el principio de la sabiduría es el temor»[116]. A partir de esto, se puede empezar a formar la fe.

Una falta de temor se revela en el enfoque con respecto al mundo. El mundo se convierte en un lugar para controlar, dominar, calcular y usar para el beneficio de uno mismo. Un temor reducido significa una mayor arrogancia y la falta de capacidad para venerar aquello que es digno de temor.

La admiración y el temor en relación con el riesgo

La duda es una idea griega que se basa en el conocimiento racional. La lengua hebrea no tiene ninguna palabra para «duda», pero sí muchas expresiones para «maravilla». La admiración es el punto de partida bíblico para hacer frente a la realidad y es el principio de un conocimiento verdadero y, por lo tanto, una forma de pensamiento[117]. «Esto es obra del SEÑOR, y quedamos maravillados» (Salmos 118:23 PDT). A Job se le dice: «Detente y considera las maravillas de Dios» (Job 37:14-15). Y Salmos 66:5 (PDT) declara: «Vengan y miren las obras de Dios; las maravillas que ha hecho les inspiran temor a los seres humanos».

Moisés se paró en la cima de la colina y consideró los efectos del levantar y bajar los brazos. Le llevó tiempo mirar la batalla y ver lo que estaba ocurriendo[118]. Tuvo que mirar la batalla física para darse cuenta de la realidad espiritual que estaba teniendo lugar por medio de él. Moisés se percató de la maravillosa realidad de lo que Dios estaba haciendo a través de él, así que se involucró en el misterio del resultado sobrenatural del poder de Dios para salvar a los israelitas frente a un brutal enemigo (Éxodo 17:11-12).

Recuerdo la sensación de temor que me invadió cuando me di cuenta del nivel de riesgo en el que estábamos escogiendo permanecer juntos como una familia. Habíamos acordado ser una de las tres familias en quedarse durante el «confinamiento» de ocho meses y reevaluar la seguridad llegada la primavera. Experimenté admiración y temor ante el hecho de que Dios nos pidiera hacer tal cosa. Nos quedamos gozosamente, sin conocer el resultado (a corto plazo) ¿Seguiríamos estando todos juntos en primavera?

Reuní a mis hijos en edad preescolar y nos sentamos sobre una alfombra alrededor de la vieja estufa rusa de la cocina. Juntos, recitamos Salmos 23, un capítulo que cada uno había memorizado a la edad de cuatro años. Ese día de otoño a finales de 2008 les enseñé que estábamos viviendo los versos 4 y 5 de ese salmo. Mis hijos escucharon con los ojos muy abiertos, y luego se fueron a jugar.

La alabanza y la deuda

La deuda

Al percatarnos de que la propia vida es un regalo, uno conoce experiencialmente la deuda. La conciencia de que el mundo tiene un origen fuera de sí mismo, y de que Dios está presente y da vida, genera la conciencia del estar en deuda con Él y la comprensión de un requerimiento de vivir de una determinada manera. John Merkle escribe: «Soy lo que no es mío. No solo debemos lo que tenemos, sino también lo que somos»[119]. La deuda es el concepto de que la voluntad, la libertad y la vida son un regalo, y de que hay valor y sentido más allá de lo que puedo concebir.

Hay una conexión entre la deuda para con Él y el llamado a vivir de manera significativa. La deuda se puede resumir como: «¿Qué se requiere de mí?»[120]. Una conciencia de deuda no solo incluye el requerimiento de respuesta, sino que también incluye un sentimiento de vergüenza de la maldad que hay en mi interior y mi falta de conciencia de la presencia de Dios. Cuando soy vergonzosamente consciente de estas cosas y las reconozco, mi vergüenza conduce a un corazón quebrado y al arrepentimiento[121].

Esto lleva a la siguiente pregunta: «¿A qué son llamados los hombres y las mujeres?». Esta pregunta tiene que ver con el estar interesado por lo que le interesa a Dios; en última instancia, tiene que ver con Su inquietud sobre el bien y el mal. En este caso, la deuda genera una sensación de deber gratitud a Dios y, por lo tanto, responder al desafío de Dios. Así pues, la fe es la «expresión» de la deuda, no solo la sensación de esta. La deuda continúa informando la fe, se convierte en uno de sus rasgos esenciales y la nutre[122].

Recuerdo un momento concreto en Afganistán en el que todo mi interior gritaba que tomase a mis hijos y me fuera. «¡Dile a Neal que finalice nuestro contrato actual!», pensaba yo. Estaba llena de miedo y no quería hacer lo que sabía que el Señor estaba pidiendo de mí. Él me susurró directamente al corazón: «¿Vas a beber de la copa que te estoy ofreciendo?». La copa significaba obediencia para quedarme y hacer frente junto con Neal a cualquier cosa que Dios tuviera preparado para nosotros. Cuando miré la copa con los ojos de mi corazón, su contenido era amargo. Sabía que Él quería que bebiera —independientemente de lo que nos deparara el futuro— solo si podía hacerlo gozosamente.

Vi la mano traspasada por los clavos sosteniendo la copa y me di cuenta de lo poco que Él estaba en realidad pidiendo de mí debido a la inmensidad que Él había sufrido para redimirme del reino de la oscuridad. En ese momento, sentí la deuda que tenía con Él por mi propia vida. Fue durante ese momento de deuda cuando me di cuenta de que podía dar un paso adelante en la fe y decir «sí». Bebí de la copa con el compromiso de luchar por el gozo independientemente de lo que me costara y me asombré ante la paz que nos envolvió durante ese tiempo.

Cuando experimentamos la gran deuda que tenemos para con nuestro Padre celestial, eso conduce a la gratitud. La gratitud es simplemente dar las gracias a Dios por todas las cosas buenas que Él nos da, y el agradecimiento por todas las cosas malas de las que Él nos protege. La gratitud conduce a la alabanza, la siguiente actitud del corazón que debemos cultivar para que nuestra fe se desarrolle y crezca.

La alabanza

Para Heschel, la alabanza es la expresión de la deuda, una respuesta a la gloria, la trascendencia y, especialmente, la presencia de Dios, con quien estamos en deuda en última instancia. Sin embargo, la alabanza también es el clímax de la fe de una persona. Primero cantamos, entonces creemos que eso declararía la prioridad de la alabanza. Hay una distinción crucial en la fe y la fidelidad y la función de la alabanza. Esta última es la respuesta inicial a Dios, una experiencia de fe, ya que la fe es un acontecimiento, un momento en el que «el alma del hombre está en comunión con la gloria de Dios»[123]. El estar preparado para «tener fe» significa que expresamos fidelidad en alabanza como una respuesta inicial a los requerimientos de Dios.

La deuda y la alabanza en relación con el riesgo

La deuda y la alabanza han de cultivarse de forma regular. En respuesta a las maravillosas obras del Señor para salvarlos en Éxodo 17, Moisés edificó un altar y le puso por nombre «El Señor es mi Estandarte». Esto fue un acto de adoración y reconocimiento de que todo Israel estaba en deuda con el extraordinario poder salvador del Señor. Los recordatorios tangibles y el relato escrito recordaban a los israelitas en todo momento lo que Él había hecho.

El recuerdo y el actuar con justicia

La Biblia nos recuerda de principio a fin que debemos recordar lo que el Señor ha hecho. El recordar es un ejercicio espiritual para discernir todos los casos del cuidado de Dios; tal como dice Heschel, el cultivo de «un apego interior a los acontecimientos sagrados». Creer es recordar, pero no es solamente aceptar la verdad como un conjunto de creencias. El concepto de fe incluye los conceptos de compromiso y lealtad, así que incluye el recuerdo del compromiso de los años pasados, incluso generaciones, incluyendo las de la Biblia.

Para Heschel, un alma debe beber constantemente del arroyo de los recuerdos antes de que uno pueda entrar al reino de la fe[124]. Lo que este quiere decir es que tenemos que recordar cómo ha obrado Dios en el pasado, incluidas las historias de nuestra familia bíblica remontándonos al comienzo de Génesis ¿Cuánto recitamos todas las veces que sabemos que Dios ha obrado en nuestra vida? ¿Conocen nuestros hijos esas historias?

Dios ordenó a Moisés que escribiera lo que había ocurrido y que recitara las palabras a oídos de Josué. Escribir, recordar, entender. Esta es la secuencia de los pasos ordenados por Dios a Moisés como orden que los israelitas debían seguir en todo momento.

El actuar con justicia

El hacer obras y acciones justas son dos actividades que Dios y los humanos tienen en común[125]. Comúnmente, estas se consideran expresiones de fe, pero también son caminos para el desarrollo de la fe. En Éxodo 24:7, los israelitas estaban respondiendo a las órdenes de Dios, y el orden de los verbos en hebreo es «hacer» y luego «oír». Los traductores traducen «oír» con «obedecer», pero, en realidad, el verbo hebreo es «oír». Así, el pueblo responde con el orden de cómo se ve la fe en acción: «Haremos, y luego oiremos». Esto es una expresión idiomática hebrea para entender y discernir la Palabra de Dios[126]. Ya que los israelitas ofrecieron la respuesta correcta, que son obras justas a las órdenes de Dios, ellos comprendieron más a fondo la Palabra de Dios (Isaías 42:20; Mateo 13:15). Este es el «salto de acción» de Heschel, que responde como un acto de fe basado en la verdad y la voluntad de Dios.

Lo que esto significa es que primero obedecemos y luego, en nuestra obediencia, empezamos a entender el resultado del plan de Dios en esa situación. No siempre podemos entender *antes* de obedecer. Es aquí donde es necesario un «salto» de fe para que llegue el entendimiento. Es algo así como criar a hijos pequeños.

Cuando nuestros hijos eran pequeños, sabíamos que eran demasiado jóvenes para entender algunos de los límites que les poníamos. Pero se les requería que obedecieran, a la primera, inmediatamente y de buena gana. Siempre hemos vinculado esta definición de obediencia al requerimiento de Dios de que obedezcamos. Al ir creciendo y madurando, nuestros hijos empezaban a entender por qué existían algunos de esos límites y por qué se les requería que hicieran ciertas cosas. La obediencia es lo primero, y luego sigue el entender.

El recordar y el actuar con justicia en relación con el riesgo

Para los israelitas en Éxodo 17, el recordar y entender lo que Dios había hecho manifestaba fe. Cuando entendemos e interpretamos con exactitud las obras de Dios, y trabajamos de forma activa el recordar Sus obras, hemos dado una respuesta humana adecuada a la actividad de Dios. Para los israelitas, la fe no era un acuerdo para corregir la creencia doctrinal, sino el entendimiento de la realidad espiritual genuina —Dios estaba con ellos— y la verdad de quién Dios es —su líder militar divino que los había salvado de nuevo—.

Estos seis aspectos fundamentales para el desarrollo de la fe son cruciales en nuestra relación con Dios. En vez de sugerir que los trabajadores de campo necesitan «solo tener fe», una mejor pregunta que se puede hacer es la siguiente: «¿Cuál de los seis componentes fundamentales necesitas empezar a cultivar en este momento de manera regular para que crezca tu propia fe?

Conclusión

El conocer la realidad de la presencia de Dios era el meollo del problema en Éxodo 17, y todavía sigue siendo el principal problema para aquellos de nosotros que nos encontramos en situaciones de riesgo hoy día. El problema no es: «¿*Está* Él ahí?», sino: «¿Cuán conscientes somos de que Él *está* ahí?». Los aspectos esenciales para el desarrollo de la fe son el cultivar un sentido de admiración y temor por el significado y la presencia trascendentes de Dios en todas las cosas y acontecimientos; cultivar una conciencia de la deuda que uno tiene para con Dios, lo que da como resultado un corazón lleno de gratitud y alabanza; y, por último, recordar y ver de forma activa las acciones y la presencia de Dios en el pasado y en el presente, así como cultivar una esperanza inquebrantable en Sus acciones y Su presencia en el futuro. Esto da como resultado un conocimiento experiencial del Dios verdadero y la elección de actuar con justicia como un acto de fe aun cuando Dios «da la impresión» de estar oculto. Esto da como resultado una fe que resistirá lo peor que el infierno nos arroje.

La fe es más que palabras de creencias; es la acción de la aceptación personal de la realidad que se cree y que se espera. La aceptación es vivir a la manera de Dios según la Palabra de Dios y, para Él, esto es capacidad de respuesta.

En Éxodo 17, Moisés escoge hacer lo que era necesario para mantener sus brazos en alto, con la ayuda de la comunidad, Aarón y Hur. En ese momento, Moisés no podía cumplir el llamado de Dios en su vida sin la ayuda de los demás. Dios le indicó que escribiera los acontecimientos del día y que se los hiciera saber a Josué (Éxodo 17:14). Josué debía entender, tener visión y discernimiento sobre los acontecimientos sobrenaturales de aquel día, que no fueron su avanzado liderazgo militar ni sus capacidades bélicas, sino un Dios trascendente que estaba obrando el final de la lucha entre el bien y el mal, contienda de la que esta batalla no era más que una entre muchas.

Josué y Moisés habrían de ver que sus vidas estaban atrapadas en una historia mucho más grande que la suya propia. Al obedecer a Dios ese día, cada una de las personas poniendo de su parte, todos tuvieron una experiencia de primera mano de los seis elementos que conducen a la fe y que resultaron en una experiencia personal de un Dios trascendente y, aun así, presente.

Las dos áreas en las que me he centrado en este capítulo son las respuestas a las preguntas: «¿Dónde estoy?» y «¿Qué áreas tengo que cultivar para hacer crecer mi fe?». Un Dios personal deseoso de tener una relación íntima con cada uno de nosotros utiliza todos los aspectos del riesgo para «limar» las áreas ásperas de nuestra naturaleza y hacernos cada vez más como Él. Dios no desperdicia ninguna experiencia ni ninguna dificultad. La respuesta a estas dos preguntas te ayudará a discernir lo que Dios desea hacer en tu vida a través de la experiencia de adentrarte en el riesgo, permanecer en este o salir de él.

Aplicación

1. ¿Cómo describirías el estado de tu relación actual con Dios? ¿Qué sigues ocultándole?

2. ¿Qué aspecto esencial de la fe te susurra el Espíritu para que lo empieces a cultivar de forma regular?

3. Si «el discernir dónde estás en tu camino de fe» requiere una mayor habilidad de discernimiento, ¿cómo pueden tu organización y equipo de liderazgo aprender a crecer en esto? ¿Qué pasaría si los objetivos de tus líderes no fueran «¿Cómo podemos ser más eficientes?» sino, en vez de eso, «¿Cómo podemos aumentar el discernimiento de cómo nos está guiando Dios personal y corporativamente?» ¿Qué tendría que cambiar en tu organización?».

Resumen del Capítulo 6

1. El viaje espiritual significa aumentar la conciencia de dónde estoy en relación con Dios. Se describe en cinco grupos de categorías:

    - De la opacidad a una mayor transparencia.
    - De la ilusión a la oración.
    - De la pena al gozo.
    - Del resentimiento a la gratitud.
    - Del miedo al amor.

2. La teología profunda es prestar atención a seis aspectos fundamentales, seis actitudes del corazón, que hay que cultivar de manera regular de modo que la fe resistente resulte en:

    - Admiración y temor.
    - Deuda y alabanza.
    - Recordar y actuar con justicia.

capítulo 7
Cómo hallar nuestra pregunta básica en el corazón de Dios

Hay dos aspectos del crecimiento espiritual que se experimentan comúnmente al adentrarnos en la situación de riesgo: el primero es un asunto de una pregunta básica y, el segundo, la experiencia en el desierto. En medio y a través de estos dos aspectos, experimentamos el corazón de Dios. Cuando experimentamos uno o ambos de estos arduos desafíos espirituales, experimentamos la realidad de Dios llegando personalmente a nuestras vidas para revelarnos de forma única parte de Sí mismo. Él desea revelarse a nosotros en la parte de nuestras almas que necesita sanación. Y, a menudo, Él usa el acontecimiento de riesgo para hacerlo.

Preguntas básicas

Parte de correr un riesgo consiste en experimentar personalmente el firme fundamento sobre el que sentamos nuestra vida. Algunas veces, tenemos preguntas sobre ese fundamento, sobre Dios mismo. A menudo, necesitamos un reajuste de nuestro entendimiento del corazón de Dios, de quién es Él y de lo que Él piensa y siente acerca de nosotros y de nuestras situaciones de riesgo. Estas preguntas y estos miedos en el riesgo tienen un tema subyacente. No son simplemente aleatorios, sino que están conectados con nuestra naturaleza pecaminosa y nuestro dolor del pasado.

Estas preguntas, denominadas preguntas básicas, se encuentran allá donde Dios nos está hablando en nuestra vida interior. Nos señalan dónde tenemos que centrar nuestra atención. Al examinar las preguntas básicas, luchando en nuestra relación con Dios, somos sanados, fortalecidos, aumentados y mejor preparados para lo que quiera que haya al otro lado del riesgo.

Un principio espiritual que surge durante un momento de riesgo significativo es que a veces nuestros miedos revelan, correspondientemente, una visión de Dios debilitada. «Cuando me enfrento a desafíos en la vida, ¿de qué atributo de Dios tiendo a desconfiar?»[127]. No siempre nos damos cuenta de nuestras preguntas básicas o las expresamos como las de más abajo, al menos en nuestras mentes, pero cuando descubrimos la raíz de nuestros miedos, eso nos conduce generalmente a una de estas preguntas que, a veces, nos da vergüenza admitir que preguntamos.

Nos avergonzamos porque pensamos que «se supone» que somos trabajadores transculturales maduros, y pensamos erróneamente: «¿Qué pensarían nuestros compañeros si supieran que estaba cuestionando a Dios?». Por lo tanto, nunca se aborda la cuestión. En cambio, la enterramos y tratamos de seguir rengueando el máximo tiempo posible, pero nuestro crecimiento se atrofia y perdemos lentamente nuestra resiliencia al riesgo como el aire que se va escapando de un globo. Quiero asegurarte algo: Dios puede manejar estas preguntas. Él desea que las formulemos, ya que entonces Él tiene el gozo de contestarlas y mostrarnos parte de Sí mismo ahora que preguntamos.

Algunos ejemplos de preguntas básicas que le hacemos a Dios en el riesgo son:

- ¿Te importa?
- ¿Eres justo?
- ¿Vas a dejar que ganen los malvados?
- ¿Vas a dejar que me quebranten sin ningún atisbo de justicia?
- ¿Te acuerdas de mí?
- ¿Eres bueno?
- ¿Me conoces?
- ¿Entiendes a lo que me enfrento?
- ¿Ves lo que yo veo?
- ¿Estás llorando por mí y conmigo?
- ¿Me amas?
- ¿Me das tu aprobación?

«¿Qué acontecimientos importantes han tenido un impacto en tu vida antes del riesgo? Reflexiona sobre estos momentos importantes, en especial los que fueron dolorosos y las lecciones que aprendiste de ellos»[128]. Puede ser que Dios esté continuando esas lecciones, pero desde un ángulo o a una profundidad diferentes. Dios nos conduce gentilmente hasta el acontecimiento de riesgo para que nuestra experiencia de Él se mueva del «qué» sabemos de Dios hasta el «cómo» sabemos de Él, sintiendo Su fidelidad, Su presencia y Su amor.

El *pathos* de Dios

La mayoría de los libros sobre el sufrimiento pasan inmediatamente al cómo actuará Dios una vez que se ha corrido el riesgo y cómo ayudará Él a una persona a través del sufrimiento. Casi nunca se abordan las emociones de Dios y, por lo general, hay un enfoque muy limitado en la verdad doctrinal[129]. Sin embargo, en el Antiguo Testamento se mencionan considerablemente más veces las emociones que Dios siente que los conceptos sobre Dios[130].

La historia de la Iglesia sobre el estudio de Dios ha examinado casi de manera exclusiva los atributos y las ideas atemporales de Dios. La imagen resultante revela conceptos de Dios como la bondad, la justicia, la sabiduría y la unidad.

Heschel señala que «las nociones atemporales separadas del ser de Dios no son cómo hablan Dios o los profetas». Ellos hablaban de los atributos de Dios como «motores, desafíos y mandamientos». Él es personal e íntimo. Dios se conmueve y se ve afectado por la respuesta o el rechazo a Él por parte de los humanos[131].

Ya sea por la herencia que nos han entregado las generaciones pasadas de maestros bíblicos o por lo que hayamos creado en nuestra propia generación, aprendemos que nuestro Dios es un Dios remoto, sin emociones y más bien austero al que mezclamos con nuestros propios valores culturales: salud, riqueza, máquinas expendedoras y Santa Claus. Estos valores erróneos nos llevan a pensar que porque nos hemos sacrificado (hemos echado dinero en la máquina expendedora), hemos de obtener una pequeña recompensa de ello. Dios debería responder a nuestras oraciones ¿Por qué no nos bendice con resultados cuando nos hemos sacrificado tanto? (Esta es la parte de Santa Claus). Al componer esta imagen errónea de Dios, confundimos fácilmente a nuestro Padre celestial con nuestro padre terrenal y pecaminoso, y nos quedamos con un dios de fabricación propia.

> Cuando descubrimos que el dios de fabricación propia no es nuestra Roca, que Él no actúa como esperamos que lo haga, entonces empezamos a cuestionar cómo es verdaderamente.

Cuando descubrimos que el dios de fabricación propia *no* es nuestra Roca, que Él no actúa como esperamos que lo haga, entonces empezamos a cuestionar cómo es verdaderamente. Esta es exactamente la pregunta que Dios *quiere* que hagamos para que Él pueda revelarnos la verdad de la realidad de Su corazón. Él revela Su realidad a nuestro «yo verdadero», no al «yo falso» que se esconde con máscaras e ilusiones. El conocimiento que Dios tiene de nosotros precede al que nosotros tenemos de Él (Jeremías 1:5). Así que, cuando nos pide que hagamos algo difícil, que nos arriesguemos por Él o que abandonemos una situación de riesgo, ganamos conocimiento y comprensión de Él. Descubro mi «yo verdadero» a la luz del experimentar Su cuidado.

Desde la perspectiva de ver las emociones de Dios a través de los Profetas, empezamos a entender cómo nuestros corazones se forman a Su santa imagen en el momento de una intensa lucha con Él.

La imagen de Dios y Su vida interior

A través del Antiguo y Nuevo Testamento aprendemos acerca del mundo interior de Dios. Los profetas describen Su corazón en repetidas ocasiones, y muestran todo el espectro de emociones con las que estamos familiarizados. Los profetas no solo fueron enviados para predicar un mensaje de arrepentimiento y la venida del juicio, sino también para fortalecer «las manos débiles y» afianzar «las rodillas vacilantes» (Isaías 35:3 LBLA). Ellos hicieron esto compartiendo con la gente las palabras de Dios que casi siempre describían Sus sentimientos.

Las emociones de Dios y Sus pasiones no están dirigidas hacia el «yo», sino que son respuestas emocionales definidas como actos formados con intenciones. Sus preocupaciones son cambiantes, están dirigidas hacia los demás y no definen Su esencia. «Las emociones pueden ser tan razonables como la razón puede ser emocional»[132]. La pasión de Dios no es una emoción irracional, sino que está embebida con *ethos* (su ley interna es ética). En otras palabras, Sus emociones no solo responden con justicia al bien y al mal, sino que Su misericordia, Su furia y Su ira nos muestran lo que es bueno y lo que es malo.

El *pathos* de Dios es una forma de relacionarse con las personas; Sus emociones son actos de cómo Él responde a la humanidad. Los profetas predicaban continuamente el arrepentimiento antes de que aconteciera el juicio de Dios, pues la furia de Dios surge cuando hay injusticia y no hay misericordia. Cuando las personas se arrepintieran, cuando sus conductas fueran acordes con una vida de acuerdo al pacto, el Todopoderoso podría cambiar la palabra proclamada (Oseas 11:9; Isaías 48:9; Jeremías 19:7-8; Deuteronomio 9:19; Éxodo 32:7-11).

«En el pensamiento hebraico genuino, la autosuficiencia es la sensación del yo que no es afectado o conmovido por las realidades que hay fuera del yo, y esto no es ningún ideal»[133]. En otras palabras, Él no es autosuficiente, sino que se conmueve con lo que hacemos y con lo que hay en nuestros corazones ¡Producimos un efecto en Dios! La humanidad es vista como la novia de Dios, como una compañera y como un factor en la vida de Dios que es necesario para cumplir el plan de Dios.

Al hablar por Dios, los profetas reflejan a un Dios enfurecido, con un agudo sentido del bien y del mal en sus palabras. Las palabras de los profetas revelaban actitudes de Dios más que ideales elevados sobre Él. La meditación sobre las palabras de Dios llevó a los profetas, con una sensibilidad cada vez mayor, hacia la presencia de Dios, no a conocimientos intelectuales e impersonales sobre Él. Ellos tuvieron experiencias de la revelación del corazón de Dios que se convirtieron en las suyas propias.

Obtenemos conocimiento de Dios al vivir junto con Él en cada detalle de nuestra vida (1 Crónicas 28:9). Sin embargo, las emociones de Dios nunca se separan de Su amor, sino que nacen de este. Su furia y Su ira no son en absoluto como la ira humana. Su ira y Su justicia dan más a menudo paso a la misericordia que a la inversa.

Los profetas estaban constantemente comunicando cómo se sentía Dios en ese momento acerca de una situación. En vez de ver a Dios atribuyéndole sentimientos humanos, sería más preciso bíblicamente, como criaturas hechas a la imagen de Dios, entender a los humanos que reflejan a Dios desde la perspectiva de Dios, y alinear las emociones de uno con el corazón de Dios[134]. Cuando sentimos tristeza, dolor, rechazo o ira justa es más fácil ver cómo estamos reflejando Su corazón. Él no se separa de lo que está pasando en el riesgo, así como nosotros no estamos separados, sino involucrados por entero.

El compartir la fe con los profetas

¿Qué dio fe a los profetas? «La fe profética es compartir compasivamente el corazón de Dios y cómo Él se siente con respecto a la humanidad. Dado que la fe bíblica incluye la fe con los profetas, la revelación [de las emociones de Dios] es una de las fuentes de la fe bíblica»[135].

El entendimiento de las emociones de Dios en situaciones de la Biblia es una fuente principal que nutre y cultiva nuestra fe. Por todas las Escrituras y, en especial, en los Profetas, vemos que Dios escogió revelar Sus sentimientos y pensamientos a la humanidad[136]. Dios siempre habló y compartió Sus sentimientos en relación con nosotros, Su dolor por nuestra traición y rebelión. A diferencia de los antiguos dioses paganos y de los dioses griegos y romanos, el Dios de Abraham, Isaac y Jacob escogió revelarnos Sus pensamientos y Sus preocupaciones a través de numerosos eventos.

Desde la perspectiva de los profetas, puesto que experimentaron el amor de Dios por Su pueblo y por sí mismos, ellos sufrieron junto con el pueblo que intentaban salvar. Los profetas no pusieron a salvo a sus familias; experimentaron el juicio de Dios junto al pueblo, fueron tomados como cautivos o murieron a manos de sus compatriotas o enemigos.

Nos arriesgamos por Cristo basándonos en la certeza absoluta del amor, el cuidado y la preocupación que Dios siente por nosotros. Él siente angustia e ira justa por el mal y la injusticia que reinan en las calles. El amor y la justicia santa de Dios nos habilitan para hacer frente a la adversidad real. Dios, el que habita en lo alto y santo, también habita con nosotros. Él desea reavivar nuestros espíritus y nuestros corazones para que sanemos y tengamos paz con Él (Isaías 57).

El mensaje del desierto

«Estoy en el desierto, cansado de estar en el desierto. Es muy duro y solitario, y no puedo oír la voz de Dios». Es fascinante cómo a menudo y de manera natural equiparamos el desierto con el no ser capaz de oír la voz de Dios o sentir Su presencia. Estas son expresiones que Neal y yo oímos a menudo como proveedores de cuidado pastoral. En un momento u otro, todos nosotros hemos estado en el desierto. Dado que todos hemos estado allí, ¿qué significa exactamente estar en el desierto? ¿Qué está haciendo Dios al guiarnos hasta el desierto y permitir que permanezcamos allí, en ocasiones durante largos años? El desierto tiene varias características de alcance global.

El desierto es el lugar de los desconciertos, un lugar de caos. Sin la mano protectora de Dios, es natural y espiritualmente el lugar de la muerte. «Desierto» e «idioma» comparten la misma raíz en hebreo: D-B-R. Al fijarnos en la escritura paleohebrea (la forma antigua de la escritura hebrea), «desierto» se escribe «mem dalet bet reysh», lo que significa «desde el caos hay una puerta o camino a la casa de la Fuente (cabeza)». Hay un camino a casa, aun cuando sentimos que nuestras vidas están llenas de miedos y circunstancias fuera de control. La «casa» es encontrar nuestro lugar en Dios, quien es la fuente de nuestras vidas. Y las letras de la raíz de «hablado» y otras palabras relacionadas como «idioma» son *dalet bet reysh*, lo que significa «nuestro lenguaje es la puerta que nos conduce a Dios».

El lenguaje de Dios que se comunica en la Palabra nos conduce a Él; y, al mismo tiempo, como los hijos de Coré en su rebelión, nuestro lenguaje también puede alejarnos de Dios ¿Qué palabras nos repetimos a nosotros mismos? Y estas palabras, ¿nos conducen a Dios o nos alejan de Él? ¿Qué decimos en voz alta?

El desierto es donde aprendemos a escuchar a Dios hablándonos a nosotros. Es significativo que la primera expresión de todas, el primer verbo en el libro de Números, sea Dios hablando. Números solo habla de la experiencia de los israelitas en el desierto. Cuando estamos en el desierto, se siente como si no pudiéramos oír Su voz. Sin embargo, casi todos los capítulos de Números contienen la frase «el Señor habló» o un sinónimo, excepto por los pocos capítulos en los que Dios habló a través de Balaam y Moisés. Dios habló durante todo el tiempo en el que los israelitas viajaron a través del desierto para que supieran que Él estaba con ellos.

El desierto es el lugar donde Dios residía en medio del campamento. Se dieron instrucciones específicas para que Dios pudiera morar con Israel. Dios residía en una tienda provisional y Él designó la Fiesta de los Tabernáculos (la tienda *Sucot* provisional) para que los judíos recordaran todos los años la experiencia del desierto. Todos los que estamos injertados en la familia de Abraham no debemos olvidar el carácter pasajero del desierto, la rebelión del desierto y los milagros de la presencia sustentadora de Dios en el desierto.

El desierto es el lugar donde el Buen Pastor nos encuentra (Lucas 15). Es el lugar al que Dios anhela llevarnos, ya que Él quiere estar a solas con nosotros, hablarnos cariñosamente y hacer del valle de nuestras heridas un lugar de esperanza (Oseas 2:14-15) ¿Cómo se caracteriza nuestro discurso en las áreas desérticas de nuestras vidas? ¿Hablamos de la realidad del respeto que nos infunden el cuidado y la constante presencia de Dios con nosotros? ¿Estamos santificando Su nombre en todo lo que hacemos? ¿Y cuán cuidadosa es la atención que prestamos a Su presencia?

Cómo hallar a Dios en el desierto

El riesgo puede ser una experiencia en el desierto. Incluso cuando lo corremos como comunidad, puede que a veces se siga sintiendo una sensación de soledad. Nos preguntamos qué trama Dios. Así como los israelitas temían al desierto y querían regresar a Egipto, nosotros no sabemos si sobreviviremos al desierto, y simplemente no podemos escapar de él.

Nos preguntamos dónde está Dios, que parece estar ausente y oculto. La expresión común «ya no *siento* a Dios» es correcta y lo prepara a uno para el crecimiento ¿Y por qué pasa esto? Dios está despojándonos de nuestras antiguas maneras de escucharlo, las maneras que caracterizan a los jóvenes en la fe. Dios nos despoja de nuestros conceptos erróneos sobre Él, de nuestras ideas erradas de cómo es Él y de cómo se siente.

A menudo, el resultado de este despojamiento se siente como una sequía, un aburrimiento y un vacío, incluso como si hubiesen muerto nuestros espíritus. En esta etapa, puede que los trabajadores transculturales pierdan la fe en Dios, en el matrimonio, en el ministerio, en el trabajo transcultural en general y que, simplemente, regresen a casa. No pueden identificar sus miedos reales y, por lo tanto, hay una desintegración y una aniquilación de todo lo que querían, de las expectativas de vida y de Dios, y hay una pérdida del «sentir a Dios». En su libro *Spiritually Aware Pastoral Care: An Introduction and Training Program* [*Cuidado pastoral espiritualmente consciente. Introducción y programa de capacitación*], Earl y Elspeth Williams escriben:

> Todo sufrimiento extremo evoca la experiencia de que Dios nos ha abandonado. En lo más profundo del sufrimiento, las personas se ven a sí mismas como abandonadas y desamparadas por todo el mundo. Aquello que daba sentido a la vida se ha vuelto vacío y nulo; ha resultado ser un error, una ilusión que se ha roto, una culpa que no se puede rectificar, un vacío. Los caminos que conducen a esta experiencia de la nada son diversos, pero la experiencia de aniquilación que se tiene en un sufrimiento incesante es la misma[137].

Pero, quienes «permanecen en el juego», quienes esperan en Dios, quienes resisten y perseveran a lo largo del camino, al otro lado de la oscuridad, de la confusión y del despojamiento encuentran una esperanza, una madurez, una visión renovada y un amor genuinos.

Es aquí donde a nuestro enemigo le gusta decirnos que Dios nos ha abandonado, y seguramente esta sea la sensación a veces. Pero no podemos confiar en nuestros sentimientos. En la desconcertante confusión y oscuridad del desierto, la verdad real es que Dios ciertamente está más cerca de lo que lo ha estado nunca antes. En el mundo físico, cuando salimos de una profunda oscuridad y llegamos a una luz extremadamente brillante, quedamos cegados por la luz. No podemos ver y, por lo tanto, tenemos que detenernos y dejar que nuestros ojos se adapten.

De manera similar, cuando nos adentramos en el riesgo, no resulta poco común que nuestra vida espiritual se sienta como si hubiésemos entrado en el desierto. Se siente como si la oscuridad hubiera descendido y Dios no estuviera respondiendo de maneras familiares. Bien podría ser que lo que se siente como oscuridad sea en realidad la presencia cegadora de la cercanía de Dios, y que Él quiera que aprendamos a vivir en Su presencia de formas nuevas. Esta posibilidad se discierne mejor con un guía cristiano de confianza que haya recorrido este camino antes y pueda ayudarnos a advertir las señales indicadoras en nuestras vidas y a confirmar que esta es la realidad, que no estamos siendo engañados.

«La oscuridad es el lugar donde muere el egoísmo y se libera el amor verdaderamente desinteresado por el "otro"[138]». En el desierto, Él nos pide que aprendamos a escuchar Su tierna voz hablando de Espíritu a espíritu. No lo «sentiremos» a Él de la misma manera que antes porque los sentimientos humanos son solo eso, humanos. Aprendemos a discernirlo a Él espiritualmente con los ojos de nuestros corazones.

Aplicación

1. Presta atención a tu diálogo interior durante las próximas veinticuatro a cuarenta y ocho horas ¿Cuál parece ser un miedo común? ¿A qué preguntas básicas de Dios parece conducir?

2. Haz un dibujo de cómo crees tú que Dios se siente en relación contigo; no la respuesta de la «Iglesia», sino la realidad de lo que te imaginas mentalmente ¿Representa esta imagen al Dios de los profetas y al que Jesucristo vino a revelar?

3. ¿De qué forma no está Dios a la altura de lo que esperabas en el riesgo? ¿De qué formas Él te ha sorprendido, de manera encantadora, al revelarse ante ti?

4. Si sientes que ahora mismo estás en el desierto, ¿cómo se siente? ¿Qué parece estar despojando Dios de tu experiencia de Él ahora mismo?

5. ¿Quieres estar a solas con Dios? ¿Qué aspecto del estar a solas con Dios te da más miedo? ¿Qué aspecto gozas más?

Resumen del Capítulo 7

1. Preguntas clave: un principio espiritual que opera en este momento es que lo que más temo resulta ser a menudo la característica de Dios en la que más me cuesta confiar. Cuando te enfrentas a desafíos en la vida, ¿de qué atributo de Dios tiendes a desconfiar? Algunos ejemplos de preguntas clave que hacemos a Dios en el riesgo son:

   - ¿Te importa?
   - ¿Eres justo?
   - ¿Vas a permitir que ganen los malvados?
   - ¿Vas a permitir que me quebranten sin ningún atisbo de justicia?
   - ¿Te acuerdas de mí?
   - ¿Eres bueno?
   - ¿Me conoces?
   - ¿Entiendes a lo que me enfrento?
   - ¿Estás llorando por mí y conmigo?

- ¿Me amas?
- ¿Me das tu aprobación?
- ¿Ves lo que yo veo?

2. El *pathos* de Dios: las emociones de Dios revelan Su voluntad y Su preocupación por nosotros. Dios no se separa ni se aleja de lo que estamos sintiendo. Por el contrario, nuestras emociones lo reflejan a Él porque reflejamos Su imagen.

3. A menudo, el desierto es la herramienta de Dios para dejarnos a solas donde Él puede cincelar y quitar todo lo que es escoria y todo lo que es impuro. Dios nos refina y nos enseña a escuchar Su voz en nuestros espíritus, no con nuestros sentidos humanos.

segunda parte

Evaluación y gestión del riesgo transcultural

capítulo 8
¿Qué es el riesgo transcultural?

El lidiar con el riesgo en situaciones transculturales requiere tanto una respuesta espiritual como *también* práctica. Aunque no soy experta en riesgo, he intentado seleccionar varios libros importantes sobre el riesgo y definir las áreas más pertinentes del riesgo necesarias para un entendimiento práctico de quienes sirven transculturalmente en zonas de riesgo debido a un llamado especial de Dios.

He definido el riesgo transcultural como «pérdida potencial por el bien del Evangelio». Hoy en día, hay muchos términos diferentes que se utilizan para el riesgo; palabras como «respuesta frente a crisis», «crisis» y «evaluación del peligro», las cuales tienden a usarse como sinónimos. A menudo, se etiqueta una discusión con una teología del riesgo, pero luego la mayoría del contenido trata realmente sobre una teología del sufrimiento. La Biblia usa términos distintos para el riesgo y para el peligro. Toda labor, incluida la evaluación y gestión del riesgo, comienza por definir la terminología.

De lo que *no* estamos hablando

El enfoque de este libro está en el riesgo que corren quienes se van deliberadamente a una situación de alto riesgo en otra cultura debido a un llamado especial recibido del Señor. No entro a debatir si Dios se arriesga o no[139], ni tampoco abordo cuestiones acerca de la soberanía de Dios[140]. Aquí tampoco hablo del sufrimiento o de una teología del sufrimiento; y mi intención dista mucho de insinuar un «salto de fe» como base del riesgo[141]. El término «salto de fe» implica no saber porque no estamos seguros de si podemos llegar al otro lado ¿Desde dónde o hacia dónde estamos saltando?

Conocemos el resultado a largo plazo por fe, pues la Biblia es clara sobre el resultado. El reino de Dios se extenderá eventualmente a lo largo y a lo ancho de un nuevo cielo y una nueva tierra. Al final de Apocalipsis, leemos la respuesta de Dios para el problema cósmico y de la humanidad: el mal *será* aniquilado. Nuestras almas están ancladas en esa realidad futura:

> Una esperanza, «la cual tenemos como ancla del alma, una esperanza segura y firme, y que penetra hasta detrás del velo, donde Jesús entró por nosotros como precursor [...]» (Hebreos 6:19-20).

Términos clave del riesgo

Riesgo transcultural

Correr riesgo es depender del poder de la resurrección de Cristo. Elegimos ir o permanecer en una situación en la que nos exponemos voluntariamente a nosotros mismos a la persecución o al sufrimiento o a entregar nuestra vida, lo cual hacemos por el avance del reino de Dios. Lo hacemos por lo que Cristo hizo en la cruz para vencer al poder de la muerte y rescatarnos del reino del enemigo. Esto es riesgo basado en la fe, el que una persona experimenta en el contexto de su llamado.

> El riesgo basado en la fe no se refiere solamente a los aspectos externos del peligro, sino que debe incluir lo que está pasando a nivel interno sobre Dios, los demás y uno mismo.

En esta definición, vemos que *valoramos* nuestra vida pero la entregamos. Anticipamos ciertos *resultados* que *valoramos* debido a nuestras *creencias* sobre esos *resultados* y su *valor*: estos son rasgos clave del riesgo basado en la fe[142]. «La definición del riesgo es un ejercicio en el pensamiento centrado en el valor. Las personas valoran diferentes resultados y, así, definen el riesgo de manera distinta»[143].

El riesgo basado en la fe no se refiere solamente a los aspectos externos del peligro, sino que debe incluir lo que está pasando a nivel interno sobre Dios, los demás y uno mismo. No solo se refiere, o ni siquiera principalmente, al contenido de lo que se cree en el riesgo, sino que debe interactuar con el acto de riesgo: «¿Qué me ocurre a mí y qué ocurre en mí durante el riesgo? ¿Qué elijo creer en el riesgo? ¿Cómo elijo actuar en el riesgo?».

En cuanto al riesgo transcultural basado en la fe, el punto de partida de toda evaluación empieza por el discernimiento de la presencia de Dios. A partir de ahí, procedemos a escuchar lo que Dios nos está diciendo en el momento de riesgo, lo que se remonta a Génesis 1:2 donde, primero, leemos sobre la presencia de Dios moviéndose en el riesgo y, luego, lo oímos hablar. Después pasamos a la evaluación y gestión del riesgo e incorporamos los elementos de la mayordomía y la guía del Espíritu Santo. A continuación, está la evaluación y gestión del riesgo, que tiene varias partes clave, tal como explico en el Capítulo 10. Por último, está la implementación de la decisión que se toma para ese acontecimiento de riesgo.

El riesgo secular frente al riesgo bíblico

Hay algunas diferencias y similitudes clave entre la definición del riesgo transcultural anterior y los aspectos de la mayoría de los demás tipos de riesgo. Un ejemplo de una definición estándar es: «El correr un riesgo es toda conducta controlada consciente o inconscientemente con una incertidumbre percibida sobre su resultado a corto plazo y sus posibles beneficios o costos a corto plazo para el bienestar físico, misional, económico o psicosocial de uno mismo o de los demás»[144].

La historia del riesgo ha incluido, casi sin excepción, el concepto del asegurarse uno mismo contra el concepto de pérdida y calcular las probabilidades de pérdida: los costos y los beneficios implicados[145]. Incluso Salomón, en Eclesiastés 11:1-2 (LBLA), aconsejó mitigar el riesgo adoptando una conducta de asunción de riesgos calculada: «Echa tu pan sobre las aguas, que después de muchos días lo hallarás. Reparte *tu* porción con siete, o aun con ocho, porque no sabes qué mal puede venir sobre la tierra».

Los comentadores han ofrecido varias opiniones sobre estos dos versos, pero parecen seguir el paralelismo hebraico en el que el autor presenta una idea en una línea y la repetición de esa idea o bien la idea contraria en la segunda línea[146]. Si vemos Eclesiastés 11:1-2 en línea con los dos extremos propuestos acerca de la mayordomía en el Capítulo 4, vemos los mismos extremos en estos dos versos. En ocasiones, asumimos riesgos calculados y, otras veces, derramamos generosamente nuestras vidas y recursos. El riesgo bíblico se aborda en algún punto en el continuo entre estos dos extremos, con base en la guía del Espíritu para ese acontecimiento de riesgo y nuestras vidas.

El riesgo a largo plazo frente al riesgo a corto plazo

La mayordomía implica la probabilidad de pérdida, la mitigación de pérdidas y la consideración de los beneficios en el resultado. Por ende, estos son componentes del riesgo bíblico. Así como el riesgo secular se considera siempre por sus resultados a corto y a largo plazo (costos y beneficios), el riesgo basado en la fe también se considera de la misma manera.

Los costos a corto plazo para el trabajador y la organización cristianos se deben analizar siempre. Es exactamente aquí donde el Padre quiere que prestemos atención a Su guía. A estos efectos, «a corto plazo» se define como este lado de la eternidad, mientras que "a largo plazo" se define como el otro lado de la eternidad (después de la muerte). Esto se basa en la perspectiva a largo plazo que se adopta en los Evangelios en las discusiones de la separación del trigo de la cizaña en Mateo 13. Pero, a diferencia del riesgo secular, los beneficios eternos que buscamos a menudo pueden no ser visibles de inmediato.

Hay quienes dicen: «No nos estamos arriesgando», cuando se adentran en situaciones transculturales peligrosas con el propósito de compartir Su amor, pero esto no es más que un mito. Nos arriesgamos a mucho a corto plazo. Al pensar en el riesgo transcultural, «a corto plazo» puede ser un poco más de algunos meses o incluso años. Teniendo en mente esa definición, podemos seguir dividiendo el «a corto plazo» en segmentos manejables: el día siguiente, la semana o el mes que viene, o treinta años a partir de este momento.

Pienso en la historia de dos trabajadoras humanitarias cristianas en Asia Central que entraron corriendo hasta el salón de una casa en llamas porque una bomba había caído ahí. Corriendo un gran riesgo sus vidas, estas dos mujeres entraron para rescatar a los que estaban en el interior. Los afganos estaban afuera en la calle viendo cómo se desarrollaba toda la historia y se maravillaron ante las extranjeras que arriesgaron sus vidas para rescatar a gente pobre a la que no conocían. Nunca lo olvidaron, y se preguntaban qué fue lo que hizo que estas mujeres arriesgaran su vida. Más tarde, descubrieron que aquellas mujeres eran cristianas. Las semillas plantadas en los corazones de estos afganos por medio de la acción justa y arriesgada de estas mujeres crecieron hasta que, años más tarde, los hombres eligieron seguir a Jesús ¡Muchas veces desconocemos el resultado de lo que ocurre a través del arriesgarnos!

Cómo medir la recompensa a corto plazo: fidelidad y fruto
Hay dos aspectos de la recompensa especialmente alentadores en este lado de la eternidad, y los que yo describiría como recompensas o beneficios. Uno es la experiencia de saber que he sido fiel a Dios en la situación de riesgo (hice todo lo que Él me pidió que hiciera con gozo, incluso cuando tenía miedo). No le oculté nada. Fui fiel, aun si era criticada por otros que no creían que hubiera actuado bien. Dios es mi juez (1 Corintios 4:3-5; 1 Pedro 2:23), y oigo el elogio del Espíritu Santo: «Bien hecho, buena y fiel servidora».

Otra parte del riesgo extremadamente gratificante en este lado de la eternidad es el oír historias de transformación eterna. Las historias son una forma clave de medir los beneficios del riesgo transcultural. Debe delegarse tiempo para elaborar, recordar y registrar historias en las que Dios obra y acerca a las personas hacia Sí mismo a través de las situaciones de riesgo. Debido a los problemas de seguridad en gran parte de Asia Central y Medio Oriente, llevará tiempo generar confianza con las personas deseosas de contar las historias de transformación y recuperar esta información.

La recompensa a largo plazo
También vemos que hay recompensas que se dan en el cielo. Sin embargo, el énfasis de las Escrituras no se centra tanto en la recompensa como en buscar el día en el que Cristo regresará para dar las recompensas. Las Escrituras siempre parecen hablar sobre «el Día». Nuestra resistencia y nuestra fidelidad son claves mientras esperamos ese día; Jesús deja esto claro en cada uno de los mensajes que dio a las siete iglesias en el Apocalipsis. La recompensa se basa en una relación de amor con Jesús y, por su misericordiosa bondad, Él elige dar una recompensa.

Josef Ton ha escrito de forma extensa sobre una teología del martirio y las recompensas, así que remito a su libro *Suffering Martyrdom and Rewards in Heaven* [*El sufrimiento del martirio y las recompensas en el cielo*] para una mayor discusión sobre las recompensas. A diferencia del riesgo secular, desde la perspectiva de un trabajador transcultural, el riesgo solo es incierto en el corto plazo. A largo plazo, uno puede argumentar, con base en la fe y en Su Palabra, que no hay ningún riesgo, pues los seguidores de Cristo tienen eternidad en la presencia del Señor (Juan 17:3; Filipenses 1:20-23).

El riesgo como acontecimiento: se requiere pensamiento conceptual y situacional

Como ya se describió, el riesgo transcultural se entiende mejor como un acontecimiento. Esto significa que seremos más eficientes al entender, evaluar y gestionar el riesgo usando el pensamiento conceptual *y* situacional[147] ¿Por qué es así? Ya he sugerido que se han formulado las preguntas erróneas. Me pregunto qué le pasaría a la resiliencia del personal sobre el terreno si abordáramos cada acontecimiento de riesgo tanto conceptual como situacionalmente, considerando tanto los problemas de la mente como los del corazón.

Otra razón por la cual el riesgo se aborda mejor con un pensamiento conceptual y situacional es que cada acontecimiento de riesgo y las circunstancias que lo rodean son únicos para cada situación. No existe una única política ni procedimiento de riesgo válido para todas las situaciones. Este puede ser uno de los mayores errores que cometen las organizaciones —establecer programas y políticas sobre el riesgo para intentar cubrir todas las situaciones—, ya que esto puede llevar a la confianza falsa de que se ha realizado una gestión de riesgos integral. Tenemos que estar equipados a la hora de entender ambas formas de pensamiento para que usemos las herramientas apropiadas en el momento apropiado para evaluar y mitigar el riesgo.

El pensamiento conceptual

El pensamiento conceptual se refiere a teorías generales, principios espiritualizados generalizados y leyes generales de la naturaleza. Pensar de manera conceptual sobre el riesgo significa que estamos usando un pensamiento lógico y racional. Incluye la aplicación de principios espirituales de formas equilibradas. En el pensamiento conceptual, normalmente estamos más desapegados del problema real. Esto es útil, pero solo en parte.

Usamos el pensamiento conceptual cuando queremos más conocimiento, cuando se trata de alguna idea o cosa de la que no somos parte y que necesitamos describir, deducir y reducir. Con este enfoque, llegamos a una respuesta que es lo suficientemente general como para tratar de cubrir todas las situaciones. El problema de utilizar solamente un pensamiento conceptual es que a menudo la respuesta se cristaliza en dogma y permanece en el ámbito de la mente; no tiene en cuenta el ámbito de la vida interior de la persona ni las situaciones únicas en el riesgo que son complejas.

El pensamiento situacional

El pensamiento situacional se basa en lo que está ocurriendo en el acontecimiento de riesgo y también en cómo les va a ese miembro del personal y al equipo en su viaje y madurez. Valora cada acontecimiento de riesgo con sus factores asociados de características únicas, incluidas todas las numerosas causas del acontecimiento de riesgo, todos los posibles acontecimientos de riesgo y la totalidad de las posibles consecuencias, tanto buenas como malas. Hay factores numerosos y complejos que hay que tener en cuenta aquí. El pensamiento situacional emplea el sentido común, y descarta lo que es inútil o está en aparente oposición en el momento desde el pensamiento conceptual.

La diferencia entre las respuestas al sufrimiento y al riesgo

Un fallo importante tanto en el aliento pastoral como en la comunicación de los líderes se comete cuando un trabajador sobre el terreno comparte un problema o una cuestión basados en el riesgo y se le da una respuesta para un problema o una cuestión de la teología del sufrimiento. Por ejemplo, cuando luchaba con mi confusión en el riesgo, con cómo procesar mis sentimientos, si mi llamado era quedarme o irme, que me dijeran que en todo lo que pase «Dios obra y todas las cosas cooperan para Su bien» (un concepto verdadero basado en las Escrituras) era una respuesta de sufrimiento a un problema de riesgo. No me era útil porque brindaba una respuesta a una pregunta que yo no estaba haciendo.

Cuando alguien hace una pregunta basada en el riesgo, situacional y que busca empatía, y lo único que recibe a cambio es una respuesta basada en el sufrimiento, conceptual e intelectual, pueden producirse una mala comunicación y un malentendido innecesarios. Sin duda, algunas veces la situación requiere una respuesta intelectual. Sin embargo, aquí abogo por un diálogo reflexivo que aborde los problemas en cuestión, y no por una respuesta al sufrimiento dogmática y teológicamente preconcebida.

A los colegas y líderes afincados en nuestros países emisores y con buenas intenciones se les aconseja que sean cautos y humildes a la hora de comunicar sus pensamientos a los que están en los frentes de batalla, puede que enfrentándose al secuestro o a la muerte ese mismo día. Decir a las personas sobre el terreno en situaciones de alto riesgo que deberían quedarse porque «ahora es el momento en el que Dios va a actuar» es una afirmación de base conceptual con una respuesta que dice: "Así es como debes actuar"». No hagas esto. Esta afirmación no fortalece el espíritu y podría ser causa de cargas adicionales.

Pero deben brindar una respuesta. Si los líderes de apoyo en el país emisor no responden, los colegas sobre el terreno pueden sentirse aislados y sin apoyos. Ofrezcan ayuda, realicen aportes y den perspectivas que brinden apoyo. Realicen buenas preguntas de orientación. Reconozcan los desafíos a los que se enfrenta el personal de campo. El impacto emocional, psicológico y espiritual también se debe tener en cuenta aquí. En ocasiones, los líderes tienen que modelar una valoración y gestión de riesgos integrada para que su personal se sienta emocionalmente libre para hacerlo también.

Todo acontecimiento de riesgo requiere su evaluación y gestión únicas. Existen «buenas prácticas» en la evaluación y gestión de riesgos cuya consideración es importante: la mayoría de las veces, reunimos la información de seguridad y luego tenemos que tomar una decisión basándonos en una combinación de factores, incluida la guía del Espíritu Santo. Puesto que todo riesgo es una situación de la que somos parte, debemos aplicar un equilibrio entre el pensamiento conceptual y situacional, pues el riesgo «implica una experiencia interna; al emitir un juicio sobre una cuestión, la persona que juzga está bajo juicio. [El pensamiento conceptual nos ayudará a adentrarnos en el riesgo, pero el pensamiento situacional es necesario] cuando pretendemos entender cuestiones en las que nos jugamos nuestra propia existencia y nuestra muerte potencial»[148].

Aplicación práctica

La preparación para la respuesta ante crisis no es una política de carácter universal. Aquí debería prevalecer el sentido común, junto con el pensamiento situacional. Es una insensatez no volver a hacer una evaluación y mitigación del riesgo cuando el nivel de amenaza ha aumentado dramáticamente. Lo cierto es que la mayoría de las afirmaciones de la teología del riesgo son pensamientos puramente conceptuales y no abordan las respuestas situacionales. Muchas políticas organizacionales utilizan un enfoque anecdótico en términos bíblicos y no proporcionan ninguna manera de pensar y sentir a través del riesgo. Evalúen su política organizacional y consideren cómo abordar de manera más efectiva las mentes y los corazones de su personal de campo en situación de riesgo.

Y no solo eso. Averigua qué capacitaciones hay disponibles cerca de ti. Hay organizaciones que ofrecen capacitación de respuesta a situaciones de crisis y mitigación del peligro. La conciencia situacional práctica y la capacitación en mitigación del riesgo son útiles y favorecen la resiliencia. Sin embargo, has de reconocer que un enfoque militar adaptado y usado para políticas del riesgo transcultural y la mitigación de riesgos será más efectivo al incorporarlo al enfoque de mitigación del riesgo transcultural holístico que se explica en los Capítulos 10 al 14.

Lo que *sí* es útil de las personas que están fuera de la situación es el reconocimiento y el abordaje de la totalidad de aquello a lo que se hace frente. Un compañero en mi país de origen envió un correo electrónico que ha seguido ministrándonos hasta el día de hoy. Nótese en este correo electrónico el pensamiento conceptual *y* situacional que se aplicó aquí de manera reflexiva de una forma que nos llegó a lo más profundo de nuestras almas en un momento en el que estábamos asustados[149]:

> Mencionaste que estás andando por el valle de sombra. «Yo soy la rosa de Sarón, el lirio de los valles». Cantar de los Cantares 2:1. Hay momentos en la vida en los que podemos admirar la belleza de la rosa de Sarón. La palabra «*Sarón*» significa «una llanura». Estos son momentos en los que la vida va bien. Podemos ver adonde vamos. Nuestra visión no está obstruida; el tiempo está soleado y luminoso. La llanura es plana y es fácil andar por ella, y se pueden lograr muchas cosas. Durante estos momentos, si no estamos tan atareados, podemos detener nuestra actividad y apreciar la belleza y la fragancia de la rosa de Sarón ¡Qué gran gozo son estos momentos!
>
> Sin embargo, Él también recibe el nombre de «lirio de los valles». El lirio crece en la sombra de los valles. Cuando se nos guía a través del valle, nuestro primer impulso es intentar salir de él rápidamente. Los valles son oscuros, angostos y premonitorios. El peligro acecha en cada esquina. No podemos ver muy lejos y es difícil tomar decisiones sobre adonde ir y dónde dar media vuelta. Pero, en vez de mostrarse preocupado, nuestro Pastor quiere que busquemos el hermoso lirio que solo se encuentra en el valle.
>
> Cuando cambiemos nuestro enfoque y lo busquemos a Él, hallaremos a nuestro Señor bajo una luz diferente. Podemos apreciar la belleza y la fragancia especial de esta flor única a medida que aprendemos a identificarnos con, y a participar en comunión de, los sufrimientos de Cristo. Lo vemos a Él de una forma nueva y muy especial. Él ya ha estado aquí antes. De

hecho, el Pastor pasó por este valle antes en Su camino hacia la «mesa puesta ante mí». La mesa es una elevada meseta que tiene un abundante pastizal.

El pastor tiene que atravesar el valle para llegar hasta la mesa, de manera que pueda prepararla quitando todas las plantas venenosas que hay en ella. Una vez que las plantas hayan sido arrancadas y la mesa haya sido preparada, él regresa por el valle de sombra para tomar a su rebaño y dirigirlo hacia los fértiles pastizales. Aunque el atravesar el valle es algo nuevo para nosotros, no tenemos que temer porque nuestro Pastor ya ha estado aquí antes y sabe qué esperar. Debemos esforzarnos para entrar en Su descanso confiando en Él y sin miedo. De todas las flores, el lirio del valle es mi favorita. Solo florece durante una semana o dos como mucho, así que nuestra travesía por el valle solo es por un breve periodo de tiempo. Sácale el máximo provecho mientras estés en él. Tu Pastor te guía a través del valle.

Oro por que contemples la belleza del Señor y que disfrutes en Su presencia.

—Sr. N.

Alfabetización y entendimiento en riesgo

Lo contrario de la alfabetización en riesgo es el analfabetismo en riesgo (que es no poder entender el riesgo ni lidiar con él). El optar por decir que el trabajo transcultural no es realmente un riesgo lleva a que uno no evalúe o valore el riesgo. La alfabetización en riesgo se define como el conocimiento básico necesario para lidiar con la sociedad tecnológica moderna y la capacidad para comprender el riesgo en situaciones en las que no todos los riesgos son conocidos y calculables. La alfabetización en riesgo incluye el coraje para hacer frente a los riesgos[150].

El ser entendido en el riesgo incluye a la alfabetización en riesgo, pero es la capacidad para manejar situaciones «en las que no todos los riesgos son conocidos y calculables». Ser entendido en el riesgo es ser perspicaz, astuto y sabio[151], lo que se diferencia de la aversión al riesgo. El ser entendido en el riesgo incluye el estar bien informado, pero también «requiere coraje para hacer frente a un futuro incierto, así como hacer frente a la autoridad y hacer preguntas críticas». Me gusta cómo describe Gerd Gingerenzer nuestra respuesta: «Podemos volver a tener en nuestras manos el control remoto de nuestras emociones. El hacer uso de nuestra propia mente sin la guía de otra persona entraña una revolución psicológica interna. Semejante revuelta hace que la vida sea más esclarecedora y esté menos llena de preocupaciones»[152].

A efectos del riesgo transcultural, la alfabetización en riesgo podría incluir el conocimiento básico de las Escrituras y de la cultura de acogida con el fin de ser capaz de reconocer y responder a los riesgos que hay en esa cultura y/o situación. El ser entendido en el riesgo incluye el desarrollo de la fe capaz de dar una respuesta razonada y emocional madura a la luz de la guía del Espíritu Santo.

Los trabajadores cristianos entendidos en el riesgo son pilares indispensables del Cuerpo de Cristo, pero requieren un «conocimiento básico de nuestra psicología intuitiva y un entendimiento de la información estadística»[153], lo cual incluye la guía del Espíritu Santo. Al venir de culturas reacias al riesgo y organizaciones conscientes de la seguridad, la ilusión de control y de certidumbre obstaculiza enormemente los juicios sobre el riesgo. Puesto que los riesgos y las incertidumbres son matemáticamente diferentes (los riesgos se pueden calcular, pero no las incertidumbres), «se requieren buenas reglas de oro e intuición»[154].

El riesgo transcultural y la incertidumbre

Incluso el rey Saúl quería tener certidumbre (1 Samuel 28). Él utilizó la adivinación para intentar averiguar qué debía hacer, lo cual hizo que se metiera en problemas. Vivimos en un mundo de incertidumbre, pero de probabilidades cada vez más altas de los resultados previstos para los seguidores de Cristo. Antes, hablé de la creciente intensidad de la persecución descrita por Jesús en Mateo 10. Podemos saber con una certidumbre razonable que experimentaremos pérdidas cuando nos arriesguemos por Él y Su causa. De nuevo, hablo de la incertidumbre a corto plazo en el riesgo transcultural ¿Ocurrirá lo que más tememos? Es necesario lidiar con estos miedos, tanto práctica como espiritualmente.

De algún modo, parece que esto siempre nos toma por sorpresa. Parece que pensamos con certidumbre que Dios nos protegerá y que, si vivimos responsablemente, no seremos traicionados a la policía, por ejemplo. Sin embargo, en términos bíblicos y prácticos, tenemos una cantidad razonable de certidumbre de lo que nos pasará cuando salgamos como ovejas en medio de lobos.

Cuando hacemos el análisis estadístico de los acontecimientos de riesgo en nuestra área, podemos identificar más fácilmente con certidumbre aquellos acontecimientos que experimentaremos con mayor probabilidad. Hay tres categorías que tenemos que conocer: tenemos que tener el discernimiento para conocer los riesgos conocidos para nuestra situación, conocer lo que no podemos saber y darnos cuenta cuando tengamos una certidumbre falsa[155].

La incertidumbre da miedo. Admitámoslo: el adentrarnos en una situación de alto riesgo por las razones por las que lo hacemos *parece* irresponsable e irracional desde una perspectiva de análisis del riesgo secular. No cumple con los estándares normales de análisis de riesgo que describen los principales libros académicos sobre el riesgo disponibles hoy en día[156].

La teoría de la evaluación de riesgos

Esto es solo una forma elegante como los expertos en riesgo describen los componentes de la identificación, el análisis y la toma de decisiones en relación con el riesgo. Parece no existir una «única» teoría definida, excepto que el riesgo se debe tanto evaluar como gestionar. La gestión del riesgo incluye la mitigación de este (aversión a la pérdida) y la toma de decisiones. El «*Bow Tie*» es un modelo de análisis de riesgos muy conocido, que da respuesta a tres preguntas clave[157]:

1. ¿Qué puede salir mal? (Identificación del peligro).

2. ¿Cuál es la probabilidad de que eso ocurra? (Análisis de la frecuencia).

3. ¿Cuáles son las consecuencias? (Análisis de la consecuencia).

Para nuestros propósitos aquí, hemos adaptado el modelo *Bow Tie* al riesgo transcultural. El modelo *Bow Tie* se ha usado en muchos otros tipos de análisis del riesgo (negocios, seguros, etc.), lo que demuestra que la evaluación del riesgo incluirá la observación de todos los aspectos de cada acontecimiento de riesgo.

Usamos esto para etiquetar y evaluar cada riesgo, incluidas todas las posibles causas de una situación potencial, pero también todas las posibles consecuencias, incluidas las buenas y las perjudiciales. Este es uno de los primeros pasos para la evaluación del riesgo de la probabilidad de que ocurra un riesgo en particular.

La evaluación del riesgo es tanto cualitativa como cuantitativa. Es proactiva y se da *antes* del acontecimiento de riesgo; no es reactiva, que es cuando actúan los equipos de respuesta a situaciones de crisis y se produce la investigación del accidente[158].

Aversión al riesgo

Algunos teóricos del riesgo dicen que, al hablar del riesgo, las personas se pueden dividir en dos grupos: los tolerantes al riesgo y los reacios al riesgo[159]. No obstante, otros investigadores de la psicología del riesgo afirman que las personas no son sistemáticamente predecibles. Lo que a menudo sí resulta verdad es que la gente temerá aquello a lo que la sociedad y sus compañeros temen. En el caso del riesgo, tememos lo que temen nuestros compañeros de equipo, lo que temen los locales y lo que los medios de comunicación dicen que debemos temer. Por lo tanto, tenemos que abordar de forma clara estos miedos, incluida la probabilidad de los resultados probables en el riesgo con nuestros equipos y, con suerte, unirnos en cuanto a qué riesgos correremos y cuáles evitaremos.

Cada equipo, proyecto y organización debe determinar su nivel de tolerancia al riesgo. «Cuánto riesgo es aceptable para un rendimiento determinado es una parte crítica del análisis del riesgo»[160]. La asunción de riesgos y la aversión al riesgo cambian para las personas a medida que entran en distintas etapas de su vida[161]. Desde un enfoque estadístico secular, los individuos reacios al riesgo tendrán estadísticamente muchas menos probabilidades de adoptar el enfoque del «derrámalo todo» con respecto al riesgo. Si el resultado previsto tiene un gran valor para el trabajador transcultural y las personas entre las que trabaja, entonces una persona tiene muchas más probabilidades de asumir niveles más altos de riesgo a fin de lograr los resultados (esto es, «el fruto eterno»).

En resumen, la aversión al riesgo y la tolerancia a este cambian con el tiempo y sobre la base del valor percibido del resultado y el rendimiento de la «inversión» de los riesgos. En cuanto al riesgo transcultural, las personas pueden exhibir un comportamiento impredeciblemente arriesgado debido a los beneficios eternos a largo plazo. Puede que esto no encaje en los modelos de investigación actuales sobre el comportamiento en situaciones de un alto riesgo inciertas.

El riesgo y la toma de decisiones

Existen numerosas investigaciones sobre cómo toman decisiones las personas en situaciones de incertidumbre[162]. Cómo se toman las decisiones y la velocidad a la que estas se toman es una habilidad crucial que necesitan tener tanto los líderes como aquellos que viven en riesgo ¿Cuáles son los procesos por los que la gente toma decisiones sobre los riesgos conocidos y las incertidumbres? ¿Cómo tomamos decisiones? Y ¿hay una forma racional de tomar esas decisiones?

Los investigadores del riesgo secular han hallado que, por lo general, las personas fracasan a la hora de tomar decisiones racionales[163]. Normalmente, pensamos que adoptamos comportamientos menos arriesgados que otra gente, y caemos en un «prejuicio de retrospectiva». Este término significa que miramos en forma retrospectiva al acontecimiento de riesgo y pensamos que lo predijimos o que podríamos haberlo predicho. Si bien la investigación secular es compleja y abrumadora, adoptemos un enfoque simple y humilde.

En el Capítulo 4, hablé sobre el escuchar a los locales y a los líderes a la hora de oír la voz del Espíritu Santo para ayudar a nuestra toma de decisiones en el riesgo. Otra herramienta es tener en cuenta la siguiente pregunta cuando sea la hora de tomar decisiones: «¿Cómo es la humildad en la toma de decisiones frente a una intensidad y una incertidumbre extremas?». Lo que influye en la toma de decisiones en la incertidumbre o frente a riesgos conocidos no son tanto «los procedimientos críticos, racionales y formales sino las creencias preexistentes[164]» acerca de la vida. La forma como enmarcamos nuestras creencias en lo referente al peligro tendrá un impacto en nuestra toma de decisiones.

Por ejemplo, Neal y yo nos encontramos con una pareja que nos dijo que habían tenido éxito según los objetivos de su proyecto y que habían sido recibidos satisfactoriamente en la cultura. Pero, entre lágrimas, revelaron que estaban perdiendo la fe en Dios. Continuaron compartiendo con nosotros que muchísimos de los locales con los que habían trabajado y tenían amistades los habían traicionado y difamado, que habían dejado de seguir a Dios y que los habían abandonado. Estaban decidiendo dejar la situación de riesgo en la que se encontraban, abandonar el proyecto y dejar a Dios.

Fuimos de las últimas personas con las que hablaron antes de cerrar la puerta a Dios de un portazo. Necesitaban replantearse sus creencias para poder tomar una decisión distinta (mejor). Habían olvidado las palabras de Jesús en Mateo:

> «Y cualquiera que no os reciba ni oiga vuestras palabras, al salir de esa casa o de esa ciudad, sacudid el polvo de vuestros pies. [...] Yo os envío como ovejas en medio de lobos; por tanto, sed astutos como las serpientes e inocentes como las palomas. [...] Y el hermano entregará a la muerte al hermano, y el padre al hijo; y los hijos se levantarán contra los padres, y les causarán la muerte. Y seréis odiados de todos por causa de mi nombre» (Mateo 10:14, 16, 21-22 LBLA).

> «Muchos tropezarán entonces y caerán, y se traicionarán unos a otros. Y debido al aumento de la iniquidad, el amor de muchos se enfriará. Pero el que persevere hasta el fin, ése será salvo» (Mateo 24:10-13 LBLA).

En resumen, la toma de decisiones en el riesgo transcultural requiere la aceptación de que siempre existirá un cierto nivel de incertidumbre. Es importante incorporar mediciones cuantitativas siempre que sea posible en la toma de decisiones en el acontecimiento de riesgo transcultural. La certidumbre perfecta no es realista[165].

Aplicación

1. ¿Cuáles son tus principales valores para adentrarte en la situación de alto riesgo? ¿Qué es lo que más te motiva?

2. Dedica tiempo a registrar historias de tu fidelidad, o de la fidelidad de otra persona, en la situación de alto riesgo ¿Qué otras historias de transformación eterna has oído? Toma nota de ellas para poder recordarlas para fortalecer tu espíritu en el futuro.

Resumen del Capítulo 8

1. El riesgo transcultural: correr riesgo es depender del poder de la resurrección de Cristo y elegir ir o permanecer en una situación en la que uno se expone voluntariamente a la persecución o al sufrimiento, o a entregar su vida por el avance del reino de Dios debido a lo que Cristo hizo en la cruz para vencer al poder de la muerte y rescatarnos del reino del enemigo.

2. El riesgo como acontecimiento: evalúa tu pensamiento sobre el riesgo ¿Tiendes a pensar y a hablar de forma conceptual o situacional?

3. La alfabetización en riesgo se define como el conocimiento básico necesario para lidiar con la sociedad tecnológica moderna y también la capacidad para comprender el riesgo en situaciones en las que no todos los riesgos son conocidos y calculables.

4. Ser entendido en riesgo incluye la alfabetización en riesgo, y también el conocimiento básico de las Escrituras y de la cultura de acogida para ser capaz de reconocer y responder a los riesgos en esa cultura y/o situación.

Incluye el desarrollo de la fe capaz de dar una respuesta razonada y emocional madura a la luz de la guía del Espíritu Santo.

5. El riesgo y la incertidumbre: existen tres categorías que tenemos que conocer. Necesitamos tener el discernimiento para conocer los riesgos conocidos para nuestra situación, conocer lo que no podemos saber y darnos cuenta cuando tengamos una certidumbre falsa.

6. La teoría de la evaluación de riesgos: cinco pasos generales para el análisis del riesgo (evaluación y gestión):

    - Conoce el entorno: estudia la historia y el contexto total de la situación.

    - Identifica los riesgos: ¿cuáles son las amenazas internas y externas?

    - Analiza los riesgos: ¿cuál es la frecuencia, la intensidad y la proximidad de las amenazas?

    - Evalúa y prioriza los riesgos: ordena los riesgos según el aumento en los niveles de amenaza.

    - Toma una decisión sobre qué pasos dar hacia la mitigación del riesgo si te quedas o hacia la aversión a la pérdida si te vas.

7. La aversión al riesgo y la aversión a la pérdida: la aversión al riesgo y la tolerancia al riesgo cambian con el tiempo y sobre la base del valor percibido del resultado y el rendimiento de la «inversión» de riesgo. En cuanto al riesgo transcultural, las personas pueden adoptar un comportamiento impredeciblemente arriesgado debido a los beneficios eternos a largo plazo.

8. El riesgo y la toma de decisiones: la toma de decisiones en una situación de riesgo transcultural requiere la aceptación de que siempre existirá un cierto nivel de incertidumbre.

capítulo 9
Doce mitos comunes del riesgo transcultural

Son muchas las afirmaciones que se hacen sobre el riesgo para las personas que están en situaciones de alto riesgo. En ocasiones, estas afirmaciones se hacen en un intento por ayudar a consolar, o bien a mí misma o a la persona que habla. Puesto que eran muchas las afirmaciones que se hacían continuamente sobre el riesgo, empecé a prestar atención a los sentimientos y a los pensamientos que afloraban en mi interior cuando oía tales afirmaciones ¿Por qué generalmente esas afirmaciones no servían de consuelo? ¿Por qué no «parecían verdad» en mi experiencia de vida? ¿Qué malinterpretaciones tenía yo del riesgo y la seguridad? ¿Qué era lo que no entendía acerca del corazón de Dios?

Recurrí a la Biblia para investigar e intentar hallar respuestas. Más abajo se ofrecen doce mitos del riesgo, la mayoría de los cuales he tenido que escuchar personalmente. A medida que he ido interactuando con creyentes del cuerpo global de Dios, he escuchado versiones de estos ligeramente distintas, pero los de abajo se refieren a las varias malinterpretaciones sobre el riesgo y la guía de Dios en el riesgo.

Mito del riesgo n.º 1: Nunca estás más seguro que cuando estás en el centro de la voluntad de Dios.

¡Este se nos decía a menudo! En este mito, la seguridad parece implicar la liberación de todo tipo de dificultad y peligro. Al parecer, ayudaba a la gente que lo decía, quizás porque el hecho de repetir este mito bastantes veces con un volumen lo suficientemente alto lo haría parecer verdad, y así la gente no se preocuparía por nosotros. Sin embargo, no era de consuelo para mí cuando regresábamos a una zona de guerra.

Recuerdo que una amable señora en una iglesia que estábamos visitando hace algunos años me preguntó: «Están seguros allí, ¿verdad querida?», a lo que yo le respondí: «No, señora, no estamos seguros». Cuando empinó las cejas, me quedó claro que esperaba una respuesta cordial y afirmativa. Yo continué diciendo: «Afganistán no es seguro. Nos enfrentamos a amenazas diarias y amigos nuestros han sido secuestrados, algunos incluso asesinados».

En un mundo lleno de normas de seguridad y coberturas de seguros, se debe definir la seguridad en relación con el riesgo. La Biblia está repleta de historias de hombres y mujeres que experimentaron una muerte horrible, aunque estaban en el centro de la voluntad de Dios (Hebreos 11:35-40). Muchas personas del pueblo de Dios fueron asesinadas ¿No lo fueron acaso por voluntad de Dios?

¿Cuál es la verdad bíblica acerca de la seguridad? ¿Cuál es un enfoque coherente para entender la seguridad en la Biblia? Si la seguridad significa salvarse del infierno eterno, entonces se puede argumentar que uno está seguro y en la voluntad de Dios una vez que ha escogido seguir a Cristo como Señor (Juan 17:3). Sin embargo, no creo que esto sea lo que se quiere decir cuando este mito se repite como estímulo. Creo que la mayoría de la gente quiere decir: «Si estoy en la voluntad de Dios, entonces no me pasará nada malo». La implicación parece ser que la voluntad de Dios es un lugar en la Tierra donde estamos a salvo de las tragedias humanas normales.

Esto también conduce a los seguidores de Cristo hacia un autoentendimiento peligroso cuando ocurre algo malo, como un robo, una violación o un secuestro. Puede que estos piensen que no estaban en la voluntad de Dios. Si la norma para medir el «éxito» a la hora de seguir la voluntad de Dios viene definida por las normas del estar a salvo de todo peligro, entonces el seguir a Cristo en situaciones de alto riesgo no solo es imprudente, sino también irresponsable. Muy a menudo, la occidental se caracteriza por ser una sociedad litigiosa reacia al riesgo.

Por definición, la voluntad de Dios significa que hay algo que Dios está pidiendo y demandando de nosotros. Él nos necesita para cumplir Sus propósitos del reino en la tierra, lo cual hace principalmente a través de nuestra obediencia. Cuando lo obedecemos a Él, Su dominio se extiende por la tierra. Miqueas 6:8 deja claro que Dios está en busca de humanos[166], y que Él establece claramente cuáles son Sus demandas de nosotros: «Él te ha declarado, oh hombre, lo que es bueno ¿Y qué es lo que demanda el Señor de ti, sino sólo practicar la justicia, amar la misericordia, y andar humildemente con tu Dios?».

La pregunta ahora es: «¿cómo vivimos Miqueas 6:8 en el momento de riesgo? Incluso si se usa la guía sugerida en este libro, no hay ningún proceso o método que contenga la respuesta completa. Como Sus testigos (Isaías 43:12), no libramos la guerra cósmica contra el mal sin adentrarnos en el peligro y sin que «nos disparen». Este mito simplemente no se sostiene bajo el fuego del servicio transcultural.

Corrección del mito: cuando Dios nos llama para que vayamos a lugares inseguros, no dejamos que el miedo nos paralice porque Dios está siempre con nosotros (Josué 1:9; Salmos 91; Isaías 43).

Mito del riesgo n.º 2: **La sangre de los mártires es la semilla de la Iglesia**[167].

Esta expresión se ha repetido a lo largo de la historia de la Iglesia. «En la mente de algunos, es primordial cuestionar las propias palabras de las Escrituras», escribe Glenn Penner[168]. Las afirmaciones como: «La persecución siempre hace crecer a la Iglesia» y «Típicamente, la persecución purifica a la Iglesia y hace que los creyentes caminen estando más cerca de Dios» no siempre son una verdad histórica (Albania es un ejemplo moderno de ello).

Existe la verdad de que la persecución beneficia a la Iglesia. En su libro «La Apología», escrito en el año 197 d. C., el padre de la Iglesia Tertuliano escribió al gobernador romano de su área: «No medra vuestra crueldad por ingeniar tormentos exquisitos; que para nosotros la mayor pena es caricia más sabrosa para morir más gustosos»[169]. Según Glenn Penner, Romanos 8:28 y 2 Timoteo 3:12 son reflexiones más precisas de lo que la Biblia tiene que decir acerca de la persecución. Dios hace que todas las cosas cooperen para bien, y Pablo enseña a Timoteo que todos los soldados pueden esperar persecución. Si bien Penner no niega la cita de Tertuliano, sí sugiere utilizar, en cambio, un enfoque basado en las Escrituras para discutir las razones y los resultados del crecimiento de la Iglesia. Todos los escritores neotestamentarios abordan el sufrimiento de los creyentes en el contexto del seguir a Cristo.

Es común ver que Juan 12:24 se utiliza para demostrar el fruto que resulta del martirio. Sin embargo, lo que Jesús estaba enseñando aquí al usar la idea de un grano de trigo que cae a la tierra y muere era acerca de Su inminente muerte. Él tenía que morir para derrotar a la muerte y a Satanás y rescatarnos del reino de la oscuridad. Esto no era ningún requisito prescriptivo para el crecimiento de la Iglesia, sino un requisito prescriptivo para nuestra salvación. De lo contrario, el peligro es no preocuparse por los creyentes perseguidos si se cree que eso es intrínsecamente bueno para el Cuerpo de Cristo y el reino de los cielos. Y esto es anatema para nuestro llamado como Sus discípulos.

Corrección del mito: la sangre de Cristo es la semilla de la Iglesia (2 Samuel 4:11; Salmos 72:14; 79:3, 10; Isaías 26:21; Joel 3:21; Apocalipsis 6:10; 17:6; 18:24).

Mito del riesgo n.º 3: **Escapar o salvarse es la prioridad.**

Las organizaciones y los individuos que mantienen esta perspectiva se caracterizan por ser altamente reacios al riesgo. Este enfoque que enfatiza la prioridad de escapar o salvarse simplemente no es bíblico. El escapar o salvarse *no* es la prioridad cuando se hace frente a una persecución o un martirio extremos; el ser fiel sí lo es (Miqueas 6:8; Hebreos 11:35-38; Apocalipsis 2:10).

El punto final lógico de los que mantienen esta perspectiva es o bien una crisis de fe o bien un sentimiento de fracaso si no es posible escapar o si no hay salvación. El escaparse o salvarse hace hincapié en nuestro propio esfuerzo o en un dios al que intentamos controlar. En realidad, esta perspectiva es una versión espiritualizada de la tercera tentación que Satanás presentó a Jesús:

> «Entonces el diablo le llevó [a Jesús] a Jerusalén y le puso sobre el pináculo del templo, y le dijo: 'Si eres Hijo de Dios, lánzate abajo desde aquí, pues escrito está:
> "A sus ángeles te encomendará para que te guarden",
> y:
> "en las manos te llevarán,
>   no sea que tu pie tropiece en piedra."'
> Respondiendo Jesús, le dijo: 'Se ha dicho: "No tentarás al Señor tu Dios."'» (Lucas 4:9-12 LBLA).

¿Por qué no hemos de probar a Dios? ¿No promete Él a lo largo de la Biblia (como en el Salmo 91) que nos rescatará? Sin embargo, a diferencia del pensamiento griego, que pretende hallar solo una respuesta «correcta», el pensamiento hebraico mantiene a menudo en tensión dos realidades espirituales opuestas: algunas veces, Dios nos rescata del mal o del peligro y, otras, no (Hebreos 11:1-39).

Al igual que Job, aprendemos a decir: «Aunque Él me mate, en Él esperaré» (Job 13:15 LBLA). Dios no es un genio en una botella ni una marioneta que manejemos con hilos. Él elige descender sobre los justos y los malvados, rescatarnos o darnos el coraje para permanecer sometidos. Pero, discernir Su voluntad es más importante que escapar, salvarnos o permanecer; y cada situación de riesgo debe considerarse de manera única, y se debe orar al atravesarla de forma única.

> **Pero, discernir Su voluntad es más importante que escapar, salvarnos o permanecer; y cada situación de riesgo debe considerarse de manera única, y se debe orar al atravesarla de forma única.**

La Biblia pone de manifiesto la tensión del riesgo. Proverbios 27:12 (LBLA) dice: «El hombre prudente ve el mal y se esconde, los simples siguen adelante *y* pagan las consecuencias». Hay momentos en los que discernimos y evaluamos el riesgo, y nos escondemos de él. A veces, el escapar debería ser la prioridad, pero no debe caracterizar nuestro enfoque del riesgo.

Corrección del mito: los ojos del Señor están puestos en nosotros; Él nos enseñará el camino que debemos andar (Job 34:21; Salmos 32:8; Proverbios 27:10; Hebreos 11:1-39).

Mito del riesgo n.º 4: **Uno debe estar acumulando todo tipo de recompensas por los riesgos que corre.**

Cuando uno está inmerso en una atmósfera de martirio, en áreas donde el «olor» del trauma y la muerte es un compañero constante, o en sitios de extrema pobreza u oscuridad espiritual, esta afirmación siempre chirría. Sí, habrá recompensas, pero el enfoque completo de esta afirmación es equivocado. Dudo que esto aliente a alguien en el corto plazo o que sean muchos los que consideren esto útil para aumentar su resiliencia al riesgo.

¿Por qué? Pues porque no ayuda a procesar y reenfocar las emociones, no ayuda en el análisis del riesgo ni mitiga el miedo real al sufrimiento y a la muerte potencial aquí en la tierra. Cuesta imaginar recompensas en el «fragor» del momento de riesgo. El permanecer fiel en el momento de riesgo es el camino hacia la recompensa eterna (Apocalipsis 2–3), pero en esos momentos caminando en fidelidad, el concepto de recompensa parece ser de algún modo la menor de las prioridades de entre las numerosas y confusas cuestiones del riesgo transcultural a las que tenemos que hacer frente y a través de las cuales debemos abrirnos paso, a menudo en poco tiempo y bajo una fuerte coacción. Este mito del riesgo requiere un estudio bíblico atento para tener un entendimiento claro de la recompensa eterna con base en el comportamiento terrenal y su aplicación al riesgo y al sufrimiento.

Deseamos la justicia del Padre y Su reconocimiento de lo que hemos hecho en Su nombre. Sin embargo, cuando alguien menciona este mito del riesgo, el enfoque suele estar en lo que uno va a recibir, no en vivir fielmente y glorificando al Señor. Huele a lo que se describe como teología «quid pro quo»[170], una filosofía religiosa pagana del Medio Oriente que significa que cuando doy lo correcto y la cantidad correcta al ídolo, puedo esperar una cierta cantidad a cambio. En realidad, esto es un antiguo evangelio de la prosperidad. Pongo una cierta cantidad y puedo esperar una cierta remuneración (seguimos pidiendo fertilidad, dinero, lluvia y comida, ¿no?).

La motivación para el riesgo está desequilibrada porque el enfoque está en la recompensa. Las personas que persiguen el riesgo y/o el sufrimiento en sí (piensan: «Tengo que hacer la actividad misional más dura o peligrosa porque eso me hace especial para Dios»), en realidad están haciendo del riesgo un ídolo. Esto queda claro cuando vemos que un antónimo de «*hipotithemi*» (riesgo) que Pablo usa en Romanos 16:4 es una palabra griega que significa «olvidar o desatender lo que es importante»[171].

En cambio, lo importante es centrarse en lo que sea que Dios quiera que la persona haga (aun si es trasladarse a un lugar seguro). Además, cuando la Biblia habla de la recompensa del creyente, siempre lo hace en el contexto de cómo es la vida del creyente, tanto interior (el corazón) como exteriormente (los actos de fe). Jesús deja claro que debemos acumular tesoros en el cielo, «porque donde esté tu tesoro, allí estará también tu corazón» (Mateo 6:21 LBLA).

Joseph Ton escribió uno de los pocos libros que conectan el sufrimiento, el martirio y la recompensa, y subraya la solemnidad de las palabras de Jesús: «He aquí, yo vengo pronto, y mi recompensa está conmigo para recompensar a cada uno según sea su obra» (Apocalipsis 22:12)[172]. El orden de estas palabras en griego pone el énfasis en lo repentino de la aparición de Cristo, *no* en la recompensa.

Puesto que Jesús vendrá pronto y de forma inesperada, el momento de la «venida» siempre está potencialmente «cerca»[173]. La cosmovisión hebraica en estos versículos está en el tiempo «*kairos*» de Dios, no en el tiempo terrenal, «*chronos*». No significa que Él vaya a venir pronto (medido en días o años), sino que Su venida parecerá ser repentina. Por lo tanto, hay trabajo por hacer, y se debe hacer con fidelidad y urgencia. El trabajo y la fidelidad siempre están entrelazados.

El correr riesgos sin evaluar o desacertados en el nombre de Cristo no implica automáticamente que Cristo recompense a un trabajador cristiano en el cielo. El actuar en contra del consejo de trabajadores veteranos y el compartir materiales flagrantes y luego ser encarcelado no convierte automáticamente a una persona espiritual en héroe o en un héroe espiritual. En ocasiones, solo Dios mide y ve lo heroico, y eso significa adentrarse y salir de la situación de riesgo con humildad. La medida del «éxito» sobre el terreno es la conciencia de la presencia de Dios, el escuchar y el reconocer Su voz (que puede llegar a través de los líderes o de la comunidad) y el ser fiel para obedecer con gozo y sin quejarse, dejando los resultados en manos de Dios.

Según los Santos Padres, quien realiza obras de salvación simplemente por miedo al infierno transita el camino de la esclavitud, y el que hace lo mismo solo para ser recompensado con el reino de los cielos sigue el mismo camino que el que negocia con Dios. Al uno lo llaman esclavo, al otro, mercenario. Pero Dios quiere que vayamos hacia Él como hijos e hijas de su Padre; Él quiere que nos comportemos honorablemente por amor hacia Él y celo por Su servicio; Él quiere que hallemos nuestra felicidad en nuestra unión con Él en una unión salvadora de mente y de corazón[174].

Corrección del mito: seremos recompensados por nuestra fidelidad, por nuestra resistencia obediente llena de gozo hasta nuestro último aliento (Hebreos 10:35).

Mito del riesgo n.º 5: **Solo ten una actitud mental positiva y todo saldrá bien.**

Esto se basa en una visión del mundo conocida como «positivismo», el cual ha sido increíblemente destructivo para la vitalidad del cuerpo de Cristo. Es la idea de que los problemas y las pruebas que uno tiene en su vida son el resultado de una falta de fe. El positivismo también resulta en una falta de planificación y atención a la guía del Espíritu sobre la mayordomía de los recursos del reino. Es una respuesta pasiva en el fragor de una batalla que requiere preparación para el combate espiritual. En el momento de riesgo, es común que la «emoción destruya el autocontrol que es esencial para una toma de decisiones racional»[175].

En el caso de una situación de alto riesgo, en especial las prolongadas, a menudo son muchos los factores que escapan de nuestro control. La realidad es que a menudo, pese a la actitud de uno, sea la que sea, no todo saldrá bien [...] dependiendo de la definición que cada uno haga de «bien». Esto se parece al mito n.º 1.

A menudo, escucho que el Salmo 91 se recita como dato bíblico para «demostrar» que así es como actuará Dios. Este capítulo era el favorito de mi abuela. De hecho, mis abuelos, mi padre y mi tía fueron protegidos de los campos de exterminio de Stalin en Siberia. Me encanta cómo la familia de mi padre experimentó en forma personal la realidad de este capítulo. Pero ¿cómo debía responder yo en mi propia vida cuando veía que amigos y compañeros de trabajo que seguían a Dios de todo corazón eran asesinados a sangre fría simplemente por intentar ayudar a la gente? Mis amigos experimentaron «el mal cerniéndose sobre ellos». Sabía que en cualquier momento podía pasarme a mí, a mis hijos o a mi esposo ¿En qué punto tiene o no aplicación para nosotros el Salmo 91?

¿Cuál es "entonces" la respuesta a este mito? ¿Qué otra manera bíblica y más holística hay de responder? Dándonos cuenta de que el positivismo tiene su fundamento en la arena. La esperanza en el Señor está fundamentada en la sólida roca de la realidad de un Dios que todo lo ve, todo lo conoce (Él está fuera del tiempo) y que controla todas las circunstancias en mi vida, sin importar lo que ocurra. Es por este motivo que Job pudo decir: «Aunque Él me mate, en Él esperaré; pero defenderé mis caminos delante de Él» (Job 13:15 LBLA); y el salmista pudo declarar con confianza: «He aquí, los ojos del Señor están sobre los que le temen, sobre los que *esperan* en su misericordia» (Salmos 33:18). Nuestra fe se fundamenta en un Dios personal al que esperamos con paciencia y expectación para actuar, y que camina con nosotros a través de nuestros problemas.

Corrección del mito: siempre podemos tener esperanza porque nuestra esperanza está en Dios, no en nuestras circunstancias (Isaías 52:12; Oseas 2:14-15; Hebreos 6:19-20).

Mito del riesgo n.º 6: En realidad no nos arriesgamos.

La idea implícita tras esta afirmación es que no arriesgamos nuestra vida porque tenemos la firme confianza de que si nos matan por la causa de Cristo, al final ganaremos la eternidad en el cielo. La lógica es que, puesto que lo que ganamos es muchísimo mejor, entonces el perder una extremidad o la vida aquí en la tierra es irrelevante y en absoluto parecerá ser un riesgo cuando estemos en el cielo; por tanto, en realidad, no nos arriesgamos.

Las palabras de Jesús en Mateo 16:25 (LBLA) se citan a menudo como un texto clásico sobre el riesgo: «Porque el que quiera salvar su vida, la perderá; pero el que pierda su vida por causa de mí, la hallará». Jesús estaba enseñando acerca de la salvación, aunque las palabras griegas aquí también se usan en pruebas en otros escritos del Nuevo Testamento. Sabemos que cuando seguimos a Cristo, estamos renunciando a nuestra elección de vivir la vida para nuestro propio placer hedonista y egoísta. En el momento de la salvación, elegimos «perder nuestra vida» por causa de Él. Además, en el momento en el que nos embarcamos en el trabajo transcultural a tiempo completo, en especial en entornos de alto riesgo, elegimos «perder nuestra vida por causa de Él». Es un principio espiritual general que es verdadero para todos los creyentes en todos los momentos de la vida. Como madre en un entorno de alto riesgo, ¿por qué este versículo no era ningún consuelo para mí?

Cuando este versículo se usa para prescribir el riesgo y no parece justificar de forma reflexiva el «contabilizar el costo de nuevo» en términos de aquello que estoy arriesgando en cada momento, asume que el riesgo implica que debo «derramarlo todo» como un principio del riesgo, y esto no siempre es acorde con el llamado de Dios del momento. Al decir que este es un versículo de riesgo y que se debería aplicar se corre el peligro de perder el equilibrio con la mayordomía y el valor judío y bíblico de la veneración por la vida.

Jesús enfatizó en este pasaje que nuestras prioridades, «perder nuestra vida por causa de Él», consisten en preguntar qué quiere Cristo de nosotros. Él nos está pidiendo que valoremos lo que Él valora, por causa de Él, y que cuando sintamos una «pérdida», Él nos recompense con la experiencia de un tipo de vida distinto de lo que nunca pudimos esperar. La vida que hallé al perseverar a través del riesgo severo fue paz y gozo y una mayor confianza en mi dulce Padre celestial. El principio espiritual del «hallar vida» que vemos en Mateo 16:25 es verdad, y lo aprendimos con la experiencia cuando fuimos llamados a resistir en el riesgo.

El énfasis sobre el «no arriesgarse en realidad» también es contrario al valor judío llamado «*Pikuach nefesh*»; el valorar la vida también es un principio bíblico importante. La idea del sacrificarnos físicamente como valor en el riesgo está completamente fuera de la perspectiva de la Biblia y del judaísmo rabínico de los tiempos de Jesús. «*Pikuach nefesh*» se deriva del: «No harás nada contra la vida de tu prójimo» (Levítico 19:16)[176]. Este principio significa «salvar una vida» y describe la creencia de que la preservación de la vida humana anula prácticamente cualquier otra consideración religiosa. Cuando la vida de una persona está en peligro, casi ningún mandamiento negativo de la Biblia resulta inaplicable[177].

La sanación de Jesús en el día de reposo fue un ejemplo de esto. Él «salvó una vida» al mismo tiempo que quebrantó una ley del día de reposo acerca del «trabajar». Sin embargo, existen tres limitaciones que uno no puede violar, incluso cuando peligra la vida. En estos casos, uno solo puede convertirse en mártir si la opción estriba entre la muerte y el realizar actos de idolatría, mantener relaciones sexuales ilegítimas o el asesinato[178].

El riesgo bíblico incluye una mayordomía reflexiva de nuestro tiempo, energías, recursos y de nuestras propias vidas. Incluye el discernimiento corporativo por parte de los líderes y de los que están en el «terreno», así como la voluntad del Espíritu Santo en cada momento de riesgo. Una teología de la acción y una teología de la espera están siempre en tensión, y la respuesta apropiada se discierne escuchando la voz de Dios. Este mito se cataloga como una percepción del riesgo «no arriesgada» que se basa en un pensamiento sobrespiritualizado erróneo. El peligro de esta perspectiva es que no llevará a una evaluación del riesgo holística basada en los principios bíblicos sobre la mayordomía.

¿Cuál es el punto final lógico de este pensamiento como seguidores de Cristo que administramos recursos del reino en entornos de alto riesgo? El escoger decir que el trabajo transcultural no es un riesgo lo lleva a uno a no evaluar ni estimar el riesgo en absoluto. Esto es lo que se denomina «analfabetismo del riesgo» (el no ser capaz de entender el riesgo ni lidiar con él), y es lo contrario de ser entendido en riesgo (el ser agudo, astuto y sabio)[179]. El ignorar o negar el riesgo en su conjunto simplemente no es una buena mayordomía.

Corrección del mito: en el riesgo, experimentamos pérdidas a corto plazo. El riesgo es real y es de esperar. Los valores bíblicos reclaman que el riesgo se evalúe y, a menudo, que se mitigue (Proverbios 27:12; Mateo 10; 24).

Mito del riesgo n.º 7: **Ya hemos contabilizado el costo.**

A una trabajadora humanitaria le dispararon y la mataron a dos cuadras de la casa del líder de un equipo. La excusa del jefe militar para matarla fue que esta trabajadora estaba haciendo proselitismo con los niños locales. El asesinato desencadenó una larga serie de acontecimientos, no siendo el menor de ellos una importante reducción de la comunidad de expatriados en la región.

Como parte de la evaluación de riesgos, la pareja de líderes de equipo se reunió con cada unidad que había sobre el terreno para evaluar cómo le iba al personal durante la crisis en curso. Tenían que averiguar quién tenía que abandonar el terreno más pronto que tarde. Cuando a una pareja sin hijos en la ciudad le preguntaron cómo le iba, contestó: «Ya hemos contabilizado el costo». Hay algunos problemas con esta afirmación que la convierten en un mito del riesgo.

En primer lugar, asume que la contabilización del costo es un acontecimiento que solo ocurre una vez, lo cual no es verdad. En segundo lugar, la adición de este adverbio («*Ya* hemos contabilizado el costo») junto con el tono usado dejaba claro que esta pareja no estaba prestando atención al cambiante entorno de seguridad y que no estaban haciendo un análisis del riesgo en tiempo real. Tampoco demostraban empatía por sus compañeros de equipo, algunos de los cuales experimentaban dificultades y tenían niños que también estaban siendo amenazados con ser secuestrados y asesinados por parte de los elementos peligrosos.

En tercer lugar, el tono utilizado lo decía todo: era un tono de orgullo, empapado de sarcasmo y acompañado de un encogimiento de hombros y unos ojos en blanco. La falta de humildad y de una actitud misericordiosa con unos compañeros que estaban experimentando dificultades significaba que esta pareja se había situado al margen del ser verdaderamente útiles para la pareja de líderes y para el equipo cuando más se necesitaba tener un coraje maduro. Y no solo eso, sino que también implica que todo el mundo define el «contabilizar el costo» de la misma manera. Muchos acaban directamente «muriendo por Cristo» como el «costo». Sin embargo, el vivir por Cristo en una situación de alto riesgo también forma parte de la definición completa y requiere una gran cantidad de resistencia, aguante y gozo.

Y, por último, la afirmación puede usarse para insinuar que no se necesitan estrategias de intervención de riesgo y de aversión a las pérdidas. Implica que si ya hemos contabilizado el costo, pues entonces que ocurra lo que tenga que ocurrir. Esta actitud y patrón de pensamiento es un análisis de la mayordomía peligroso, imprudente e irresponsable. Asume que todo el mundo es llamado a administrar su vida de la misma manera. Pero no todos son llamados para el mismo nivel de tolerancia al riesgo.

Por desgracia, lo que esta afirmación del mito nos transmitió fue que pensaban que la pareja de líderes (que tenía tres hijos pequeños) y todas las demás familias (más de un centenar de personas) obviamente no habían contabilizado el costo. La contabilización del costo no es un acontecimiento que tiene lugar una sola vez.

Esto es así porque la vida no se queda estancada; siempre estamos moviéndonos de una etapa de la vida a otra. En cada etapa de la vida, uno tiene más relaciones, posesiones físicas y deseos a los que renunciar por la causa de Cristo. Estos cambios requieren una reevaluación continua de qué —y quién— se arriesga en las cambiantes situaciones de riesgo sobre el terreno.

El principio espiritual implicado aquí es el constante «morir a sí mismo». En 2 Corintios 4:11-12 (LBLA), Pablo escribió: «Porque nosotros que vivimos, constantemente estamos siendo entregados a muerte por causa de Jesús, para que también la vida de Jesús se manifieste en nuestro cuerpo mortal. Así que en nosotros obra la muerte, pero en vosotros, la vida». Y Jesús nos dice: «Con vuestra perseverancia ganaréis vuestras almas» (Lucas 21:19). El perseverar significa que tenemos la capacidad de aguantar en un proceso o una situación desagradable o difícil sin ceder. Implica una pérdida constante de algo para el sí mismo. Algunos sinónimos son tolerancia, actitud, resistencia, entereza, indulgencia, benevolencia, paciencia y resignación[180].

Jesús enseñó la necesidad de perseverar en el contexto de unas amenazas crecientes para nuestra protección y seguridad. En Mateo 10, Él enseñó a Sus seguidores que la oposición aumenta en seis niveles: «advertido (v. 14), rechazado (v. 14), detenido (vv. 17-19), abusado (v. 17), perseguido (v. 23) y asesinado (v. 28)»[181]. La adición del «ya» a esta afirmación reveló una falta de motivación natural para preocuparse por el riesgo porque quien lo dijo estaba mucho menos afectado personalmente (sus hijos no estaban en el mismo nivel de peligro). No sentían la misma necesidad de intervención como sí sentían las muchas familias jóvenes que había en el proyecto. Su falta de empatía con los demás mostró que no tenían una apreciación real para el análisis del riesgo desde un macronivel organizacional. El alto riesgo a largo plazo y continuado (crónico) requiere diferentes niveles de intervención[182], y el contabilizar el costo es uno de los primeros pasos del análisis del riesgo para evaluar cómo le va al personal.

Corrección del mito: sabemos que el ministerio será costoso, y por eso seguiremos contabilizando el costo en cada etapa y situación de nuestra vida, y seguiremos a Jesús con gozo.

Mito del riesgo n.º 8: La fe es proporcional a la cantidad de riesgo.

En otras palabras, cuando arriesgamos mucho, eso *debe* significar que tenemos mucha fe. Cuando arriesgamos poco, entonces existe un pequeño peligro para nosotros o nuestras propiedades, y no tenemos mucha fe. El peligro de este mito es el describir nuestra fe en función de cuánto riesgo corremos, y no es así como las Escrituras caracterizan a las personas fieles.

En el riesgo, hay personas fieles, insensatas y cobardes. Probablemente, todos somos una combinación de todas ellas en distintos momentos de nuestras vidas. El juzgar a alguien y decir que es insensato, cobarde o fiel da por hecho que podemos ver el interior de su corazón. Solamente Dios puede ver el interior de nuestros corazones y juzgar, pero Neal y yo hemos pasado una ingente cantidad de tiempo discutiendo las diferencias entre estos tipos de personas; cómo son desde la perspectiva del contemplar el riesgo transcultural desde el exterior a partir de los últimos cincuenta años de riesgo transcultural.

Tenemos que ser sabios al evaluar nuestras motivaciones de por qué continuamos viviendo y viajando a situaciones de alto riesgo con nuestros hijos ¿Qué y quién nos motiva? ¿Seguimos teniendo un llamado claro del Señor? ¿Somos adictos a lo que se dice de nosotros en nuestro país de origen? ¿Seguimos oyendo la voz de Dios y siendo fieles para seguirlo a Él?

Algunas personas pueden arriesgar mucho, arriesgar de forma insensata y quedarse de forma insensata, con una perspectiva errónea de lo que hará Dios, y citando desacertadamente el Salmo 91 como Satanás hizo a Jesús en las tentaciones del desierto ¿Cómo es el riesgo insensato y el quedarse de forma insensata?

Los trabajadores transculturales insensatos corren un riesgo desproporcional por la cantidad de fruto espiritual que obtienen del uso de esas técnicas. A esta gente la motiva la aventura, la adrenalina y el conseguir la gloria. Son como el estereotipo de los vaqueros norteamericanos. También hemos visto a quienes son ingenuamente insensatos, pero aun así comparten valerosamente las buenas nuevas. El quedarse de forma insensata significa que no te quedas para evitar algo, sino para ganar algo como aventuras, elogios, palmaditas en la espalda o la gloria que viene con el quedarse en una situación de alto riesgo.

¿Y qué hay de los que se quedan cobardemente? El quedarse cobardemente es el quedarse en la situación peligrosa porque sientes un miedo mayor de que la gente critique tu incapacidad para quedarte. El impacto negativo del quedarte en una situación peligrosa es menor que el golpe que va a recibir tu ego si te vas. Te quedas para evitar el miedo y la vergüenza que sentirás si te vas. No te quedas por audacia, resiliencia, resistencia o por un llamado del Señor, sino por miedo a lo que los demás dirán de ti.

Estas personas insensatas y cobardes hacen daño a los locales, los expatriados, a sí mismos y, lo que es peor, al honor de nuestro Padre celestial. Como se quedan con base en su propio ego y su falsa bravuconería más que por un llamado claro, no van a estar bien porque no utilizan los recursos espirituales que tenemos a nuestra disposición como seguidores de Cristo.

El quedarse con valentía significa que te preocupas mucho por tu gente; que manejas los desafíos hacia los que Dios te guía de una manera piadosa y justa. Luchas movido por un espíritu de gozo más que por un espíritu de miedo mientras permaneces en la situación de alto riesgo. Te das cuenta de que tener la oportunidad de quedarte en una situación de alto riesgo es un llamado verdaderamente alto, un privilegio que hay que administrar, el honor de poderte identificar con nuestro Señor Jesucristo. Por ello, recibirás el elogio de nuestro Padre celestial (Romanos 16:4; Apocalipsis 2–4).

¿Y qué hay del pequeño remanente de los que arriesgan poco, pero son increíblemente fieles? Algunas personas arriesgan poco físicamente, pero tienen una profundidad de fe solamente apreciable en el plano espiritual. Son guerreros de oración de las fuerzas especiales de élite, guerreros a menudo camuflados como pequeñas ancianitas y frágiles ancianos que elevan fielmente a los santos ante el trono, suplicando al Padre misericordia y fuerza por ellos, para que resistan con gozo. Estos guerreros no oran para que Dios elimine los peligros y riesgos, sino que oran por tener resistencia y por que Dios obtenga la gloria a través de la vida de los santos y los futuros mártires. A ustedes, guerreros de oración sin nombre, nuestro Padre celestial también les dice: «Bien hecho. Perseveren en oración. No se detengan hasta exhalar su último aliento. Sus oraciones marcan una diferencia» (Daniel 10:13; Efesios 1:18).

«Fe» y «fidelidad» se mencionan en la LBLA más de cuatrocientas veces, y casi siempre es en el contexto del vivir justamente y del mantenerse firme en los misterios de la fe en Jesucristo (1 Timoteo 3:9). Se trata de resistir con persistencia obedeciendo el llamado de Dios. En esencia, el momento de riesgo es un momento de buena voluntad para dar nuestras vidas por el bien del Evangelio debido a nuestra obediencia con respecto a lo que el Espíritu Santo te está guiando a ti o a mí a hacer. La persistencia en obedecer las órdenes de Cristo a actuar justamente de manera implacable en mi corazón y mis actos durante muchos años cuando el riesgo es bajo conduce a una fe profunda.

El teólogo Skip Moen habla sobre una parábola de Jesús que se usa para describir la fe (Lucas 11:5-8 LBLA):

> En este pasaje, la palabra griega traducida como «importunidad» es *anaideia*. «Probablemente, la mejor palabra hebrea para traducir el término griego *anaideia* sea una forma de la palabra *chutzpah*. [...] En el español actual, puede que «puro nervio» sea una mejor definición. *Chutzpah* significa «osada tenacidad» o «perseverancia audaz». «Diligencia incesante» o incluso «insolencia» se acercan mucho al significado. [...] La conclusión es casi ineludible ¿Define Jesús la fe como un nervio determinado?». Young tiene razón. Nuestra visión de la fe es anémica, cognitiva, un antiséptico vómito verbal. La visión que Yeshúa tenía de la fe es una tenaz perseverancia y una determinación incansable[183].

¿Cuán tenazmente persistentes somos y cuán incansablemente determinados estamos para perseguir la gloria de Dios actuando consistente (y fielmente) con justicia en todo lo que hacemos, ya sea arriesgado o no?

Corrección del mito: la fe es obedecer persistentemente a Cristo, sea cual sea el riesgo.

Mito del riesgo n.º 9: **Si pasa algo malo, es porque no oré, no trabajé ni me preparé lo suficiente. Es mi responsabilidad ser fiel y dedicarme a Dios.**

Este mito afirma que cuando pasa algo malo es consecuencia de mis propios actos o de la falta de estos. Es la idea de que si fueras caminando por la calle y te atracan, no estabas lo suficientemente alerta como para ver que venía el atracador.

Hace algunos años, en un rincón de Asia, una iglesia internacional estaba en pleno servicio matutino del domingo cuando unos extremistas atacaron con granadas de mano. Cinco personas murieron y otras muchas resultaron heridas. Es difícil de creer, pero un trabajador veterano con más de treinta años de servicio nos respondió a Neal y a mí diciéndonos: «Bueno, no estábamos orando lo suficiente».

Nuestro viejo compañero creía que el riesgo se mitigaba por medio de la oración. Dios no dijo: «Oren por el huerto», sino que Él «tomó al hombre y lo puso en el huerto del Edén, para que lo cultivara y lo cuidara» (Génesis 2:15 LBLA). Era necesario trabajar antes de que en la tierra pasaran cosas malas, y sigue siendo necesario después de que el pecado entrara en el cosmos (Génesis 3:16-19). El trabajo nos retrotrae a cómo estaba destinado que viviésemos en el huerto del Edén.

El problema con este mito es que elude una teología del trabajo. Algunas veces, la oración es más que una conversación. En una relación con Dios, hacemos cosas *con* Él, no solo le hablamos o le pedimos cosas como seguridad. Trabajamos con Él como lo haríamos con otro amigo.

En términos del riesgo, que es un acontecimiento que debemos administrar, debemos hacer el trabajo de una mayordomía responsable que incluya oración, pero que no consista principalmente en la oración. La mitigación del riesgo requiere tiempo y energía y es una administración correcta y responsable. Este mito también deja entrever una visión no bíblica del mal. Necesitamos reconocer que, hasta que sea finalmente derrotado, el mal puede ocurrir.

Corrección del mito: oro y trabajo. Aun cuando ocurren cosas malas, vivo con la inquebrantable convicción de que Cristo traerá justicia con Su inminente retorno.

Mito del riesgo n.º 10: **Libertad significa seguridad.**

Este mito nace de mi propia experiencia cultural norteamericana. Cuando vivíamos en Afganistán bajo el dominio de los talibanes, no nos sentíamos «libres»; por lo tanto, tampoco nos sentíamos seguros. En realidad, sin embargo, el Gobierno talibán nos protegía. Una vez que Kabul fue liberada de manos talibanes, nos sentimos libres y, por lo tanto, seguros, pero estábamos en el mayor peligro personal en el que habíamos estado nunca en nuestras vidas y no lo sabíamos.

Si la seguridad es un mito en general, ¿cuál es entonces la base de nuestra seguridad? La pura verdad de la seguridad desde una perspectiva bíblica es que cuando salimos como corderos en medio de lobos, podemos estar bastante seguros de que hay una alta probabilidad de que nos encontremos en situaciones inseguras y experimentemos pérdidas. Pero ¿hemos de vivir con miedo y sin confiar en nadie? Esta reacción no es nada útil. Lo útil es darse cuenta de que, en situaciones de riesgo, la seguridad no es una sensación. Somos llamados a ser astutos como las serpientes e inocentes como las palomas, viviendo cada día en sintonía con el Espíritu de Dios (Mateo 10:16).

Lo que quizás sea lo más útil para abordar este mito es examinar oraciones clave registradas en las Escrituras por los santos de Dios cuando estuvieron en el centro de situaciones peligrosas o sobreviviendo a ellas. Observa la oración de Ana, la oración de Débora, el cántico de Miriam, la oración de Elisabet, María, Daniel, Nabucodonosor, el último discurso de Esteban o la última oración de Jesús en Juan 17, y fíjate en qué basaban su seguridad. Esto nos llevará a la libertad verdadera, incluso cuando arriesguemos nuestras vidas en lugares peligrosos.

Corrección del mito: la seguridad no es una sensación; mi seguridad está fundada en Hebreos 11-12.

Mito del riesgo n.º 11: **El arriesgarse es servicio espiritual; toda esta palabrería y evaluación prácticas son innecesarias.**

En otras palabras, este mito dice que lo práctico no es espiritual. Algunos sectores de la Iglesia global *sí* tienen una aguda conciencia de la guerra espiritual; tienen una cosmovisión que reconoce el mundo espiritual mucho más de lo que lo hace nuestra cosmovisión occidental. En cambio, los seguidores de Cristo con una cosmovisión occidental racionalista a menudo exageran los aspectos prácticos de la evaluación y la gestión del riesgo a la vez que ignoran los aspectos espirituales. A los occidentales nos encanta categorizar y separar. Cuando la Iglesia global integra los aspectos prácticos *y* espirituales del riesgo, esta glorifica más a Dios y refleja más Su designio.

Me ha costado mucho escribir este mito. Como hija del pensamiento empírico occidental, me enseñaron que a las soluciones se llega a través de un pensamiento deductivo y secuencial. Es común ver esta cuestión como una opción con dos alternativas posibles, o sea, que o bien una es la correcta o bien lo es la otra, pero las dos no pueden ser correctas. O bien lo espiritual es lo correcto o bien lo práctico es lo correcto. La verdad es que nos gusta saber lo que es «correcto» y no tener que vivir en tensión. Pero esto no es más que pereza espiritual y un pensamiento muy corto de miras.

La cuestión de cómo vivimos y vemos el mundo es en realidad una cuestión con dos alternativas posibles. En otras palabras, una vida íntegra ve incluso nuestros hábitos personales cotidianos como actos espirituales que glorifican a Dios, especialmente en el riesgo. Esto significa que disipamos la tensión entre ambas alternativas todos los días ¿A qué se debe? Cuando escogemos hacer lo correcto en el riesgo, incluso si eso significa dormir lo suficiente en vez de dar vueltas en la cama con ansiedad o discipularnos a nosotros mismos para ingerir algo de comida a pesar del miedo que sentimos en el estómago, glorificamos a Dios.

¿Cómo elaboramos un enfoque equilibrado con respecto a los aspectos prácticos *y* espirituales de una teología del riesgo? Los mecanismos prácticos para hacer frente a problemas son necesarios. Recuerda que Dios hizo que Elías se durmiera y comiera cuando estaba exhausto y preocupado por su vida; los cuervos le llevaban comida al arroyo. En Afganistán, siendo una madre joven exhausta que tenía que improvisar cada vez que cocinaba, tantas veces anhelé que vinieran esos pájaros.

Algunas veces, dormir es una de las cosas más prácticas que podemos hacer en situaciones de alto riesgo, espiritualmente hablando. En ocasiones, el mejor consejo pastoral que puedo darle a la gente es que recupere sueño perdido.

Recuerda que también Jesús durmió durante la tormenta. Veremos el mundo con mucha más calma si dormimos lo suficiente, pues las situaciones de alto riesgo son *agotadoras*.

Tomarse un día de reposo también es crucial. Dios hizo nuestros ritmos biológicos de tal manera que necesitamos un día de descanso a la semana. En Génesis, aprendemos que Dios creó el día de reposo y que vio que era bueno. En Hebreos 4:1 (LBLA), descubrimos que el entrar en el día de reposo sigue formando parte del deseo de Dios para nosotros: «Por tanto, temamos, no sea que permaneciendo aún la promesa de entrar en su reposo, alguno de vosotros parezca no haberlo alcanzado». Hace falta mucha disciplina personal para reservar un día de la semana y decir «no» a las peticiones de ayuda ministerial, de socialización u hospitalidad que no impliquen reposo ese día. Al igual que Jesús, sentimos la presión de las necesidades de los que nos rodean, pero justamente como Él, tenemos que encontrar de forma regular periodos de reposo y soledad para renovar nuestras almas.

Haz una lista de estrategias de afrontamiento que te ayuden a resistir y a perseverar en el riesgo. Lo ideal es que la lista sea *tanto* práctica *como* espiritual. Durante los largos años que viví a diario bajo riesgo, solía analizar de forma regular lo que necesitaba en ese momento ¿Necesito comer, dormir o tomar una taza de café con una amiga y procesar un día cultural difícil? ¿Necesito pasar tiempo adorando al Señor y hablando con Él?

Se ha vuelto común para nosotros observar que los trabajadores transculturales se escapan mediante el entretenimiento a la vez que no renuevan satisfactoriamente sus almas. Para muchos, se ha vuelto una práctica común el equiparar la renovación de la mente y del corazón con el escape a través de películas y videojuegos. Neal y yo solíamos mandar de vacaciones a las familias jóvenes dándoles una semana extra, pero a pocos días de regresar ya estaban exhaustas. Se habían escapado por un momento, pero no habían renovado sus almas.

Descubre aquello que a ti te sirve para para renovar tu alma, para fortalecerte en el Señor. Ten cuidado con el uso de la tecnología e internet como mecanismo para hacer frente a los problemas. Puede ser un buen medio de ayuda durante cortos periodos de tiempo solo para relajarnos, pero no la herramienta principal para renovar nuestras almas.

Corrección del mito: aun en pleno servicio espiritual y sacrificio de riesgo, Cristo me invita a dar pasos prácticos para cuidar de mí mismo, de mi familia y de mis colegas, y a entrar en Su reposo.

Mito del riesgo n.º 12: **Sufrir por Cristo a la vez que cumplo mi llamado transcultural siempre glorifica a Dios.**

El experimentar sufrimiento o persecución por quedarnos en una situación de riesgo seguramente pinta bien cuando lo vemos desde fuera de la situación. Los demás nos ven como héroes valientes e incluso piadosos. Pero Dios conoce la realidad de lo que pasa en lo más profundo de nuestros corazones. Son varias las áreas clave que hay que examinar atentamente.

Puede que digas que no piensas en este mito cuando te adentras en el riesgo; sin embargo, este mito puede ser al que recurres en retrospectiva para racionalizar el resultado negativo. Se usa más comúnmente como tópico para conciliar el sufrimiento experimentado en el riesgo.

Cuando me adentro en una situación de riesgo, sería un mito adentrarme con la intención de sufrir. También sería injusto adentrarme y pensar que porque me estoy arriesgando, probablemente estoy sufriendo y, por lo tanto, glorificando a Dios, mientras que al mismo tiempo mis relaciones están todas sufriendo debido a mis elecciones pecaminosas.

¿Qué pasa en mi vida interior? ¿Estoy llena de perdón hacia mis compañeros de trabajo? ¿Soy crítica con los líderes? ¿Asumo lo peor de los demás en vez de lo mejor (Filipenses 2)? ¿Qué pasa en mi vida relacional? ¿Cómo trato a mi familia o compañeros de residencia? ¿Cómo respondo a los locales o a la cultura cuando me enojo? ¿Cómo manejo mi frustración hacia una cultura que en realidad a veces no me gusta? ¿Hace mi estrés cultural que saque mi ira contra mis seres más cercanos?

¿Cómo me preparo para una posible muerte? Pero ¿cómo es siquiera «morir bien»? Si bien la muerte de un mártir *es* el mayor sacrificio (Juan 15:13), el arriesgarse de forma insensata y el morir por haber ignorado la voz de Dios o con relaciones rotas no trae a Dios la mayor de las glorias. «Morir bien» significa que hemos vivido las últimas veinticuatro horas interior y relacionalmente como si fueran las últimas. Al habituarnos a vivir de esta manera, estaremos preparados para morir cuando sea.

Corrección del mito: vivir fielmente por Cristo sea cual sea la situación en la que me encuentre siempre glorifica a Dios.

Aplicación

1. ¿Qué mito reconoces que forma parte de tu expectativa tácita del riesgo sobre el terreno?

2. ¿Qué aspecto del carácter de Dios revela esta expectativa tácita que crees de Él?

3. ¿Qué aspectos de los que has escrito anteriormente son verdaderos de Dios y cuáles no?

Resumen del Capítulo 9

1. *Mito n.º 1:* Nunca estás más seguro que cuando estás en el centro de la voluntad de Dios. Corrección: cuando Dios nos llama a lugares inseguros, no dejamos que el miedo nos paralice porque Dios está siempre con nosotros (Deuteronomio 6:5; Josué 1:9; Salmos 91; Isaías 43; Lucas 10:27; Mateo 22:37).

2. *Mito n.º 2:* La sangre de los mártires es la semilla de la Iglesia. Corrección: la sangre de Cristo es la semilla de la Iglesia (2 Samuel 4:11; Salmos 72:14; 79:3, 10; Isaías 26:21; Joel 3:21; Apocalipsis 6:10; 17:6; 18:24). La semilla de la Iglesia es el Espíritu de Dios obrando por medio de Su pueblo para traer a los demás hacia Él (Marcos 1:8; Juan 1:33–34; Hechos 1:4–5).

3. *Mito n.º 3:* El escapar o salvarse es la prioridad. Corrección: los ojos del Señor están puestos en nosotros; Él nos enseñará el camino en el que debemos andar (Job 34:21; Salmos 32:8; Proverbios 27:10; Hebreos 11:1–39).

4. *Mito n.º 4:* Uno debe estar acumulando todo tipo de recompensas por los riesgos que corre. Corrección: seremos recompensados por nuestra resistencia fiel, obediente y llena de gozo hasta nuestro último aliento (Mateo 24:13; Hebreos 10:35).

5. *Mito n.º 5:* Solo ten una actitud mental positiva y todo saldrá bien. Corrección: podemos tener siempre esperanza porque nuestra esperanza está en Dios, no en nuestras circunstancias (Isaías 52:12; Oseas 2:14–15; Hebreos 6:19–20).

6. *Mito n.º 6:* En realidad no nos arriesgamos. Corrección: en el riesgo, experimentamos pérdidas a corto plazo. El riesgo es real y es de esperar. Los valores bíblicos reclaman que este sea evaluado y, a menudo, mitigado (Proverbios 27:12; Mateo 10; 24).

7. *Mito n.º 7:* Ya hemos contabilizado el costo. Corrección: sabemos que el ministerio será costoso, y por eso seguiremos contabilizando el costo en cada etapa y situación de nuestra vida, siguiendo a Jesús con gozo.

8. *Mito n.º 8:* La fe es proporcional al grado de riesgo. Corrección: la fe es obedecer persistentemente a Cristo, sea cual sea el riesgo.

9. *Mito n.º 9:* Si pasa algo malo, eso es porque no oré, no trabajé ni me preparé lo suficiente. Es mi responsabilidad ser fiel y dedicarme a Dios. Corrección: oraré y trabajaré. Incluso cuando pasan cosas malas, vivo con la inquebrantable convicción de que Cristo traerá justicia con Su inminente retorno.

10. *Mito n.º 10:* Libertad significa seguridad. Corrección: la seguridad no es una sensación; mi seguridad está fundada en Hebreos 11–12.

11. *Mito n.º 11:* El arriesgarse es servicio espiritual; todas estas cosas prácticas son innecesarias. Corrección: aun en pleno servicio espiritual y sacrificio de riesgo, Cristo me invita a dar pasos prácticos para cuidar de mí mismo, de mi familia y de mis colegas, y a entrar en Su reposo.

12. *Mito n.º 12:* Sufrir por Cristo mientras cumplo mi llamado transcultural siempre glorifica a Dios. Corrección: vivir fielmente por Cristo en cualquier situación en la que me encuentre siempre glorifica a Dios.

Para descargar gratuitamente un PDF del resumen del Capítulo 9 de los mitos de riesgo y sus correcciones, visita: http://better-than-gold-faith.blogspot.com.

capítulo 10
No te olvides de las emociones

Si no consideras tus emociones en el riesgo, entonces tu evaluación del riesgo y del peligro será incorrecta. Los últimos treinta y cinco años de investigación sobre las emociones y el riesgo demuestran sistemáticamente que esto es cierto. En el riesgo se *debe* prestar atención a las emociones. Glynis Breakwell escribió: «El análisis del riesgo de las amenazas percibidas y la toma de decisiones resultante que no considera la emoción que va unida a una amenaza o al estado emocional de un individuo es inevitablemente incorrecto»[184]. Las investigaciones afirman cada vez más que el análisis del riesgo holístico ha de incluir dos categorías: el análisis del riesgo logicorracional y el análisis «experiencial y emocional».

Tanto nuestra mente como nuestras emociones están íntimamente interrelacionadas. Las investigaciones también revelan que ninguna de ellas es independiente; ninguna opera sin la otra, incluso cuando pensamos que estamos siendo totalmente lógicos[185]. Los investigadores del riesgo argumentarán incluso que «las reacciones emocionales intuitivas son el método predominante por el que los seres humanos evalúan el riesgo»[186] ¿A qué se debe esto? Los estudios demuestran que nuestras emociones están vinculadas o bien al riesgo percibido o bien a nuestra reacción al riesgo percibido, y las emociones vinculadas con estas dos opciones varían en intensidad. Nuestras emociones desempeñan una función, incluso cuando no nos damos cuenta[187].

Disminuimos nuestra resiliencia al riesgo cuando ignoramos nuestras emociones y los patrones de pensamiento concomitantes. Dios usa nuestras emociones para guiarnos. Una persona holística equilibrada valora las emociones porque Dios también las valora. Los que dicen que nuestras emociones no son importantes a la hora de evaluar el riesgo son bastante menos equilibrados al abordar el riesgo y no serán conscientes del impacto emocional en sus equipos. Los líderes que dicen: «No soy una persona emocional; no lo necesito y no

> Disminuimos nuestra resiliencia al riesgo cuando ignoramos nuestras emociones y los patrones de pensamiento concomitantes.

hablo en esos términos», a menudo no prestan atención a la «temperatura emocional» de las personas a las que lideran.

Vimos a un equipo en una situación de muy alto riesgo desmoronarse ante la desatención de las emociones por parte de los líderes. También vimos a otro equipo en una situación de riesgo medio perder a la mitad de su personal. Un factor significativo en estos dos equipos fue la desatención del personal por parte del líder y su falta de conciencia con respecto a su bienestar emocional. El perder a un equipo por estas razones es una mayordomía deficiente.

Jesús enseñó: «El hombre bueno, del buen tesoro de su corazón saca lo que es bueno; y el hombre malo, del mal tesoro saca lo que es malo; porque de la abundancia del corazón habla su boca» (Lucas 6:45 LBLA). Lo que salió de mi boca en numerosas situaciones de alto riesgo a las que hicimos frente no siempre fue bonito; sabía que no estaba manejando bien la situación de riesgo del momento cuando gritaba a mis hijos. Algún horrible pecado o miedo profundo estaba influenciándome el alma, y la vida no fue buena para todos los que estaban en mi camino cuando dejé que el pecado gobernara mis respuestas y mis palabras.

La integración de las emociones, la espiritualidad y la mente

En el riesgo, a menudo sentimos fuertes emociones y un pensamiento reforzado sobre ciertas convicciones. Al mismo tiempo, puede que exista confusión sobre *qué* pensar y *qué* sentir. En general, Neal y yo experimentamos que los trabajadores transculturales están a veces bastante confundidos y desalentados con respecto a lo que creen que «deberían» pensar y sentir y cuál es su verdadera realidad. El aprender a integrar nuestro pensamiento, nuestras emociones y nuestra espiritualidad conduce a una fe madura. Curt Thompson escribe: «La integración de nuestro entendimiento de la mente y del desarrollo conductual, junto con nuestra espiritualidad, se está convirtiendo ahora en un paradigma necesario y bien aceptado para abordar nuestros problemas interpersonales e interculturales»[188].

¿Cómo podemos manejar nuestras emociones y ser más conscientes de ellas cuando hacemos frente al peligro? ¿Qué impacto tienen nuestras emociones en nuestra buena voluntad a hacer frente al riesgo y permanecer en él? ¿Cuál es una actitud apropiada y adecuada sobre las emociones cuando hacemos frente al peligro? ¿Y cómo podría estar usando el Espíritu Santo nuestras emociones para adentrarnos en la situación de riesgo o quedarnos en ella? Estas son todas preguntas que debemos reconocer y con las que tenemos que luchar, ya sea que lideremos a un equipo o no.

Cómo integrar las emociones y la toma de decisiones

En el riesgo, existen dos áreas principales de las emociones que son de suma importancia: la primera es entender el impacto que las emociones tienen sobre nuestras percepciones, nuestras respuestas y nuestra toma de decisiones en el riesgo; la segunda tiene que ver con discernir cómo obra Dios por medio de nuestras emociones. Aquí, los puntos destacados integran tanto los hallazgos seculares sobre las emociones y el riesgo como también cómo puede estar deseando Dios hablarnos a través de nuestras emociones, específicamente en las situaciones de riesgo.

Determina las fuentes de nuestras emociones

Cuando pensamos acerca de nuestras emociones en la situación de riesgo, es importante diferenciar entre la emoción que sentimos y que está vinculada a un riesgo percibido y las emociones de nuestra vida interior porque estamos en una situación de riesgo[189]. Estos son dos «acontecimientos» emocionales distintos y que ocurren al mismo tiempo, y hay dos razones muy diferentes para estas emociones. Sería muy difícil *no* verse afectado emocionalmente por el riesgo percibido y las decisiones que tenemos que tomar en el futuro.

Cómo manejar nuestras emociones al enfrentarnos al peligro

Hay un par de pasos clave para tomar conciencia de nuestras emociones y manejarlas al enfrentarnos al peligro. El primero es «Nombrar para dominar»[190]. Lo que Curt Thompson quiere decir con esta expresión es que cuando identificamos la emoción, el problema u el obstáculo al que hacemos frente nombrándolo, de algún modo disminuye el poder que eso tiene sobre nosotros. A medida que identificamos correctamente lo que está pasando, nos empoderamos para responder de forma apropiada.

Cuando nombramos algo, se dicta un principio espiritual. Empezamos a ver cuán pequeñas son las emociones y conductas frente al trono de Dios, y, así, no tenemos que dejar pasivamente que nuestras emociones controlen nuestras respuestas. Cuando nombramos lo que sentimos, «tomamos posesión del sentimiento» y, entonces, somos más capaces de dárselo con mayor facilidad a Cristo[191].

Los investigadores han catalogado cientos de emociones en ocho categorías principales[192]. Me sorprendí al ver un gráfico que tomaba las ocho categorías que a continuación se detallan, y organizaba por categorías otro centenar de «matices» de estas emociones. En cuanto a las personas como yo que necesitamos mucho tiempo para averiguar lo que sentimos, los gráficos de emociones son verdaderamente una ayuda práctica. Estas son las ocho categorías:

- Ira: furia, hostilidad, irritabilidad, molestia.
- Tristeza: pena, autocompasión, desaliento, desánimo, soledad.
- Miedo: ansiedad, intranquilidad, nerviosismo, espanto, terror, aprensión.
- Gozo: alegría, alivio, satisfacción, deleite, emoción, euforia, éxtasis.
- Amor: aceptación, confianza, devoción, adoración.
- Sorpresa: conmoción, asombro, admiración.
- Disgusto: desprecio, escarnio, aversión, desagrado, repugnancia.
- Vergüenza: culpa, remordimiento, humillación, bochorno, desazón.

Las emociones como información

Nuestras emociones nos dan información. Tenemos que ser capaces de reconocer e identificar las emociones que sentimos en cualquier momento dado porque estas son indicaciones de lo que está pasando bajo la superficie. Algunas personas vienen de familias o contextos en los que no hablan de las emociones ni piensan en ellas de forma regular[193]. Puede que la idea de que las emociones no solo son un don de Dios sino que forman parte de lo que significa el ser hecho a la imagen de Dios sea algo que no hayas considerado antes. No solo Dios siente, sino que, como seres creados a la imagen de Dios, nuestros sentimientos reflejan Sus sentimientos, aun cuando los nuestros están manchados de pecado.

El reconocimiento de las emociones es una parte integral del abrirse paso en el riesgo. Podemos creer en la habilidad de identificar y nombrar las emociones que sentimos en plazos de tiempo cada vez más cortos. Lo que solía llevarme un par de días para averiguar lo que estaba sintiendo ahora me lleva mucho menos tiempo.

Una respuesta desproporcionada

No es poco común experimentar una respuesta desproporcionada a algún acontecimiento o problema cuando estamos en riesgo. Una respuesta desproporcionada es como enfurecerse por una pequeñez sin importancia, por ejemplo, que en el fregadero haya platos sucios. Esto nos dice que prestemos atención a nuestra vida interior antes de causar más daño a los demás. «El estrés aumentado puede magnificar las respuestas emocionales y hacer que sea más difícil responder a partir de valores y creencias, más que principalmente a partir de esas emociones»[194]. La humildad y una disculpa que reconozca los sentimientos de la otra persona sirven de mucho a la hora de sanar el daño causado por nuestra respuesta desproporcionada.

El autocontrol y la autoconciencia nos ayudan a no actuar de manera desproporcionada cuando nuestra percepción y juicio están distorsionados. Las respuestas proporcionales son cómo se ve la vitalidad espiritual[195]. El reafirmar esto de manera positiva, respondiendo de manera proporcionada a los acontecimientos de riesgo, denota madurez espiritual, una gestión sana y equilibrada del estrés y el hábito diario de cultivar una perspectiva apropiada (no una sobrespiritualizada).

Normaliza el sentimiento

Normalizar el sentimiento significa normalizar una experiencia que hace que la mayoría de los que sufren se sientan anormales y no espirituales. Un día una mujer me preguntó en voz alta qué le pasaba, porque no podía parar de llorar todo el tiempo. Le pregunté cuán «normal» sería para ella el ser estoica, considerando cuántos amigos habían sido asesinados recientemente en la comunidad de expatriados. Su llanto era ciertamente normal y debía reafirmarse como respuesta humana que era de esperar. De hecho, Jesús lloró cuando murió Su amigo Lázaro. Él era el modelo de un Dios que llora.

Algunas veces, en el riesgo hay tantos sentimientos que resulta útil intentar fijarnos en nuestras situaciones desde la perspectiva de alguien que está en nuestro país de origen ¿Cómo es más probable que se sienta esa persona acerca de lo que estamos experimentando? El imaginarnos la perspectiva de las personas de nuestro país puede ser útil para guiarnos al averiguar respuestas emocionales normales a algunos de los riesgos graves a los que hacemos frente en un contexto transcultural.

El impacto de nuestras emociones en nuestra toma de decisiones en el riesgo

Las investigaciones demuestran que la forma como nos vemos afectados en el riesgo tiene un impacto directo sobre nuestras percepciones del riesgo, nuestros juicios y nuestra toma de decisiones[196]. También muestran que «en un amplio abanico de contextos, la reacción emocional en el momento influye más en la determinación de la elección que la evaluación racional de las opciones que pueden haberse llevado a cabo de antemano»[197]. Cuando prestamos atención a nuestro estado emocional, nuestros juicios se ven influenciados por nuestras emociones. Nuestro enfoque es diferente. Esto ofrece más opciones —ya que podemos elegir por cuál nos veremos más influenciados— para nuestra respuesta cognitiva o emocional al riesgo[198].

Además, los estudios seculares muestran que las emociones influyen en la toma de decisiones de cuatro formas distintas: las emociones dan información, actúan como un foco, actúan como un factor de motivación y actúan como moneda de uso común[199]. Esto quiere decir que las emociones nos dan información acerca de nuestros sentimientos sobre el riesgo percibido; las emociones como foco centran nuestra atención en los aspectos relevantes de una decisión que tiene que tomarse; las emociones como factor de motivación nos permiten tomar la decisión en un tiempo limitado; y, finalmente, las emociones como moneda de uso común «generan compromiso con respecto a las decisiones moral y socialmente importantes»[200]. Esto último se experimenta cuando tomamos decisiones en el riesgo y luego explicamos nuestra decisión y experiencia del riesgo a los demás.

Usemos una historia que ya he compartido para demostrar esto. En el Prefacio, narré una historia de riesgo que Luke y yo experimentamos en 2004. En ella, narré el hecho de que una turba había rodeado nuestra camioneta. Estas son las cuatro formas en las que las emociones influyeron en mi toma de decisiones.

La emoción como información

La emoción que he vinculado al comportamiento de la turba es un riesgo espantoso, esto es, un profundo miedo. Esta espantosa emoción de riesgo está vinculada a una historia que mi esposo me contó en nuestros primeros años de casados. Cuando vivía soltero en Albania, vio a una turba de personas demoliendo un muro de ladrillos con sus propias manos. Su historia infundió en mí un profundo miedo a las turbas.

En retrospectiva, no estoy segura de que la camioneta sufriera un asalto. La parte logicorracional de mí recuerda que probablemente era más como un gentío que golpeaba la ventanilla derecha trasera y, probablemente, otros lugares, posiblemente con un palo de madera, por lo que sonaba muy fuerte, espantoso y a todo mi alrededor. Parecía que la gente estaba rodeando la camioneta. No sé cuánta gente había alrededor de la camioneta ni si prestaban o no atención a mi camioneta. Pero, en ese momento, se sentía y parecía ser una turba, y pude ver que no tenía ninguna forma de proteger a Luke del daño físico o del secuestro en la ubicación en la que me encontraba. Esto hizo que aumentara drásticamente mi nivel de miedo hasta probablemente el miedo más intenso que he sentido jamás.

La emoción como foco

Más adelante en la historia, narré que el agente de policía empezó a sacar a mi conductor de la camioneta y a golpearlo. El miedo que yo había vinculado a esto era que si desaparecía el conductor, ¿cómo iba a salir yo de aquella situación? Pude ver que la única salida era conducir, y cuando se trata de una respuesta del tipo «huye o lucha» y mis hijos están implicados, siempre lucho. La pared del asiento era muy alta y, con mi falda larga, «*chapan*», y mi velo, ¿cómo podía subirme y llegar al asiento del conductor? No estaba dispuesta a abrir la puerta de la camioneta.

La emoción como factor de motivación

Mi miedo y mi adrenalina impulsaron mi toma de decisiones hasta el próximo paso: tenía que hacer que la policía cediera y que dejara a mi conductor seguir su marcha. Así que dejé caer mi velo para que pudiera ver mi piel clara y el color de mi pelo, llamé a mi esposo por teléfono para que hubiera un «testigo auditivo», le enseñé mi pasaporte norteamericano y empecé a gritar tanto en dari como en inglés con la esperanza de que la situación cambiase por ser occidental.

La emoción como moneda de uso común

Esta es la historia tal como recuerdo haberla experimentado. La conté con mi interpretación de la situación de riesgo en la que me encontraba y desde una perspectiva emocional, y las investigaciones revelan que esto es totalmente válido y común[201]. Era extremadamente aterrador. Hizo añicos una falsa creencia y una pregunta básica que yo tenía sobre Dios y que incluso ahora me resulta demasiado doloroso de narrar. Tuvieron que pasar diez años antes de poder contar públicamente esta historia sin derrumbarme por completo y ponerme a llorar. Incluso ahora que escribo, once años después de haber experimentado este acontecimiento, aún puedo sentir un nudo de miedo en el estómago al revivir la experiencia. La moneda de uso común del miedo de no ser capaz de proteger a nuestros hijos es algo frecuente que los padres experimentamos a menudo.

Resumen de los pasos

A pesar de lo que pensamos, nuestras emociones afectan al riesgo. Las decisiones que creemos tomar de manera lógica se ven a menudo afectadas por nuestras emociones. El aceptar esta realidad nos ayudará a avanzar hasta el siguiente paso.

Es importante que identifiquemos y reconozcamos nuestras emociones ¿Cómo nos sentimos acerca del riesgo percibido y el resultado? ¿Qué está pasando en nuestra vida interior con Dios? Nuestras emociones tienen un impacto sobre nuestra toma de decisiones, lo que nos ayuda a reconocer lo que está pasando, así que podemos ver lo que nuestras emociones están haciendo en realidad. Podemos ver cómo puede estar guiándonos Dios a través de nuestras emociones, hallar formas constructivas de manejar las emociones fuertes, entender cómo afectan nuestras emociones a nuestra toma de decisiones en el riesgo e incorporar todo esto de manera consecuente en el análisis del riesgo.

Si sentimos que continuamos dependiendo de Dios y le damos nuestros miedos minuto a minuto en el acontecimiento de riesgo, pero seguimos careciendo de paz, quizás Dios nos esté guiando para que cambiemos de dirección. Esta falta de paz también se puede describir como una falta de energía al mirar la situación, y también como el sentimiento físico interior de no estar bien. Las emociones se pueden expresar a través de lo físico, lo cual podría ser una señal de que Dios nos está guiando hacia una dirección diferente.

Otra forma como Dios guía a través de las emociones es que Él nos guía hacia algo que «sabemos» que es correcto. Sin embargo, este conocimiento, aunque también se describe como un discernimiento de parte del Espíritu de Dios, también se siente como salud en nuestra carne; como una calma, una rectitud. Hay paz, aun si eso significa quedarse en una situación de riesgo aterradora. También hablé del uso de la guía de tres preguntas clave de 1 Corintios 13: Mis sentimientos, mis patrones de pensamiento y mis acciones ¿aumentan mi fe en Dios y en las personas? ¿Tengo mayor fe en el Señor o más dudas sobre Su justicia y misericordia? En esta situación, ¿amo más a Dios, a los demás y a mí mismo?

¿Y qué hay de nuestras preguntas básicas? A menudo estas se formulan debido a fuertes emociones. Nos parecen desestabilizadoras porque van en contra de creencias y expectativas mantenidas desde hace mucho tiempo. El realizar estas preguntas resulta incómodo en términos emocionales. Algunas veces, las preguntas básicas que hacemos en los niveles más profundos están directamente relacionadas con lo que Dios nos está pidiendo que hagamos. Por ejemplo, preguntamos: «¿Puedo confiar en ti?». Al mismo tiempo, Él nos pregunta a nosotros: «¿Confiarás en mí?». Él nos pide que confiemos en Él dando el paso que Él nos pide que demos, ya sea permanecer firmes, avanzar o retirarnos.

El aprender a revisar nuestra vida interior en el momento de riesgo será más fácil si podemos hablar con seguidores de Cristo sabios y maduros que no se sorprenderán por lo que salga de nuestra boca ni por el estrés que soportamos en el riesgo.

Un poco de miedo no te hará daño

Cuando nos sentimos emocional o mentalmente adormecidos, nos encontramos en el peor de los peligros de sufrir agotamiento o de tomar una mala decisión en una situación de riesgo. Los psicólogos llaman a esto «adormecimiento psíquico»[202]. Los trabajadores de servicio pastoral lo llaman síndrome del trabajador quemado; sobre el terreno, lo llamamos fatiga por compasión.

En relación con el riesgo, este adormecimiento ocurre cuando tenemos reacciones emocionales tan fuertes durante tanto tiempo y tan intensiva y repetidamente que empezamos a sentir que los problemas y riesgos a los que hacemos frente son demasiado grandes como para cambiar, y, por lo tanto, empezamos a vivir en la negación. Es algo así como si nos volviéramos reacios a ver u oír el crecimiento del riesgo y su potencial impacto[203]. Una parábola que describe este fenómeno es la de la rana hervida. La rana en la olla no siente que el agua se está calentando poco a poco porque se acostumbra cada vez a más calor. Cuando el agua se acerca al punto de ebullición, es demasiado tarde para que la rana salte fuera de la olla... ya está muerta.

La insensibilidad es una importante señal de advertencia. Es el momento en el que probablemente necesitamos abandonar la situación de riesgo, tomar un descanso y, posiblemente, conseguir información o consejo, y tener tiempo para renovar nuestra alma. El sentir la emoción del miedo nos permite saber que seguimos estando vivos, que seguimos sintiendo y que seguimos siendo conscientes de nuestros entornos sin sentirnos abrumados por ellos. Un poco de miedo no es malo en el riesgo. De hecho, es una emoción concedida por Dios para advertirnos de un peligro o una amenaza inminentes. Los humanos sienten miedo y ansiedad tanto emocional como psíquicamente. Para ser más conscientes de nuestras emociones, tenemos que reservar algún tiempo para la reflexión. El permanecer ocupados e ignorar nuestras emociones es demasiado fácil.

Identifica las partes de tu cuerpo donde sientes miedo y estrés ¿Te dan dolores de cabeza o de espalda en momentos concretos? ¿Cómo respiras y cómo duermes? Todos sentimos el miedo y la ansiedad físicamente de distintas maneras. ¿Cómo manifiestan sus miedos tus hijos? ¿Lo sabes?

La Biblia nos enseña en repetidas ocasiones que no caminemos con miedo ¿Cómo se supone que «no tenga miedo» cuando siento miedo? Muy a menudo, las expresiones en la Biblia del tipo «No temas» son verbos, y significan: «No te conviertas en cera. No permanezcas pasivamente en el miedo»[204].

Cuando no permitía que mis miedos me abrumaran, cuando no ignoraba, negaba o reprimía mi miedo, sino que me adentraba en él, lo experimentaba por completo y permitía que mis miedos me condujeran hacia Dios, ganaba la batalla contra el miedo... por ese momento. Al seguir haciendo esto, podía lidiar continuamente con mis miedos. Eso no quería decir que no mitigara y planificara el riesgo para el futuro, pero ya no estaba constantemente preocupada por el futuro. Podía vivir realmente en el presente. El hacer esto de forma repetida condujo a la resiliencia emocional y espiritual. No hay atajos para la experiencia vivida del caminar con Dios.

Como seguidores de Cristo, tampoco debemos dejar que nuestros miedos nos paralicen. Cuando sentimos impotencia por un miedo abrumador, somos incapaces de escuchar que Dios nos está hablando. Por lo tanto, elegimos no alimentar ni ser alimentados por el miedo. Algunas veces, Dios nos llama a hacer cosas que son genuinamente aterradoras. Obedeciendo a ese llamado, seguimos dando nuestros miedos y ansiedades a Dios, incluso cuando tenemos que hacerlo minuto tras minuto. Entonces somos fortalecidos por Su Espíritu para actuar con audacia y confiando en Dios[205].

El lado malo del miedo

Parecería que, en términos lógicos, cuando sentimos miedo actuamos tomando medidas autoprotectoras. Sin embargo, las investigaciones seculares revelan que el miedo «aparece para empañar los esfuerzos de minimizar los riesgos»[206]. Las personas miedosas hacen juicios pesimistas acerca de un riesgo, mientras que las personas enojadas hacen juicios más optimistas[207] ¿Por qué ocurre esto? Charlie Schaefer abordó esto en correspondencia personal conmigo:

> Los psicólogos consideran la ira como una emoción secundaria que es la forma que tiene nuestro cuerpo de responder a una emoción vulnerable (miedo, dolor, vergüenza, culpa). Ponen nuestros motores a una mayor velocidad (se segrega adrenalina, las pupilas se dilatan, la respiración se acelera con más oxígeno en el sistema, etc.), para que nos empoderemos para actuar en respuesta a la amenaza. Es por ello que nos mostramos más optimistas en cuanto al análisis del riesgo; tenemos las pilas recargadas, nos sentimos más poderosos y listos para actuar. Sin embargo, nuestros cuerpos no se sienten bien si soportamos esa ira durante mucho tiempo, ya que nos corroe por dentro[208].

El hecho de prestar atención al grado de miedo que experimentamos será importante a la hora de determinar nuestras respuestas a las amenazas[209]. El miedo nos hace pensar que los riesgos son mucho mayores, mientras que la ira nos hace percibir los riesgos como menores[210].

¿Cómo es el actuar con miedo?[211]

Cuando estamos asustados no somos objetivos. En cambio, se nos ocurren ideas insensatas, y exageramos o reaccionamos de forma pasiva al nivel de amenaza. Sacamos conclusiones erróneas de las motivaciones de las personas porque no nos tomamos el tiempo para hacer preguntas esclarecedoras, y esas decisiones resultan en malos juicios. No nos ocupamos de las tareas diarias; estamos demasiado preocupados por el futuro. En el miedo, las personas se sienten más desamparadas y fuera de control, así que no mitigan el riesgo. De ahí que el evaluar la intensidad de nuestro miedo sea de utilidad para intentar elaborar una respuesta apropiada al nivel de amenaza y, por lo tanto, actuar en consecuencia.

En cuanto a los líderes, es importante señalar que cuando estamos enojados por una situación de amenaza, en realidad estadísticamente es más probable que nos mostremos optimistas con respecto a nuestro análisis del riesgo de las amenazas. Esto tendrá un impacto en nuestra toma de decisiones y podrá dar lugar a una situación más peligrosa de lo que lo es en realidad[212].

Incluso cuando sentimos miedo, ¿cómo se ve en el riesgo el actuar movidos por nuestra fe y esperanza? En la quietud de nuestro corazón o con amigos cercanos y de confianza con los que podemos mostrarnos abiertos cuando hablamos y oramos, podemos discernir cuál es la causa de nuestros miedos ¿Qué situaciones, patrones de pensamiento o mentiras están haciendo que caigamos en una espiral de un miedo sobrecogedor? Reconocemos los aspectos físicos de nuestra situación de miedo: ¿me siento hambriento, enojado, solo o cansado (HALT [PAUSA] por sus siglas en inglés)? ¿Me sentiré menos asustado si primero lidio con las cuestiones físicas?

Lo cierto es que nombramos estas situaciones, mentiras o tendencias de pensamiento y las reconocemos verbalmente y las llevamos cautivas hacia Cristo. Luego discernimos qué acción es la apropiada para nuestra situación en ese momento ¿Necesitamos comer, hablar con un amigo, dormir, orar o adorar a Dios? Dormimos; no nos quedamos despiertos por la noche preocupados por amenazas que escapan de nuestro control. Y no solo eso, sino que mantenemos nuestra incertidumbre y confusión en la perspectiva de nuestro entendimiento de la soberanía de Dios: nosotros no estamos en control, pero Dios sí.

Seguimos haciendo esto todas las veces que haga falta para seguir siendo fieles y sintonizarnos con el Espíritu, *no* con nuestros miedos. Por lo tanto, en el riesgo, especialmente cuando estamos en el acontecimiento de riesgo prolongado durante largos días, semanas o meses, crecemos en valentía, resiliencia y en una fe madura y valerosa.

La preocupación: una forma de miedo menos intensa

La preocupación por nuestros equipos, nuestras familias y por nosotros mismos se puede mitigar equipando a los trabajadores sobre el terreno para que lidien con los resultados potenciales del riesgo. Por ejemplo, uno de mis mayores miedos era que me secuestraran y violaran. Tras pasar por una rigurosa formación en seguridad y recibir las probabilidades estadísticas de que me violaran tomando como base los últimos veinte años de secuestros sufridos por expatriados en situaciones similares[213], mis temores se aliviaron enormemente. Estaba equipada con respecto a cómo debía comportarme para minimizar el riesgo de sufrir una violación, lo que aumentó mi resiliencia general en la situación de alto riesgo constante en la que nos encontrábamos. La violación potencial ya no aparecía (tanto) en mi radar.

Mi preocupación se disipó cuando Neal y yo planificamos los peores escenarios posibles. Yo tenía confianza al saber cómo se las arreglaría Neal en un secuestro; y él también sabía lo que yo haría. Los líderes se beneficiarán de una mayor unidad y lealtad del equipo al saber que «el grado en el que las emociones desempeñan una función está íntimamente conectado con la disponibilidad de información en el riesgo»[214]. Mis preocupaciones se redujeron cuando los líderes dijeron a nuestro equipo cuál era su plan para abordar situaciones de crisis. Revelaron a quién consultarían y qué intenciones albergaban sus corazones a la hora de cuidar de nosotros en esa situación. Como sabía que la planificación nunca sale como se ha previsto antes de la crisis, el escuchar cuál era su plan general tuvo un efecto calmante en mi alma.

Riesgos de miedo y espanto

¿Qué es lo que te causa más miedo? El espanto es una emoción; si sentimos espanto por algo, eso tendrá un impacto en nuestra percepción del riesgo[215]. Experimentamos la realidad del espanto emocional, espiritual y físicamente. Mencioné la táctica espiritual de nuestro enemigo de intentar amedrentarnos antes de que nos suceda algo malo. Esto no solo es espiritual, sino que también son las intenciones de los terroristas. En *Risk Savvy* [*Entendido en el riesgo*], Gerd Gingerenzer escribió: «Al Qaeda gastó 500 000 dólares estadounidenses en el atentado terrorista del 11 de septiembre. Estados Unidos, tanto en el incidente como en el periodo posterior, perdió más de 500 mil millones de dólares estadounidenses, lo que significa que cada dólar de Al Qaeda acabó con mil millones de dólares»[216].

Gingerenzer continúa escribiendo que los terroristas hacen estallar psicológicamente nuestra mente mediante los denominados «riesgos de espanto». Estos son «acontecimientos de baja probabilidad en los que mucha gente muere de repente, y que desencadenan un principio psicológico inconsciente: si muchas personas mueren en un momento determinado, reacciona con miedo y evita esa situación»[217]. En situaciones de alto riesgo, el resistir a la manipulación de los terroristas da como resultado una mayor resiliencia, y a menudo surgen oportunidades estratégicas. Decidamos ahora mismo, como trabajadores transculturales basados en la fe, que no nos dejaremos manipular por los terroristas de cara a nuestro llamado de Dios.

Hay algunos riesgos que Neal y yo nunca corrimos personalmente, y hasta el día de hoy, afloran en nosotros fuertes emociones cuando pensamos en los riesgos que evitamos. Algunos de nuestros miedos más intensos y profundos dieron como resultado que tomásemos decisiones que posiblemente parecieran extrañas a los demás, incluso cuando ellos sí corrieron esos riesgos y nosotros los apoyamos en sus decisiones. Parte de esto guarda relación con el dolor que los líderes soportan, pero otra parte de ello está relacionada con nuestros límites emocionales de lo que sentíamos que podíamos resistir a largo plazo.

No obstante, las decisiones que tomamos nos permitieron manejar como pareja otros graves riesgos a los que nos enfrentábamos como familia y como líderes responsables de un gran equipo y proyecto en una situación de alto riesgo. El conocer estos límites de nosotros mismos y el ser capaz de manejar las extrañas miradas ocasionales o incluso que los demás pensaran que carecíamos de valentía no era ningún problema para nosotros. Había algunos riesgos que no podíamos correr y que aún siguen aflorando en Afganistán.

El miedo crónico agudo y la resiliencia

Al vivir durante mucho tiempo en una situación de alto riesgo como nosotros hicimos en Afganistán, las consecuencias que se dieron fueron numerosas. El vivir durante mucho tiempo en un alto nivel de miedo y preocupación por la seguridad tuvo en nosotros un impacto físico, mental, emocional y espiritual. Nuestra salud física empezó a mostrar signos de debilitamiento. El peso de la preocupación crónica por la seguridad de nuestra familia en un entorno de alto riesgo era algo continuo. Los esposos tienen que tener esto en cuenta cuando vayan a tales lugares con sus familias. Durante años, cargamos con el peso de la seguridad de nuestros compañeros de equipo y la protección del gran número de niños que había en él.

Mentalmente, sabía que lo más probable era que me encontrara en la escala de una depresión clínica leve, al igual que otras personas de mi comunidad. Mi depresión era una depresión situacional normal debido a las constantes amenazas diarias; desaparecería cuando nos fuésemos. Mentalmente, las situaciones de alto riesgo son lugares difíciles en los que encontrarse. Las investigaciones clínicas han demostrado que la depresión se deriva a menudo de situaciones de mucho tiempo de angustia, que en nuestro caso (como comunidad internacional) eran las importantes amenazas continuas contra todos nosotros, locales y expatriados por igual[218].

Aprendimos la resiliencia emocional. Nos reíamos juntos, gozábamos de un humor excepcional para nuestra situación (no había campos de tiro, pero había «blancos» por todas las esquinas) y pasábamos muy buenos momentos con los amigos. Apreciábamos muchas pequeñas cosas de la vida: el olor a pan o galletas recién salidos del horno, la risa de nuestros hijos, cenas en familia a la luz de las velas (la electricidad se iba muchas veces), el estar vivos, tener suficiente comida para comer, y el tener electricidad. La situación de miedo crónico alto hizo que nuestros sentidos estuviesen alerta.

Espiritualmente, fue una época como ninguna otra. No la cambiaría por nada del mundo, de verdad. Experimentamos la realidad de la presencia de Dios. Nuestros miedos, bueno… seguían estando allí, pero era como si el coro de Su paz y Su presencia hubiera ahogado el sonido de los «leones rugientes». Teníamos una butaca en primera fila para ver lo que Él estaba haciendo no solo en nuestra vida, sino también en la vida de los que nos rodeaban: amigos nacionales tenían visiones concedidas por el Padre, se produjeron sanaciones milagrosas, el agua se transformó sobrenaturalmente de salada a dulce y experimentamos la unidad del Espíritu en nuestra comunidad.

Una respuesta pastoral

Los investigadores seculares han estudiado las emociones y el riesgo desde 1980. Además, algunos estudiosos cristianos tales como el Dr. Len Cerny y el Dr. David Smith han examinado la adaptación transcultural y han elaborado las siguientes escalas de mapeo del estrés en la evaluación *CernySmith* (CSA por sus siglas en inglés): bienestar (emocional), enfoque (cognitivo perceptual) y el estrés del pasado (impacto presente), junto con una crisis situacional (seguridad percibida) y espiritualidad (actualización de creencias)[219]. Parecería apropiado integrar el trabajo transcultural basado en la fe y estos hallazgos académicos sobre la psicología del riesgo con una conciencia del empoderamiento del Espíritu Santo. Al parecer, cuando ignoramos las investigaciones, perdemos una ingente cantidad de información relevante para configurar nuestro pensamiento sobre la resiliencia en situaciones de alto riesgo.

La verdad es que las emociones conectan nuestras vidas interior y exterior. En ocasiones, es doloroso sentirlas y, como es natural, queremos evitar el dolor, así que evitamos, reprimimos o ignoramos nuestros sentimientos. Pero Dios nos dio sentimientos para traernos de vuelta hacia Él, para que entendamos Su corazón que se forma en nosotros. «El ignorar nuestras emociones es dar la espalda a la realidad; el escuchar a nuestras emociones nos adentra en la realidad. Y es en la realidad donde nos encontramos con Dios»[220]. Escucha a tus emociones en el riesgo y aprende a hacer frente a lo que Dios está haciendo en ti para poner Su corazón en ti (Jeremías 24:7).

Tras salir del riesgo

Tras salir del acontecimiento o de la situación de riesgo, no es poco común que pasemos una buena parte del tiempo juzgándonos duramente a nosotros mismos y cuestionando lo que hicimos y cómo lo hicimos. Pensamos que deberíamos haber hecho más de lo que es humanamente posible. Muy a menudo, en la situación de riesgo, somos mucho más duros con nosotros mismos de lo que lo es el Señor. Hablamos más críticamente de nosotros y los demás de lo que lo hace el Señor cuando nos encontramos bajo la increíble presión de la situación de riesgo transcultural.

¿Quién es la persona adecuada para dar consejo?

No soy doctora ni médica en salud mental. En nuestra función pastoral para con los trabajadores transculturales, son muchas las veces en las que derivamos a la gente para que reciba atención médica y psicológica. El consejo clínico puede ser útil y, para muchas situaciones, necesario. He agradecido mucho los aportes que he recibido en mi vida de parte de consejeros bíblicos, psicólogos y psiquiatras. El consejo de consejeros licenciados clínicamente, sabios y de confianza es a menudo extremadamente eficaz para la resiliencia y la sanación de una persona.

Aunque el consejo bíblico y el consejo clínico no son lo mismo, cuando funcionan en combinación, los dos son importantes y valiosos. Por favor, tómese también en cuenta que algunos consejeros clínicos trabajan integrando su espiritualidad cristiana con el consejo psicológico, lo que constituye una perspectiva más holística e integral que simplemente un enfoque psicológico.

Al igual que otros trabajadores sobre el terreno, he aprendido a fuerza de errores he aprendido a ser cuidadosa con la persona que busco cuando siento la necesidad de recibir consejo de cualquier tipo. Solo porque alguien tenga una licencia profesional o se haga llamar consejero o consejera, no significa que esa persona sea «adecuada» o entienda la situación de alto riesgo. La profundidad de la espiritualidad de una persona, su conciencia personal con Cristo y su intimidad con Él es la profundidad en la que dicha persona puede ayudarte, independientemente de su acreditación.

Ora sobre con quién quiere Dios que te encuentres ¿Es un consejero? Si es así, ¿qué consejero? Conoce a algunos de ellos y asiste a la reunión introductoria para ver qué tan cómodo te sientes con esa persona. Consigue referencias y pide evaluaciones acerca de los consejeros ¿Necesitas ver más bien a alguien con formación en la oración de sanación interior? Así como en el riesgo, la guía del Espíritu Santo es esencial a la hora de recuperarse de la situación de riesgo. Él sabe lo que necesitas y quién te ayudará más.

Una dulce gracia

Estoy firmemente convencida de que, incluso en el riesgo, el Señor nos guía dulcemente. Me encanta la dulzura con la que el Señor nos habla en Isaías 40. En particular, en el versículo 11 que dice: «Como pastor apacentará su rebaño, en su brazo recogerá los corderos, y en su pecho los llevará; guiará con cuidado a las recién paridas».

Agarra un vaso de cristal y una jarra de cristal transparente. Llena la jarra hasta arriba en el fregadero de tu cocina. Luego llena también el vaso de agua hasta arriba. Con suavidad, pon el vaso dentro de la jarra y observa cómo se derrama el agua. Tú eres el vaso y estás inmerso en la jarra de la gracia de Dios que nunca se seca. Vierte mentalmente la gracia de Dios sobre toda la situación a la que haces frente y sobre cómo te sientes en lo que a ti respecta. Estás inmerso en Su gracia en la situación de riesgo, sin importar lo que hayas hecho o cómo te encuentres. Detente y respira profundamente. Imagina Su gracia fluyendo a tu alrededor. Esto es una realidad[221].

La resiliencia al riesgo no se aprende de los libros, sino de experiencias repetidas en el riesgo. Algunas veces, fracasamos a la hora de responder con gracia en el riesgo. Sin embargo, los seguidores de Cristo maduros se caracterizan por su perseverancia. No te rindas. Opta por no castigarte, pero pídele ayuda a Dios para hacer frente a tu realidad y que te ayude a ver claramente y a seguir adelante.

Aplicación

1. A partir de la discusión sobre cómo se vinculan nuestras emociones a los riesgos que percibimos, ¿de qué forma distinta pensarás en el riesgo y lo analizarás?

2. ¿Qué harás para ser más consciente de tus emociones al tomar decisiones?

3. ¿Qué harás para tener más conciencia de las emociones de tu familia y de tus compañeros de trabajo tanto en el riesgo como al tomar decisiones?

4. ¿Qué cambios debes hacer para manejar tus miedos?

Resumen del Capítulo 10

1. Cómo integrar las emociones y la toma de decisiones:

   - Cómo determinar la fuente de nuestras emociones. Hay dos fuentes principales en el riesgo: las emociones vinculadas al riesgo percibido y el estado emocional de nuestra vida interior.

   - Cómo manejar nuestras emociones cuando hacemos frente al peligro. «Nombrar para dominar»; aprender a identificar nuestras emociones y normalizar nuestros sentimientos.

   - El impacto de nuestras emociones en la toma de decisiones y en el riesgo. Las emociones influyen en la toma de decisiones de cuatro formas: dan información, actúan como un foco, como un factor de motivación y como moneda de uso común.

2. Un poco de miedo no te hará daño. Nos permite saber que no estamos «insensibilizados» con respecto a los riesgos a los que hacemos frente.

3. El lado malo del miedo es que este puede minimizar nuestra percepción del nivel de riesgo al que nos enfrentamos. Las personas temerosas hacen juicios pesimistas sobre los riesgos, mientras que las personas enojadas hacen juicios más optimistas[222]. El prestar atención al grado de temor que se experimenta será importante para determinar nuestras respuestas a los peligros[223]. El miedo nos hace pensar que los riesgos son mucho mayores, mientras que la ira nos hace percibir los riesgos como menores[224].

4. Cuando actuamos con miedo, no somos objetivos y se nos ocurren ideas insensatas, y o bien exageramos o bien reaccionamos de forma pasiva al nivel de amenaza. Esto hace que saquemos conclusiones erróneas de las motivaciones de las personas porque no nos tomamos el tiempo para hacer preguntas esclarecedoras. Tomamos decisiones que resultan en juicios erróneos. Tampoco nos ocupamos de nuestras tareas diarias porque estamos demasiado preocupados por el futuro.

5. Cuando sentimos miedo, ¿cómo es actuar con fe? Discernimos qué causa nuestros miedos, qué situaciones, patrones de pensamiento o mentiras

hacen que caigamos en una espiral de un miedo abrumador. También reconocemos los aspectos físicos de nuestras situaciones de miedo.

6. Preocupación: una forma del miedo menos intensa. El contar con información reduce nuestra preocupación y, a menudo, aumenta nuestra resiliencia emocional.

7. El riesgo de espanto: ¿cuál es la causa del mayor de tus miedos? El espanto es una emoción y tiene un impacto sobre nuestra percepción del riesgo.

8. Miedo crónico agudo: el vivir en situaciones de alto riesgo crónico tendrá en nosotros un impacto físico, emocional, mental y espiritual. La manera como respondamos diariamente dictará si crecemos en una valentía y resiliencia maduras o si acabamos sufriendo agotamiento.

9. Una respuesta pastoral: la resiliencia al riesgo no se aprende de los libros, sino de las experiencias repetidas en el riesgo. Algunas veces, fracasamos a la hora de responder con gracia, pero los seguidores de Cristo maduros se caracterizan por su perseverancia. No te rindas. Opta por no castigarte; en cambio, pídele ayuda a Dios para hacer frente a tu realidad y que te ayude a ver claramente y a seguir adelante.

capítulo 11
La mayordomía en el riesgo

Ya he hablado de los aspectos bíblicos de la mayordomía y el riesgo. El siguiente desafío es integrar «un enfoque racionalista del arriesgarse» con un fundamento bíblico del riesgo, permitiendo que la guía del Espíritu Santo elija poner potencialmente a un creyente en la situación de entregar su vida y quedarse[225]. Cuando seguimos la guía de Dios hasta entornos peligrosos, es normal experimentar una tensión constante entre dos extremos del arriesgarse y de la mayordomía. La mayordomía bíblica implica responsabilidad, de modo que la evaluación del riesgo terrenal debe armonizarse con el discernimiento bíblico. La tensión siempre se debe mantener en perspectiva.

En su libro «*Spiritual Leadership: A Commitment to Excellence*» [«*Guía espiritual: un compromiso con la excelencia*»], J. Oswald Sanders escribe: «Los mayores logros en la historia del [servicio transcultural] han llegado de líderes cercanos a Dios que corrieron riesgos calculados y valerosos. Una cantidad mucho mayor de fracasos es el resultado de un exceso de cautela más que de audaz experimentación con las nuevas ideas»[226]. Sin embargo, debemos recordar que «las decisiones más importantes que normalmente tomamos se dan bajo condiciones complejas, confusas, poco definidas o aterradoras»[227].

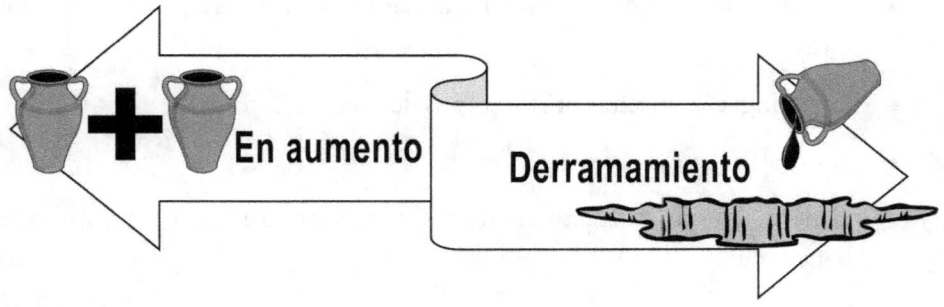

Ahora empezamos a esbozar cómo es estar en medio del polvo de cualquier yurta, cabaña, apartamento o casa en la que vivimos. La consideración integral de todos los elementos que se deben administrar requiere el hacer una lista de esos elementos y examinarlos sistemáticamente mucho *antes* del evento de riesgo. La mayordomía significa que organizamos todos los elementos en los que podemos pensar en nuestras vidas y que tenemos una idea de cómo gestionarlos lo mejor que podamos en el momento de riesgo. Primero nos preguntamos: «¿qué o a quién me ha dado Dios para administrar?

La mayordomía incluye los componentes físicos y no físicos que hay que administrar o arriesgar. También incluye la mayordomía de uno mismo en términos de nuestra relación con Dios, nuestra relación con los demás y la mayordomía de nuestra vida interior.

La mayordomía de los recursos

En primer lugar, la mayordomía de los recursos incluye los elementos físicos y no físicos (intangibles) que se deben administrar en situación de riesgo. Esto incluye todas las cosas y personas que tengo la responsabilidad de administrar externas a mí.

Entre los recursos físicos se incluyen:

- Oficina, el contenido de la oficina y la documentación. (¿Necesitas destruir documentos sensibles para la seguridad?).

- Maquinaria. (¿Cómo administras la maquinaria, ya sea de tu organización o tuya?).

- Tecnología (computadoras, equipos de acceso a internet).

- Auto oficial o del proyecto.

- Dinero (dinero en efectivo, tarjetas de crédito, dinero que tengas en el banco local).

- Pasaportes y documentos personales (p. ej., visados, certificados de nacimiento, certificado de matrimonio, etc.).

- Casa, artículos irremplazables de la casa y el contenido de esta.
- Cosas de los expatriados de las que seas responsable.
- Hijos.
- Familia en casa y el impacto sobre ella.
- Vehículo personal.
- Personal nacional afectado por tu presencia o ausencia.
- Creyentes nacionales afectados porque corres un riesgo.
- No creyentes que verán obrar a Dios.

Entre los recursos no físicos se incluyen:

- Oportunidades potenciales de regresar (aprobaciones de visado, invitaciones).
- Buena voluntad de los creyentes nacionales.
- Oportunidades potenciales de quedarse.
- Oportunidades potenciales de comunicar el amor de Dios.
- Permiso, bendición y aprobación de los líderes.
- Bendición de los socios en nuestro lugar de origen.
- Salud personal.
- Energía física personal.
- Energía mental personal.
- Información. (¿Cómo necesitas administrar la información dirigida a la familia, al equipo, a la comunidad y a los socios en nuestro lugar de origen? ¿Qué aparece en las redes sociales y medios de comunicación nacionales? ¿Quién es tu interlocutor designado?).

La mayordomía sobre uno mismo

Idealmente, tal como narra Paul Richardson: «La mayoría quieren ser solucionadores de problemas, y responden con palabras sabias a los otros a la vez que viven vidas valientes y gozosas»[228]. La mayordomía sobre uno mismo significa prestar atención a lo que le está ocurriendo a tu relación con Dios, con los demás y en tu vida interior.

Relación con Dios: tu relación con Dios incluye la conciencia de dónde estás en tu viaje espiritual y los elementos que llevan a la fe (Capítulo 6), así como las preguntas básicas que haces a Dios (Capítulo 7). El examinar los elementos y enumerarlos en una hoja de papel donde todos puedan verse te dará una mejor imagen de lo que Dios puede estar haciendo en ti a través del evento o la situación de riesgo transcultural.

Relación con los demás: ¿cómo respondes a tu familia, compañeros de equipo y colegas nacionales? En cuanto a tus líderes y autoridades, ¿cómo les respondes?

Emociones y patrones de pensamiento: ¿a qué mitos del riesgo te has aferrado? ¿Qué expectativas sobre ti mismo no has cumplido o ya has cumplido en situación de riesgo hasta el momento? ¿Qué patrones mentales o emocionales se te revelan cada vez más en el acontecimiento o la situación de riesgo? Cuando consideras tu mayor temor en el riesgo, ¿qué revela eso no solo de tu pregunta básica a Dios sino de aquello a lo que has intentado aferrarte? ¿Cómo manejas tu miedo o ansiedad ahora mismo?

Cuerpo físico: esto puede dividirse en dos partes: tu energía y tu salud física en general. En cuanto a tu energía, ¿qué sería útil para administrar tu energía mental y emocional para que tengas «margen» ante las emergencias y crisis que surgen en la situación de riesgo?

Por lo que respecta a tu salud física, es común que en situaciones de crisis se necesite dormir más. Algunas veces, Neal y yo nos íbamos a dormir por la tarde cuando los niños estaban acostados, algunas veces no más tarde de las siete y media. No siempre tenía apetito, pero una evaluación básica de las calorías necesarias para alimentar mi cuerpo me llevó, por obediencia y la administración de mi salud, a comer los alimentos necesarios para poder seguir adelante. Consideraba el cuidar de mi cuerpo para poder resistir lo mejor posible como un servicio espiritual para Dios.

La mayordomía de los hijos y del riesgo

Para nuestros pequeños en fase de desarrollo, los factores estresantes sobre el terreno, si papá y mamá no los definen minuciosamente, podrían conducir potencialmente a problemas emocionales, mentales o espirituales. Nosotros monitoreábamos continuamente cuánta información era saludable dar a cada hijo según sus edades en la situación de riesgo. No hay ninguna guía para esto.

Como madre, mi tarea consiste en explicar y «definir» a mis hijos la realidad de lo que está pasando. Es importante no mentir a los pequeños. Cuando pregunten qué pasa, define los disparos o la explosión o la amenaza con un lenguaje que puedan entender. Los niños pequeños tienen una imagen del mundo especialmente simplista: hay «buenos» y «malos».

En casa, solíamos hacer simulacros para practicar el «buscar refugio». Tras un simulacro, puesto que había habido una turba por los alrededores de nuestra casa, yo estaba metiendo en la cama al más pequeño, Danny, que por aquel entonces tenía unos cuatro o cinco años. Él me dijo: «Mami, si vienen los malos, yo te protegeré, ¿bien?», y me mostró que había metido su pistola de juguete Nerf bajo la almohada ¡Me quedé muy impresionada con el instinto de protección masculino! Reafirmé su deseo de protegernos y le llené la cara de besos esa noche. Mi niño necesitaba saber quiénes eran los buenos y quiénes los malos, y que alentaran su deseo de ayudar.

La crianza de los hijos en situaciones de alto riesgo es un estilo único para cada niño minuto a minuto que mamá y papá disciernen mejor consultando a otros padres que han tenido experiencias similares. Un psicólogo infantil u otra persona con experiencia en cómo responden los niños pequeños en situaciones de crisis también pueden ser de ayuda aquí, pero has de discernir bien al incorporar sus comentarios. Quienes no son conscientes de la extraordinaria resiliencia que a menudo desarrollan los niños que viven en terceras culturas al crecer en entornos peligrosos pueden no ser capaces de equilibrar adecuadamente esta extraña realidad.

Elaboramos una guía para informar a niños de forma laica sobre el terreno en situaciones de alto riesgo. Esta guía no está concebida para reemplazar una información psicológica adecuada de los niños por parte de un experto, pero se puede capacitar a los padres para que extraigan cuidadosamente información de sus hijos y los ayuden a procesar sus sentimientos. Lo importante es hacerles preguntas abiertas sin darles las palabras para que describan cómo se sienten. A menudo, algunos objetos maleables que les gusten, como la plastilina o los lápices de cera, un coche de juguete, Legos u otros objetos manuales pueden ayudarlos a explicar sus sentimientos.

Preparación para el riesgo: elaborar estrategias de resistencia

Existen algunas estrategias de resistencia increíblemente buenas que permiten a uno prepararse mejor para atravesar bien el riesgo.

Preparación física

Si bien no todas las condiciones de riesgo son iguales, existen con frecuencia procedimientos consistentes para prepararse para crisis en entornos precarios. Estos son algunos de los que recomendaríamos.

Sé organizado: mantén organizados tu armario y tus cajones de trastos. Era estresante cuando solo contaba con treinta y seis horas para la evacuación. Me desalentaba por mi falta de organización y el estrés añadido resultante en una situación que ya era de alto riesgo. Al mantener todas las cosas organizadas, podía fotografiar rápidamente todo el contenido de mi casa para recordar lo que tenía y lo que podía perder. Organizábamos nuestra preparación física en el transcurso de un periodo de tiempo de cinco minutos, de dos horas y de dos días.

Hazlo simple: no lleves a los entornos de alto riesgo artículos físicos que lamentarás perder. Vive de manera sencilla. Digitalizamos nuestra música y nuestras fotos y manteníamos nuestros recuerdos personales por debajo de los dos kilos de peso. Toma estas decisiones de manera proporcional al nivel de riesgo en el que te encuentres.

Mantén reservas apropiadas: algunos entornos pueden requerir una reserva de comida. Yo tenía a la mano un suministro de dos semanas de frijoles y arroz. Cambiaba los frijoles y el arroz regalándolos siempre que un mendigo se acercaba a la puerta. Esto hacía que el suministro siempre estuviera fresco, puesto que mi familia no podía comérselo antes de que «le salieran bichos». Puede que también tengas que prepararte para otras carencias potenciales. Una reserva de agua extra mantenida en un barril limpio con tapadera puede reducir el estrés en la situación de alto riesgo. Cambia el agua cada pocas semanas, pero mantén el barril siempre lleno.

La electricidad suele cortarse en momentos de caos, así que es sabio planear de antemano y tener todo lo necesario para cargar los celulares y contar con un poco de luz por la noche. El mantener una reserva de queroseno para los faroles, de pilas para las linternas y un cargador solar para los celulares es una buena preparación ante posibles momentos de caos. Evalúa la posibilidad de que puede que no haya recursos disponibles y cuáles serían las consecuencias en caso de no poder conseguirlos. Cada situación es única, así que resulta esencial dedicar tiempo a evaluar el riesgo ante posibles escenarios.

Conserva una copia de seguridad de los sistemas de comunicación: en los países de alta tecnología, incluso cuando se produce una situación de caos, los sistemas de telefonía celular se caen a menudo. Si sigue funcionando internet, entonces será muy útil la comunicación por Skype y otros medios de internet. En el caso de quienes viven en las situaciones de máximo riesgo, un teléfono satelital es imperativo. Haz todo lo que puedas para adquirir uno de estos teléfonos y mantenlo cargado. Esa llamada en la situación de emergencia hará que el costo bien valga la pena.

Ten a mano dinero en efectivo: ten a mano suficiente dinero contante y sonante para poder pagar el transporte para sacar a tu familia de un peligro inminente.

Cuenta con opciones de evacuación médica: en caso de problemas de salud, cuenta con planes de evacuación médica en la medida de lo posible ¿A dónde te van a evacuar para tratarte y cómo vas a pagar por ello?

Cuenta con un plan de respuesta ante secuestros: el hecho de saber lo que debíamos hacer en el caso de que alguien de nosotros fuese secuestrado demostró ser un importante factor reductor del estrés en situaciones de alto riesgo. En nuestro caso, Neal y yo acordamos que si alguno de los dos sufría un secuestro, tomaríamos los niños y abandonaríamos el país inmediatamente. De esta forma, el cónyuge en situación de secuestro sabrá que la familia está a salvo y se podrá centrar mejor en sobrevivir al secuestro. También es importante llegar a un lugar seguro en el que la familia no sea el blanco de secuestradores, así como un lugar donde conseguir ayuda en caso de posibles problemas de telecomunicación.

Ten un plan de respuesta ante muertes prematuras: normalmente, cuando un trabajador transcultural fallece sobre el terreno, el funeral se realiza en el lugar del fallecimiento. Dejamos claro a nuestras familias que no queríamos que el dinero que teníamos se usara para repatriar nuestros cuerpos. Esperábamos que nos enterraran en el lugar donde falleciéramos.

El contar con unas claras expectativas por escrito con la familia ampliada en nuestros lugares de origen sobre todas estas cuestiones también ayudará a reducir el estrés de nuestros familiares. El conocer tus deseos en cualquiera de estos escenarios de alto riesgo será un consuelo para ellos al pasar por el duelo y la pérdida desde la distancia. Es un detalle amable para con ellos. Tanto Neal como yo tenemos por escrito nuestros deseos fúnebres con el fin de minimizar el estrés que sentirá el otro si pierde a su cónyuge. Nos preparamos para la muerte en las situaciones de alto riesgo cultivando hábitos diarios con los que queremos caracterizar nuestras últimas veinticuatro horas en la tierra. Estamos listos para morir en cualquier momento[229].

En términos relacionales, ¿hay algunas cuestiones de las que tengas que ocuparte? El tener una conciencia clara entre tú y los demás y entre tú y Dios también te ayudará a hacer frente a la muerte de manera más sosegada ¿Les has dicho «te quiero» a tus amigos y familiares últimamente? ¿Hay personas a las que aprecias mucho pero nunca les has dicho qué es lo que aprecias de ellas?

Preparación de políticas

La discusión acerca del pensamiento conceptual frente al pensamiento situacional en el Capítulo 8 hacía referencia a las implicaciones de contar con políticas que sigan un único enfoque válido para todas las situaciones. No hagas que tu gente mitigue riesgos que no son los suyos. Esto es una pérdida de tiempo y de energía, dos recursos que tenemos que administrar sobre el terreno en situaciones de alto riesgo.

Sin embargo, para cada situación de riesgo, una administración responsable de los recursos significa que se lleva a cabo una cierta mitigación y planificación de los riesgos evaluados para esa situación. Esto incluye hablar con otras personas importantes (cónyuge, iglesia emisora, socios y organizaciones) para que se despliegue a las personas apropiadas para manejar las negociaciones, la comunicación de riesgos (p. ej., medios de comunicación) y todas las demás repercusiones de cualquiera de estos eventos. Hay agencias por todo el mundo especializadas en asesorar a las agencias humanitarias sobre este tipo de planificación. Los acontecimientos de riesgo clave, si representan un riesgo en tu área, deben ser planificados. Estos son algunos puntos (la lista no es exhaustiva).

- El pago de rescates, causa de extorsión: ¿autorizas el pago por ti o por la persona que amas?
- Negociación con secuestradores y tomadores de rehenes: ¿quién hará esto?
- Reubicación familiar: ¿cómo se llevará a los niños a un lugar seguro y quién tiene permiso legal para hacerlo?
- Notificación a los gobiernos en situación de secuestro o de rehén: ¿quién hablará con los gobiernos?
- Planes de contingencia: ¿quién puede ayudarte a elaborar estos planes?
- El equipo de gestión de crisis: ¿quiénes lo formará?

- Gestión de la información: ¿quién será tu portavoz?
- Servicio pastoral: ¿qué pastor que conozcas entiende tu situación y puede prestar un servicio apropiado para ti y para tus hijos?
- Autoridad de evacuación: ¿quién decide cuándo nos vamos?
- Criterios de evacuación: ¿cuáles son los parámetros para saber cuándo tenemos que irnos?

Plan de evacuación[230]

Una forma clave para reducir los factores de estrés y aumentar la resiliencia personal es tener siempre una lista de los objetos que llevarse en una evacuación y la lista de las cosas que hacer de las que hay que cuidar si hay que abandonar a toda prisa la casa o la oficina. La lista de evacuación se organiza por tiempos: ¿qué te llevarías si solo tienes cinco minutos para tomar los objetos y el límite es de dos kilos? ¿Y ocho kilos? ¿Y si contaras con treinta minutos para prepararte? ¿Hay tiempo para tomar o destruir ciertos documentos? ¿Y si contaras con entre veinticuatro y treinta y seis horas para dejar el país y te pudieses llevar una maleta?

Tener esta lista organizada y lista ayuda a que tu mente se relaje al saber que hay un plan y que no tienes que confiar en tu memoria en una situación bajo presión. Mantén la lista de objetos que llevarte y cosas que hacer en un lugar seguro de fácil y rápido acceso en una emergencia. Prioriza la lista y guíate por ella sistemáticamente cuando aflore una emergencia. La lista puede incluir el juguete preferido de tu hijo y quizás un recuerdo muy preciado. De vez en cuando, toma fotos de los juguetes de tus hijos para que recuerden lo que les era querido en ese momento. Y haz una nota junto a cada objeto de la lista indicando en qué parte de la casa se encuentra para encontrarlo y llevártelo rápidamente.

Procesa los documentos que hay que destruir o quemar. No dejes que se amontonen demasiado. Eso ayuda a mantener los papeles impresos al mínimo (los que no quieres que caigan en manos equivocadas). Como ya mencioné, mantén los armarios y los cajones de trastos bien organizados, ya que el tener que buscar en cinco minutos para encontrar ciertos objetos es un importante factor de estrés. Considera tomar fotos digitales de todas las áreas de tu casa un par de veces al año; te serán muy útiles si tienes que desalojarla a toda prisa ¿Has traído demasiados «recuerdos»? Considera llevar algunos de estos de vuelta a tu país de origen la próxima vez que tengas oportunidad. Vivir sin las cargas de las «cosas» nos ayuda a centrarnos en lo que de verdad es eternamente importante.

Criterios de evacuación

El análisis del riesgo incluye el hablar sobre qué criterios nos guían a la hora de determinar cuándo salir de la situación de riesgo. Y también queremos una guía para saber cuándo sacar a todo el equipo. En otras palabras, tenemos que preguntar: «¿Cuándo ya no es sostenible la comunidad si se van ciertas agencias?». Por ejemplo, donde nosotros estábamos ubicados, si se iba una organización específica, ya no hubiera habido suficientes maestros disponibles para la escuela internacional y, por lo tanto, otras agencias y organizaciones no habrían podido quedarse.

Los criterios de evacuación también se tienen que determinar en el caso de los individuos ¿Quién determina estos criterios? Los criterios de evacuación serán diferentes para cada persona o familia. Idealmente, esta es una decisión que se toma dialogando con otros que entienden la situación de riesgo.

Lo ideal es que los criterios de evacuación se establezcan antes de entrar en riesgo y que luego se reevalúen constantemente. Es importante definir y describir los criterios de evacuación para protegernos de volvernos insensibles e inconscientes de la creciente violencia y de los crecientes niveles de riesgo. La evaluación de riesgos racional ayuda a discernir cuándo se han alcanzado los criterios de evacuación fijados previamente. Entonces, puede tomarse una decisión en oración, dialogando con los demás sobre si el Señor está llamando a uno a quedarse o a irse en esa situación de riesgo.

Métodos de resistencia

Elaborar mecanismos de resistencia (de supervivencia) individuales y de equipo saludables en situaciones de alto riesgo y de alto estrés resulta crucial para resistir, especialmente en situaciones de riesgo a largo plazo como el «confinamiento» de ocho meses que mencioné antes. Como equipo, como persona de servicio pastoral o como individuo, es crucial evaluar e incorporar mecanismos de resistencia para que estos lleven a la resiliencia e incluso al crecer en el riesgo.

En el riesgo, me resultó útil «sistematizar» mis mecanismos de resistencia en categorías distintas. La razón de esto es que el riesgo a largo plazo es un esfuerzo tan agotador que el evaluarme a mí misma sistemáticamente me ayudó a considerar todos los aspectos de mi vida. Me ayudó a prestar atención a mi cuerpo, a mi mente, a mis emociones y a mi caminar en la fe. Obviamente, será distinto para hombres y mujeres, y también para los niños, pero así es como me evalué a mí misma como madre joven en situación de riesgo a largo plazo.

Herramientas físicas para hacer frente a los problemas

¿Necesito comida, dormir, tiempo libre de las tareas domésticas o del trabajo? ¿Necesito tan solo un «dulce» o bocado reconfortante? Aunque no abogo por la glotonería, algunas veces una comida casera es restauradora. Yo tenía un armario de dulces como chocolates al que recurrir en ocasiones ¿Qué te sirve para tomarte un momento de calma y paz?

Se me viene a la mente una anciana que llamó al día siguiente del grave robo que sufrimos en casa y dijo: «Iré a visitarlos el jueves, y cocinaré para ustedes durante todo el día. Les haré pizza, *stromboli*, rollos de canela y pan, y usaré una receta que luego les dejaré». Lo que esta mujer hizo ese día fue significativo: llenó nuestra casa recién invadida con los olores de la comida, nos alimentó y me dio una herramienta (la receta) para que yo la repitiera después. Es *la* receta que me ha acompañado durante todos estos años cocinando para mi familia. Evidentemente, ese día nos sentimos amados con toda la buena comida «reconfortante» que había en nuestra casa. (He incluido la Receta de recuperación tras robos de «B» en el apéndice D).

Herramientas mentales y emocionales

¿Necesito simplemente desahogarme llorando? ¿Necesito escapar a través de un buen libro o entretenimiento? ¿Qué actividades físicas traerán calma a mi mente y a mi alma? En mi caso, descubrí que necesitaba una hora todos los días, aparte de mis momentos de tranquilidad, para estudiar y leer un libro espiritual o teológico.

Se me renovaba el alma cuando mi esposo podía ocuparse de los niños y darme esa hora.

Neal y yo raramente hemos podido salir para tener una cena romántica, y mucho menos cuando los niños eran pequeños. Esto se debía a que a menudo era demasiado peligroso ir a la ciudad de noche y, tras el robo, redujimos al mínimo los momentos en los que dejábamos a nuestros hijos solos por la noche. Así que, solíamos tener una «noche de cita» en la que preparábamos un café nocturno especial y nos sentábamos los dos juntos en el porche en la paz de la noche. Solíamos leer juntos el capítulo de un libro y hablar sobre él, lo que nos estimulaba la mente en lo referente a un tema ajeno al trabajo, y, emocionalmente, podíamos conectarnos fuera del estrés de la situación de alto riesgo en la que vivimos durante tantos años.

Herramientas espirituales para hacer frente a los problemas

¿Necesito simplemente pasar tiempo adorando? ¿Cómo puedo desvincularme del estrés del día y dárselo al Señor? Hicimos cuentas para comprar videos de adoración y, a través de estos, pudimos «asistir» a conciertos de algunos de nuestros cantantes cristianos favoritos. Cuando sentíamos que no teníamos energía para adorar, estos videos nos ayudaban inmensamente. Hubo un tiempo en el que todos los días Neal llegaba a casa del trabajo y escuchaba la misma canción de adoración antes de poder despojarse de todos los problemas del día.

Había un sermón de un predicador particular que escuchamos casi media docena de veces. Ese fue el único sermón que escuchamos tantas veces. Pero nos ayudaba a replantear nuestra perspectiva sobre el riesgo y a fortalecer nuestra fe cuando estábamos agotados espiritualmente ¿Qué predicador o qué sermones han sido alentadores para ti?

Herramientas sociorrelacionales

¿Necesitamos tomar un café con un amigo? ¿Necesitamos tener una fiesta o solo relajarnos? Solíamos dar una gran fiesta una vez al mes e invitar a amigos a que vinieran y comieran pizza con nosotros. Era impresionante cómo una buena pizza hacía que los invitados se relajaran y compartieran sus vidas. El reírnos juntos, incluso con «humor negro», nos ayudaba a resistir juntos.

Durante esa época, deliberadamente hacíamos hablar a nuestros amigos para oír historias de transformación eterna fruto de sus proyectos de trabajo. Esto era siempre una clave muy importante para nuestra resiliencia: cuando podíamos ver el significado combinado de nuestro trabajo como comunidad. Repetíamos esas historias a nuestros hijos y, eventualmente, a nuestros socios en nuestros lugares de origen, para que el Cuerpo de Cristo se sintiese alentado. Dios estaba obrando a través de todos nosotros, y esto nos llenaba de ánimo para seguir resistiendo.

Herramientas para el estrés cultural y de la seguridad

En situaciones de alto riesgo, el estrés cultural y los problemas de seguridad resultantes tienen por lo general un impacto en la resiliencia ¿Qué formas te han resultado útiles para lidiar con el estrés cultural? El humor es un factor importante para la salud mental en estas situaciones de alto riesgo. El reunirse con amigos en situaciones sociales ayuda a que el humor fluya y alivia el centrarse en la amenaza de muerte por un momento. Como comunidad, necesitamos estos «descansos» en situaciones de un alto estrés.

Nunca olvidé una divertida fiesta que una buena amiga dio en los días en los que Kabul estaba controlada por los talibanes. Ella informó a la comunidad de expatriados que iba a dar una fiesta de *La novicia rebelde*, y que todo el mundo debía venir vestido como un personaje de la película. Mi amiga tuvo la película en el televisor toda la noche e hizo que todos se parasen en las escaleras y cantaran la canción «Buenas noches, adiós» de la película al final de la noche. Fue una fiesta de pura diversión ¡Esto relajó el estrés durante una noche y edificó la unidad del Espíritu en la comunidad!

Aplicación

1. Al mirar a la lista de objetos que hay que administrar, ¿hay algo que se deba añadir a *tu* lista?

2. ¿Cómo puedes minimizar el número de objetos que necesitas administrar y reducir el estrés en situaciones de riesgo?

3. ¿Qué te impide tomarte el tiempo para evaluar y analizar aquello a lo que estás llamado a administrar?

Resumen del Capítulo 11

1. La mayordomía de los recursos: la mayordomía incluye los componentes físicos y no físicos que se deben administrar o arriesgar. También incluye la mayordomía de uno mismo en términos de nuestra relación con Dios, nuestra relación con los demás y la mayordomía de nuestra vida interior.

2. Los hijos y el riesgo: en cuanto a nuestros pequeños en fase de desarrollo, los factores de estrés sobre el terreno, si no los planteamos cuidadosamente, podrían conducir potencialmente a problemas emocionales, mentales o espirituales. Nosotros monitoreábamos continuamente cuánta información era saludable para cada niño según sus edades en la situación de riesgo.

3. Preparación para el riesgo: existen algunas estrategias de resistencia increíblemente buenas que permiten estar mejor preparados para atravesar bien el riesgo, lo que incluye el mantenerse organizado, hacer las cosas simples, tener un suministro de comida y agua para dos semanas, hacer copias de seguridad de los recursos de comunicación, dinero en efectivo, planes de evacuación médica y la planificación ante secuestros y qué hacer si fallecemos.

4. Plan de evacuación: una forma de reducir los factores de estrés y aumentar la resiliencia personal es mantener siempre una lista de objetos que llevarse en una evacuación y otra de las tareas que hay que hacer si hay que abandonar a toda prisa la casa o la oficina.

5. Criterios de evacuación: el análisis del riesgo incluye hablar sobre qué criterios nos guían a la hora de determinar cuándo salir de la situación de riesgo, y cómo saber cuándo evacuar a todo el equipo.

6. Métodos de resistencia: el elaborar mecanismos de resistencia (supervivencia) individuales y de equipo saludables en situaciones de alto

riesgo y de alto estrés resulta crucial para la resistencia, especialmente en situaciones de riesgo a largo plazo.

- Herramientas físicas: ¿necesito comida, dormir, tiempo libre de las tareas domésticas o del trabajo? ¿Necesito simplemente una comida reconfortante? Aunque no defiendo la glotonería, a veces una comida casera es restauradora.

- Herramientas mentales y emocionales: ¿necesito simplemente desahogarme llorando? ¿Necesito escapar a través de un buen libro o entretenimiento? ¿Qué actividades físicas traerán calma a mi mente y a mi alma?

- Herramientas espirituales: Neal y yo hicimos cuentas para comprar videos de adoración y, a través de estos, pudimos «asistir» a conciertos de algunos de nuestros cantantes cristianos favoritos.

- Herramientas sociorrelacionales: solíamos dar una gran fiesta una vez al mes e invitar a amigos a que vinieran y comieran pizza con nosotros. Era impresionante cómo una buena pizza hacía que los invitados se relajaran y compartieran sus vidas.

- Herramientas para el estrés cultural y de la seguridad: ¿qué formas te han parecido útiles para lidiar con el estrés cultural?

capítulo 12
La gestión del riesgo del peligro

El conocimiento sin coraje es inútil. [...] El coraje sin conocimiento nos conduce a los más abominables de los desastres[231].

La gestión del riesgo del peligro incluye tanto la evaluación del riesgo como la gestión del riesgo (mitigación). Debe haber un equilibrio entre el análisis del riesgo racional y el análisis del riesgo efectivo para descubrir qué coraje real se necesita para esa situación en particular. El equilibrio será diferente en cada situación y para cada persona, lo que conduce a varias preguntas: ¿cuál es la diferencia entre estos dos tipos de análisis? ¿Cómo sé que he alcanzado un buen equilibrio en los análisis? Y si *debe* haber un equilibrio, ¿cuál es entonces el riesgo si estoy en desequilibrio? En este capítulo intentaré dar respuesta a estas tres preguntas.

La información del riesgo debe ser específica y clara con el fin de minimizar de la mejor manera los peligros y las pérdidas del riesgo. En este capítulo, explico una forma racional y sistemática para analizar los peligros específicos en cualquier situación de riesgo transcultural. Cada paso se basará en el siguiente. El lugar más seguro para un avión es el parqueadero al refugio de su hangar; pero un avión no se creó para permanecer en un hangar. Antes de utilizar un avión para que haga aquello para lo que se creó, primero se usan recursos para evaluar las condiciones del entorno de vuelo, del avión y de su tripulación.

La seguridad y la protección de las personas y los recursos son importantes. El capítulo acerca de la mayordomía trató el discernimiento para saber qué tipo de mayordomía de los recursos de Dios, incluidas las personas, debe hacerse en cada situación de riesgo. Pero la seguridad también puede idolatrarse. Algunas organizaciones y equipos se obsesionan con la seguridad y la protección y, por lo tanto, no dan el paso para adentrarse en el fragor de la batalla. «La esposa del arzobispo Mowll dijo: "Las fronteras del reino de Dios nunca avanzaron por hombres y mujeres precavidos"»[232]. La seguridad no es la guía definitiva para perseguir los propósitos del reino.

Debemos hacer un análisis del riesgo racional como parte de la toma de una decisión informada. La tarea consiste en tomarse el tiempo para examinar tantos hechos sólidos como sea posible y dedicar tiempo a pensar detenidamente en ellos de manera racional. Esto puede ser una tarea difícil cuando nos enfrentamos a situaciones peligrosas. Al principio, puede que el hacer frente al riesgo nos cause ansiedad, lo que interfiere con nuestras habilidades para percibir claramente la realidad. Puede que nos veamos dando demasiada importancia a hechos inmateriales y pasando completamente por alto especificidades llamativas.

El usar una herramienta imparcial para el análisis del riesgo racional es una forma eficaz de protegerse contra la tendencia a tomar decisiones irracionales e impulsivas cuando se responde a una situación de riesgo. Una buena herramienta tendrá un impacto fácil de entender y ofrecerá datos de probabilidad, y lo hará de manera consistente para que los riesgos se puedan evaluar y priorizar en relación entre sí. También debe ser lo suficientemente dinámico como para resistir a los cambios, ya que el entorno cambia. Al examinar los hechos, a menudo nuestra ansiedad se reducirá al reconocer que la misma realidad (basada en los hechos actuales) es diferente de la realidad percibida (el confuso «remolino» mental antes de documentar y plasmar los riesgos en gráficos sobre el papel).

Una herramienta de evaluación básica

Un buen punto de partida para la evaluación (especialmente en entornos de un bajo riesgo relativo) es simplemente plasmar los acontecimientos de riesgo potenciales sobre un gráfico con dos ejes, uno reflejando la gravedad de las consecuencias y, el otro, la probabilidad de que se produzca el acontecimiento de riesgo. El resultado es un instrumento que representa visualmente las dos preguntas fundamentales de la evaluación del riesgo: «¿Qué podría pasar?» y «¿Qué tan malo sería?», a la vez que añadimos preguntas de evaluación: «¿Qué probabilidad hay de que ocurra?».

Pongámoslo en práctica abordando algunos riesgos en un escenario ficticio. Comenzaremos abordando la pregunta de «¿qué podría pasar?». Digamos que en nuestro entorno imaginario los accidentes, el robo, el que uno pierda su visa y el asesinato son todos acontecimientos de riesgo posibles. Ya hemos definido los acontecimientos que deseamos plasmar en nuestro gráfico, continuemos ahora con las otras preguntas de evaluación.

«¿Qué tan malo sería si ocurrieran estos acontecimientos de riesgo?». Al responder a esta pregunta, es importantes tener en cuenta que la respuesta puede variar bastante. Si ocurriera, ¿qué tan malo sería un accidente de auto? *Podría* ser muy malo. El sufrir importantes pérdidas humanas y materiales son dos posibilidades. Sin embargo, también podría tener solo un impacto intrascendente si se trata meramente de un percance menor. En estas situaciones, es importante mantener una perspectiva de la probabilidad a la hora de elaborar una evaluación. Puede que modificar la pregunta levemente resulte útil: «¿Qué tan malo es probable que sea si ocurriera?». En nuestro entorno inventado, los accidentes de auto ocurren a menudo, pero también tienden a resultar en daños relativamente menores para el vehículo, y las reparaciones existen y no son costosas.

Sin embargo, el asesinato de un miembro del equipo tendría un grave impacto porque causaría un daño generalizado en nuestras capacidades para cumplir nuestros llamados. También tendría un amplio alcance, y afectaría a la comunidad en general en muchos países distintos.

Hemos determinado que es probable que los robos sean pequeños por naturaleza y que la mayoría de las veces se producirán en momentos de oportunidad cuando no hay nadie alrededor. Es útil empezar a evaluar el impacto del robo en relación con los otros acontecimientos de riesgo que estamos evaluando. Podemos decir que probablemente el robo nos impacte más que el accidente de auto, pero solo levemente. Por último, examinaremos la posibilidad de que perdamos nuestra visa. Quizás determinemos que esto tendría importantes consecuencias negativas.

Ahora debemos avanzar hasta la pregunta final y abordar la probabilidad: ¿qué tan probable es que ocurran estos acontecimientos de riesgo? Determinamos que es improbable que alguien de nuestro equipo sea asesinado, pero que es probable que suframos un accidente de auto o un robo. También podemos determinar que es probable que alguien de nuestro equipo pierda su visa. Ya podemos plasmar en el gráfico nuestros acontecimientos de riesgo.

Durante este proceso, es común que la puntuación de la evaluación original cambie significativamente. A medida que la evaluación se hace más exhaustiva, esta puede revelar una mayor conciencia de los riesgos, lo que puede originar una sensación de urgencia por abordar la vulnerabilidad. También puede hacer que nos demos cuenta de que hemos estado sintiendo más ansiedad por un riesgo potencial que, en realidad, es relativamente más bajo que los demás.

Cómo manejar la información

Uno de los aspectos más difíciles de la evaluación del riesgo racional es decidir cuánta información se necesita obtener para tomar una decisión sólida y cuánta información es demasiado poco antes de tomar dicha decisión. En algún punto, tras haber sopesado todos los factores, se debe tomar una decisión. Los psicólogos han estudiado la toma de decisiones en riesgo y ese momento en el tiempo en el que las personas «sienten» que tienen suficiente información como para tomar una decisión en una situación de riesgo ¿Cómo podemos ser más conscientes de una respuesta psicológica frente a una respuesta guiada por el Espíritu, o de cuando los dos tipos de respuesta operan de manera conjunta?

Estas son algunas preguntas y algunos pensamientos que hay que considerar en relación con esta pregunta:

- ¿Cuánta información es la cantidad justa? Es desafiante reconocer cuánto es suficiente en el riesgo, cuando está en juego la vida de las personas.
- Los individuos más ansiosos pueden «prestar una atención excesiva a los acontecimientos de baja probabilidad e ignorar acontecimientos que ocurren regularmente»[233].
- Las personas tratan de forma distinta los costos del arriesgarse y las pérdidas no compensadas, aunque su impacto sobre los recursos sea idéntico.
- Las personas tienen más claridad y coraje en el camino que tienen por delante cuando conocen los riesgos, las recompensas y las pérdidas potenciales. El cálculo del riesgo requiere que nombremos todos los aspectos que deben sopesarse antes de tomar la decisión.

- ¿Qué otras estrategias serían útiles para tomar una decisión más racional en vez de una basada en la ansiedad? Podría incluir algo tan simple como respirar profundamente y la relajación, el disfrutar de un sueño reparador por la noche o incluso el delegar una decisión a los líderes experimentados.

Enumera los peligros y traumas potenciales

La evaluación del peligro debe enumerar todos los peligros conocidos y específicos de ese entorno de riesgo. (En el apéndice C podrá ver una lista de peligros, aunque no es exhaustiva por naturaleza). Una pregunta que siempre haremos a la gente cuando trabajamos con equipos es acerca de los peligros únicos de su situación y a qué riesgos se enfrentan ¿A qué riesgos se ha hecho frente en el pasado reciente? Es útil que los individuos y los equipos se planteen esta pregunta para sus entornos únicos, y que después se guíen por los pasos de evaluación y mitigación de las páginas siguientes.

Una precaución importante: los conjuntos de datos usados para la comparación deben ser similares

Para Neal y para mí, no ha sido poco común escuchar análisis del riesgo como: «El riesgo de otro ataque con bomba es mucho menor que el riesgo de sufrir un accidente de auto». La conclusión lógica a la que llegaron varios líderes fue deducir que, por lo tanto, la probabilidad de un ataque era muy baja.

Este es un error importante a la hora de calcular el riesgo, ya que los dos conjuntos de datos no pertenecen en absoluto a la misma categoría de riesgo. Los accidentes de tráfico son solo eso, accidentes. Ocurren con mayor frecuencia en aquellos lugares en los que la población adopta comportamientos arriesgados como tomar alcohol o escribir mensajes de texto mientras se maneja. Los accidentes de tránsito no están dirigidos contra una población específica. La amenaza de un ataque con bomba por parte de terroristas de verdad y en contra de una población extranjera que vive en una ciudad de acogida es muy diferente. Si hay trescientos cristianos en una ciudad musulmana, y los terroristas han hecho amenazas reales contra esa población, entonces el riesgo de experimentar un ataque con bomba es extremadamente alto para ese grupo demográfico cristiano.

Componentes para calcular el riesgo transcultural

Hay cuatro áreas clave para calcular de manera exhaustiva el riesgo transcultural. En primer lugar, está la evaluación del riesgo espiritual y emocional. Esto significa fijarse en lo que está pasando en la relación que uno tiene con Dios. Si eres el líder de un equipo, haz preguntas abiertas de tu equipo para saber cómo les va. El realizar una evaluación espiritual y del riesgo incluye fijarse en el punto en el que uno describe su actual viaje espiritual, qué fundamentos de fe cultiva uno y qué preguntas básicas puede estar uno haciéndole a Dios. También incluye el evaluar la salud mental y emocional de uno, y lo que pueden estar diciendo las autoridades espirituales.

En segundo lugar, está la evaluación del riesgo del peligro. Esto es un análisis de seguridad de lo que está pasando: enumerar, analizar y evaluar los peligros externos de una manera sistemática y basada en los hechos. En tercer lugar, está el análisis de la mayordomía: ¿qué y a quiénes se debe administrar? ¿En qué pérdidas se puede incurrir y cuáles son los límites de la pérdida que se considerarán como una mayordomía sabia frente a una mayordomía insensata? ¿Cuál es el impacto de las percepciones de los riesgos específicos, así como el impacto del mismo acontecimiento sobre mí, mi familia y mi personal? En «*The Psychology of Risk*» [«*La psicología del riesgo*»], Glynis Breakwell escribe:

> «El impacto es una dimensión difícil de valorar. En el caso de muchos riesgos, el impacto será en realidad funcionalmente dependiente de si los líderes toman acciones apropiadas lo suficientemente rápido. Los líderes necesitan descubrir qué expectativas no declaradas de los líderes tiene su personal en el evento de riesgo[234]».

En cuarto lugar, está el discernimiento espiritual ¿Qué dice el Espíritu Santo y dónde parece estar obrando Dios? El Capítulo 5 aportó más detalles útiles sobre cómo podemos discernir la guía del Espíritu Santo en situación de riesgo; a menudo, Él habla a través de alguna combinación de fuentes. Sin embargo, puesto que a los líderes se les ha encomendado el discernir la guía del Espíritu Santo, y si estos disciernen que lo mejor es marcharse, entonces los trabajadores tienen que mostrarse dispuestos a respetar ese discernimiento y a someterse a sus autoridades elegidas.

Una herramienta avanzada para medir y comparar el riesgo[235]

Si bien es útil, descubrimos que la herramienta básica descrita anteriormente en este capítulo es inadecuada a la hora de gestionar el complejo entorno de riesgo que experimentamos. Cuando estaba al frente de un gran equipo, Neal creó una herramienta para medir las amenazas del peligro. Usando simples gráficos y una hoja de cálculo de Excel, enumeraba las cuatro áreas clave del análisis del peligro: la frecuencia, la proximidad geográfica, la proximidad demográfica y la intensidad. Estas se pueden graficar para una evaluación del riesgo más sencilla.

Objetivo: combinar la evaluación subjetiva de los niveles de riesgo con una herramienta objetiva que se pueda usar para medir y comparar los niveles de riesgo en las categorías pertinentes.

Paso uno: determina las categorías pertinentes. Así como un director financiero crearía un gráfico personalizado de las cuentas que se aplicaría a la situación de su empresa, un líder de equipo crea categorías de riesgo que se aplican a los riesgos asociados al entorno operativo del equipo. Procura elegir categorías lo suficientemente generales como para medir los riesgos, pero lo suficientemente detalladas como para proporcionar una información exhaustiva. Un ejemplo de una lista de categorías de riesgo podría ser el siguiente:

- agresión (incluye la agresión física, los robos, los bombardeos, etc.);
- secuestro (incluye los raptos, la toma de rehenes, etc.);
- malestar político (incluye revueltas, golpes de Estado, inestabilidad electoral, etc.); y
- salud (incluye brotes, falta de atención médica, etc.).

HAZ FRENTE AL ELIGRO: UNA GUÍA A TRAVÉS DEL RIESGO | 209

Paso dos: crea un gráfico para evaluar y medir los cuatro factores asociados con cada acontecimiento de riesgo dentro de las categorías de riesgo. Cada eje del gráfico se utilizará para plasmar uno de los cuatro factores, que son:

- gravedad (la envergadura del impacto sobre los individuos y el equipo);
- frecuencia (el ritmo al que ocurren los acontecimientos);
- proximidad geográfica (la cercanía entre los acontecimientos); y
- proximidad demográfica (una medición de las similitudes que el equipo comparte con los blancos de los acontecimientos).

El gráfico sirve para la evaluación de la probabilidad para cada eje, en vez de solo tener un eje de probabilidad como tenía el gráfico anterior. Cada eje de la tabla de evaluación de Neal formula la pregunta de la probabilidad:

- ¿Qué tan *probable* es que el acontecimiento de riesgo sea grave? (Gravedad)
- ¿Qué tan *probable* es que el acontecimiento de riesgo ocurra a menudo? (Frecuencia)
- ¿Qué tan *probable* es que el acontecimiento de riesgo ocurra cerca? (Proximidad geográfica)
- ¿Qué tan *probable* es que el acontecimiento de riesgo les ocurra a personas como yo? (Proximidad demográfica)

Sírvase observar la página siguiente para ver el gráfico de evaluación que Neal creó:

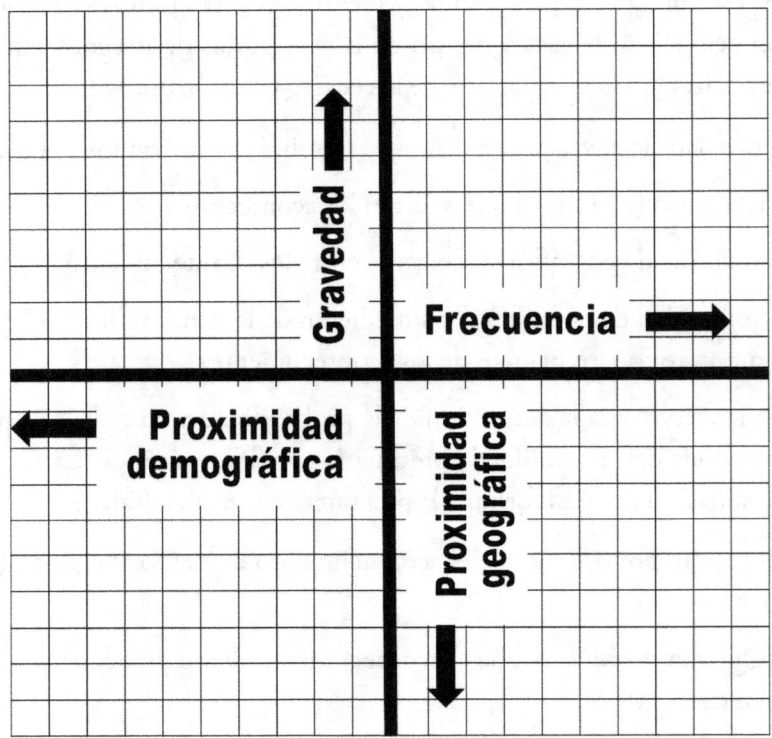

Paso tres: define la escala apropiada para medir los riesgos haciendo una estimación basada en los datos de seguridad (p. ej., información de consultores de seguridad, informes de seguridad del Gobierno y ONG, información de líderes y locales, informes de prensa locales, etc.). Por ejemplo, se puede usar una escala del 0 al 10 para plasmar los niveles de los factores evaluados en cada categoría de riesgo. El proporcionar las palabras descriptivas correspondientes resulta útil para dar continuidad cuando sean varias personas las que estén evaluando el riesgo.

Por ejemplo:

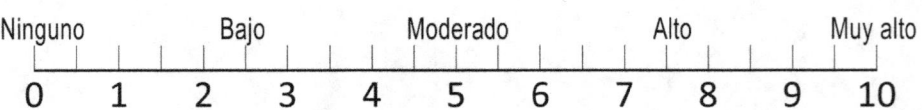

Paso cuatro: crea una tabla para registrar los niveles evaluados.

HAZ FRENTE AL ELIGRO: UNA GUÍA A TRAVÉS DEL RIESGO | 211

	Gravedad	Frecuencia	Proximidad geográfica	Proximidad demográfica
Agresión	2	8	9	1
Secuestro	7	4	9	8
Malestar político	2	6	10	1
Salud	8	4	9	3

Paso cinco: plasma los resultados de la tabla en el gráfico y conecta los cuatro puntos para crear una imagen visual del nivel de riesgo para cada categoría. Si se usa el ejemplo anterior, la ayuda visual para el riesgo evaluado en la categoría de «Agresión» se vería así:

La imagen visual muestra un bajo riesgo de agresión en las áreas de gravedad y de proximidad demográfica, pero un alto riesgo de agresión en frecuencia y en proximidad geográfica. Todos los resultados plasmados se verían así:

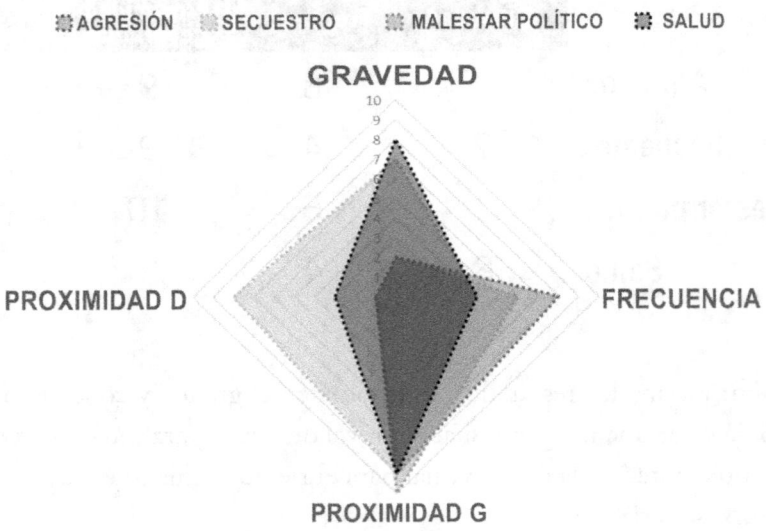

Esto muestra todas las categorías de peligro y ayuda a la hora de desarrollar una estrategia de reducción de riesgos, de modo que los riesgos se pueden evaluar y mitigar en función de la prioridad percibida.

¿Y ahora qué hacemos?

Tras haber hecho toda esta evaluación y todo este análisis, ¿cómo respondemos al riesgo y lo gestionamos? El presente libro no pretende describir en detalle algunas de las tácticas de mitigación de riesgos bien diseñadas que se podrían emplear para algunas de las amenazas comunes del servicio transcultural. Sin embargo, existen cuatro categorías generales que pueden ayudar a guiarnos al considerar la gestión del riesgo para cada riesgo evaluado.

El riesgo podría *evitarse*. Podemos elegir no ponernos a nosotros mismos en una situación en la que somos vulnerables a los riesgos que hemos evaluado. Evitar el riesgo por completo implicaría probablemente el retirarse de un entorno peligroso u optar por no llevar a cabo una actividad de alto riesgo. Puede que también elijamos *aceptar* el riesgo tal como existe. Esto lo haríamos con un enfoque claro de qué recursos son vulnerables ante la aceptación del riesgo. Aceptar el riesgo significa avanzar hacia la situación precaria o elegir participar en una actividad al mismo tiempo que los peligros se entienden y se toleran tal como son.

No obstante, también existen dos métodos adicionales para la gestión del riesgo. Tenemos la opción de *transferir* el riesgo a otra entidad. Por ejemplo, si tuviéramos que transportar material importante por una carretera peligrosa, podríamos contratar a una empresa para que realice la parte de la tarea correspondiente al transporte. La transferencia puede ayudarnos a lograr nuestros objetivos al mismo tiempo que traspasamos nuestros deberes peligrosos a otras entidades (quizás más apropiadas).

La técnica más común para gestionar el riesgo es *limitarlo*. Al usar este enfoque, incorporaríamos la información que hemos descubierto en nuestro esfuerzo de evaluación dentro de una estrategia de limitación. Se realiza un esfuerzo para disminuir el grado de vulnerabilidad mediante la reducción del grado de exposición que tenemos al mismo tiempo que logramos nuestros objetivos.

En la parábola de los talentos vemos que Cristo afirmó la multiplicación de los recursos. También vemos que la mujer que derramó los recursos como ofrenda fue elogiada por nuestro Salvador. En vez de evaluar estos enfoques como incompatibles, simplemente los acepto como percepciones diferentes guiadas por el Espíritu Santo. Si integramos estas perspectivas diferentes dentro de las cuatro categorías generales para la gestión del riesgo, el resultado podría ser este:

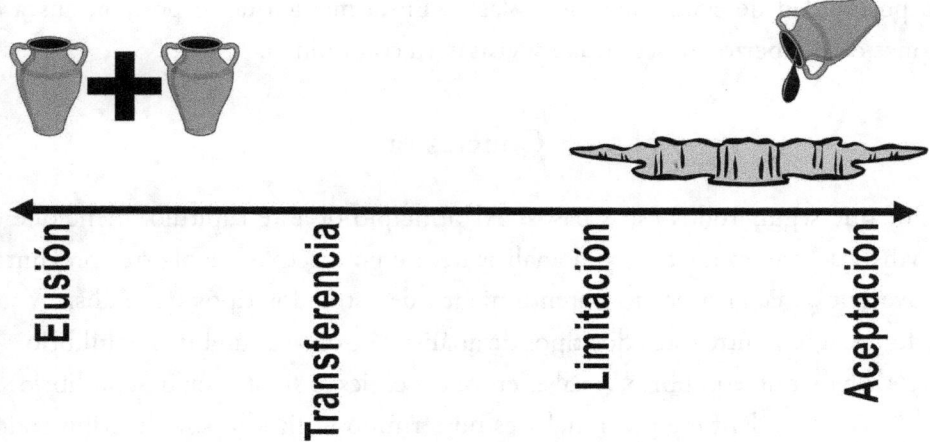

Hubo momentos en los que Pablo escapó del riesgo o lo eludió por completo; en ocasiones, se lo transfería a quienes permanecían en la situación de riesgo. A veces, Pablo limitó el riesgo al no adentrarse en una situación más peligrosa, y lo aceptó cuando se adentró deliberadamente en un peligro conocido.

Es fundamental gestionar el riesgo mitigando las causas que pueden contribuir a la probabilidad de que un acontecimiento de riesgo se produzca, al mismo tiempo que uno se prepara para las consecuencias esperadas si ocurre dicho acontecimiento ¿Qué significa esto? Por ejemplo, si el cumplir el llamado de uno significa operar en una ubicación donde los secuestros son comunes, se necesitan procedimientos que eviten el sufrir un rapto. Adopta métodos de detección de vigilancia, horarios aleatorios y toques de queda. También sería importante mitigar la gravedad de las consecuencias desarrollando igualmente recursos reactivos de apoyo (p. ej., capacitación en respuesta para casos de toma de rehenes, desarrollo de recursos de consulta, definición de las funciones del equipo de contingencias, etc.).

¿Qué más puede ayudarte en tu respuesta para la gestión del riesgo? En el Capítulo 5 se describieron formas para obtener información adicional sobre la gestión del riesgo y el aprender a cómo responder a este. Además, también existen formas de sentido común para minimizar los riesgos. Por ejemplo, enseñé a mis hijos algunas de estas técnicas para evitar que fueran secuestrados. Aprendí de la mano de expertos en seguridad cómo sobrevivir a un secuestro y cómo aumentar la posibilidad de evitar que me violasen. En la medida de lo posible, busca el consejo de expertos en seguridad si visitan tu comunidad.

Conclusión

¿Por qué seguir todos estos pasos? Al principio de este capítulo, mencioné el análisis del riesgo racional y el análisis del riesgo efectivo. Había tres preguntas clave que guiaban nuestro entendimiento de estos dos tipos de análisis: ¿qué diferencia hay entre estos dos tipos de análisis? ¿Cómo es un buen equilibrio? Y, si *debe* haber un equilibrio, ¿cuál es entonces el riesgo si estoy en desequilibrio?

«Análisis del riesgo racional» es un término utilizado para describir todos los aspectos objetivos del riesgo que se pueden cuantificar y calificar de manera razonable tal como se describe en las herramientas anteriores. Se basa en los hechos, es concreto y representa la totalidad del riesgo: las causas del riesgo potencial, el evento de riesgo en sí y la combinación de las consecuencias que pueden ser los resultados más probables. El «análisis del riesgo efectivo», sin embargo, tiene en cuenta al Espíritu Santo, el discernimiento de los individuos y lo que Dios está haciendo en la imagen más amplia del equipo, la comunidad y la nación. El incorporar solamente un enfoque racional dentro del análisis del riesgo, aun si se basa en el mejor entendimiento de las emociones y la psicología humanas, no será completo sin el discernimiento de la actividad de Dios en la situación de riesgo y si no somos capaces de ser flexibles a lo largo del evento de riesgo.

Si las políticas de riesgo institucionales impulsan la respuesta de la gente al análisis y la mitigación del riesgo, si existe un pensamiento conceptual y doctrinal dogmático, entonces no habrá análisis del riesgo efectivo. El riesgo es a menudo una situación variable que requiere flexibilidad, adaptación y patrones de resistencia únicos. El equilibrio entre estos dos tipos significa que se han realizado *los dos*. En situación de riesgo, el considerar detalladamente y de forma sistemática todos los riesgos potenciales y razonables —todas sus causas y consecuencias resultantes— requiere tiempo. Sería fácil saltarnos esto y simplemente espiritualizar lo que Dios está obrando y obrará, sin importar lo que ocurra. Pero esto sería un grave error.

La resistencia se da de manera más efectiva y más sencilla cuando los riesgos racionales reales se han reconocido, analizado y entendido en su totalidad. Simplemente, se ha hecho frente al riesgo. Cuando supe que mi esposo había hecho todo este trabajo de análisis del riesgo usando las herramientas descritas anteriormente, y cuando él se tomó el tiempo para explicármelas a mí y al equipo al que liderábamos, la consecuencia fue una mayor resistencia. Sabíamos todo lo que podíamos saber al adentrarnos en riesgos más graves, y estábamos preparados para lidiar con cualquier cosa que ocurriera.

No solo fue crucial para nuestra resistencia sobre el terreno el contar con un análisis del riesgo integral, sino que el análisis del riesgo efectivo significa que también hemos examinado detenidamente lo que Dios parece estar haciendo a grandes rasgos. Teníamos una perspectiva más amplia que nos revelaba el análisis del riesgo efectivo cuando nos adentrábamos en situaciones de riesgo de mayor gravedad. Este fue un factor importante en nuestra resistencia y resiliencia al continuar experimentando acontecimientos peligrosos. Como sabíamos que habíamos hecho todo lo que podíamos para minimizar las consecuencias del riesgo y como sabíamos que contábamos con líderes que tenían consejeros de riesgo y de seguridad sabios, aumentó nuestra confianza en nuestros líderes y, en realidad, aumentó nuestra resistencia sobre el terreno.

El no realizar estos dos tipos de análisis del riesgo —análisis del riesgo racional y análisis del riesgo efectivo— tiene como consecuencia una menor capacidad del personal en el terreno a la hora de resistir en situaciones de riesgo desafiantes. Es así de simple. El tomarse el tiempo para realizar un análisis del riesgo racional y efectivo es, en realidad, una buena mayordomía de los recursos necesarios para atravesar situaciones de riesgo complejas y peligrosas.

Aplicación

1. ¿Qué aspecto o herramienta de la evaluación del riesgo te resulta más útil?
2. ¿Qué parte de la evaluación del peligro puede necesitar añadirse a tu estrategia actual de evaluación del riesgo?

Resumen del Capítulo 12

1. La gestión del riesgo del peligro incluye tanto la evaluación del riesgo como la gestión del riesgo (mitigación). Debe haber un equilibrio entre el análisis del riesgo racional y el análisis del riesgo efectivo para descubrir el nivel de coraje real que se necesita para esa situación en particular.

2. Una herramienta de evaluación básica: un buen punto de partida para la evaluación (especialmente en entornos de un bajo riesgo relativo) es simplemente plasmar los acontecimientos de riesgo potenciales sobre un gráfico con dos ejes, uno reflejando la gravedad de las consecuencias y, el otro, la probabilidad de que se produzca el acontecimiento de riesgo.

3. Cómo manejar la información: uno de los aspectos más difíciles de la evaluación del riesgo racional es decidir cuánta información se necesita obtener para tomar una decisión sólida y cuánta información es demasiado

poco antes de tomar dicha decisión. En algún punto, tras haber sopesado todos los factores, se debe tomar una decisión.

4. La evaluación del peligro debe enumerar todos los peligros conocidos específicos de ese entorno de riesgo.

5. Preparación de políticas: para nosotros no ha sido poco común el escuchar análisis de riesgos como: «El riesgo de otro ataque con bomba es mucho menor que el riesgo de sufrir un accidente de auto». La conclusión lógica a la que llegaron varios líderes fue deducir que, por lo tanto, la probabilidad de un ataque era baja. Este es un error importante a la hora de calcular el riesgo, ya que los dos conjuntos de datos no pertenecen en absoluto a la misma categoría de riesgo.

6. Componentes para calcular el riesgo transcultural: hay cuatro áreas clave para calcular de manera exhaustiva el riesgo transcultural (la evaluación del riesgo espiritual y emocional, la evaluación del riesgo del peligro, el análisis de la mayordomía y el discernimiento espiritual).

7. Una herramienta para medir y comparar el riesgo: mediante el uso de un gráfico simple se enumeraron las cuatro áreas clave del análisis del peligro: la frecuencia, la proximidad geográfica, la proximidad demográfica y la intensidad. Estas se pueden graficar para una evaluación del riesgo más sencilla.

capítulo 13
Los subpastores y el riesgo

Me maravillé con la forma en la que Heinrich dirigió la reunión. Pensé que era un líder brillante. Había servido en nuestro equipo durante mucho tiempo y se le había pedido que ocupara el cargo de líder unos cinco años antes. Yo había observado que demostraba coraje, justicia, empatía y, lo más importante, discernimiento durante los años que estuve sirviendo bajo su mando.

Digo que su fortaleza de discernimiento fue lo más importante porque por ese entonces estábamos especialmente necesitados de su sabiduría. El Gobierno acababa de decretar un edicto que amenazaba con deportar o encarcelar a cualquier extranjero que hablara de una fe alternativa con una persona local. Para nuestros amigos nacionales, todavía era peor. Todo ciudadano al que vieran hablando de una fe distinta a la religión local sería ejecutado ¿Qué significaba esto para nosotros? ¿Estábamos seguros? ¿Y qué se podía decir de nuestros amigos locales? El camino que teníamos por delante parecía confuso y peligroso.

Heinrich se tomó el tiempo para describir los cambios en la situación y explicó en detalle la nueva ley del Gobierno. Habló abiertamente sobre su propia evaluación y sobre cómo había llegado a esas conclusiones; e incluso citó algunas fuentes de consulta a las que había recurrido. Nos hizo saber que se lo había tomado como un tema que requería oración, pero, aun así, había evitado describir sus opiniones como «de inspiración divina». «Tratada sobriamente y en oración» hubiese sido una mejor descripción para cómo habían llegado él y el equipo de líderes a la respuesta organizacional que nos describió.

Recibimos con dureza los cambios a las pautas de seguridad de nuestro equipo. Había limitaciones en cuanto a la distribución de literatura, restricciones a la movilidad y toques de queda impuestos que debían respetarse. Lo más difícil para nosotros fueron los cambios en la forma como se nos permitía interactuar con los miembros de la cultura local a los que queríamos.

Tras describir los cambios en la política, Heinrich pasó el turno al equipo. Heinrich era líder generador de consenso; era común que pidiera aportes a los miembros del equipo. A veces, incorporaba buenas ideas del equipo en el mismo momento y era alentador sentirse parte de las decisiones del equipo. Heinrich empatizaba. Validaba los sentimientos de pérdida. De manera tangible, incluso sufría con nosotros el peso de la nueva temporada de prohibiciones que se nos venía encima. Sin embargo, algo en la forma como Heinrich respondió a las reacciones de mis compañeros de equipo fue distinto a otras veces.

«Estoy muy agradecido por sus aportes», dijo Heinrich. «Me ayuda a saber que estos problemas les preocupan profundamente. Nuestras relaciones son importantes para nosotros porque son importantes para nuestro Padre celestial, quien nos ha llamado hasta aquí. Espero sinceramente que el requerimiento de que acatemos estas nuevas pautas sea de corta duración y que pronto podamos volver a nuestra forma anterior de interactuar con los demás. Seguiremos monitoreando la situación y volveremos a informarles cuando consideremos quitar estas restricciones que les ponemos. Pero permítanme ser claro: hasta nuevo aviso, todos operaremos dentro de las limitaciones de estas pautas.

Por supuesto, las nuevas pautas no gustaron a todos. Hubo ciertas quejas y algunos de nuestros compañeros de equipo incluso se dieron de baja de nuestro equipo poco tiempo después para unirse a otro equipo al otro lado de nuestra ciudad, un equipo con políticas menos restrictivas. Pero, en mi caso, ese día la confianza que tenía en Heinrich creció incluso más. Él había demostrado hábilmente una de las cualidades más críticas para liderar a otros a través del riesgo: el pastoreo.

Naturalmente, el pastoreo no solo es importante en situaciones de riesgo. Dios desea que los líderes pastoreen a Su pueblo de la forma modelada por Él para nosotros. Debemos ser subpastores del Gran Pastor. La función de un subpastor es radicalmente distinta a las funciones de liderazgo más convencionales. Implica servicio y sacrificio. Los líderes que operan bien en entornos normales, que tienen buenas habilidades para liderar, fracasarán en un entorno de alto riesgo si no adoptan atributos y cualidades del subpastor.

Ser subpastor y preocuparse por las ovejas que están fuera en el campo es una gran responsabilidad. Las Escrituras están repletas con ejemplos de cómo se siente Dios acerca de los pastores que no cuidan de sus rebaños (Isaías 58; Jeremías 23;

Ezequiel 34; 37; Miqueas 7). Está claro el mensaje de que esta responsabilidad no es solo dada por Dios, sino que se espera que el pastor la asuma con cuidado y dedicación. El bienestar del rebaño está claramente vinculado a la acción (o inacción) del subpastor. Dios denuncia de manera contundente a aquellos líderes que realizan una gestión mala y a la ligera de quienes han sido confiados a su cuidado.

Hay dos funciones distintas a la hora de guiar a los que sirven en situaciones de riesgo: los líderes sobre el terreno y los líderes responsables de enviarlos y supervisarlos desde casa. Las perspectivas y las responsabilidades inmediatas de cada líder son diferentes, y puede ser útil que cada uno considere las sugerencias a continuación cuando sean responsables del personal en este tipo de situaciones.

Aspectos esenciales para liderar en el riesgo

Cambia tu forma de liderar

El liderar en el riesgo requiere un enfoque notablemente distinto a cuando se lidera en entornos de bajo riesgo. Probablemente, pastorear al personal a través del riesgo significará desviarse de forma incómoda de la manera habitual como hace las cosas un líder. El liderar en el riesgo de forma eficaz requerirá energía, ideas frescas y cambios de perspectiva dinámicos.

La mayoría del personal que ha respondido al llamado de Dios hasta el punto de que se ha desplazado entre fronteras culturales está extremadamente motivado y es sumamente competente. Lo que el personal extremadamente motivado y sumamente competente necesita de sus líderes en la mayoría de las condiciones es aliento, recursos apropiados y una forma de liderar basada en delegar[236]. La adopción hábil de esta forma de liderar en condiciones normales generará un importante depósito de confianza al que un líder se verá obligado a recurrir cuando aumente el peligro.

A medida que un equipo se adentra en más profundidad en entornos de riesgo, un líder debe iniciar la transición para pasar de su forma basada en delegar a una forma directiva. Esto se realiza en un continuo proporcional al grado de riesgo al que se hace frente. En el extremo radical del continuo hay una situación de crisis real. En esos casos, un líder actuará casi exclusivamente de manera directiva. Imagina a un equipo que evacúa un edificio en llamas. Un buen líder dará indicaciones claras con las órdenes necesarias para enfrentar el peligro de que se trate.

Los líderes contribuyen de forma importante a la respuesta normalizadora que los trabajadores sobre el terreno pueden necesitar dar en el análisis del riesgo, así como a la hora de señalar la necesidad de evacuación y/o descanso. Es crucial que los líderes sean resueltos a la hora de ayudar a los trabajadores de campo a establecer y aceptar sus propios criterios de análisis del riesgo y sus planes de respuesta[237].

Antes de experimentar una crisis, a medida que aumenta el riesgo, los líderes deben aumentar su estilo directivo en la toma de decisiones y en la comunicación a la vez que reducen la cantidad de autoridad para la toma de decisiones delegada en los miembros individuales del equipo. Sin embargo, esto no debe entenderse de ningún modo como una sugerencia de que los líderes empiecen a adoptar un liderazgo vertical. Por muy desafiante que parezca, es importante que los líderes comuniquen empatía, conciencia y buena voluntad para oír los aportes (incluso los que no se pueden incorporar).

Una convicción personal bien desarrollada en cuanto al riesgo

Si eres líder como mi esposo Neal, probablemente has escogido este libro, has echado una ojeada al índice y has pasado rápidamente las páginas hasta este capítulo sobre el liderazgo. Eso está bien; puedo entenderlo. Cuando Dios guía a sus seguidores seleccionados hacia funciones pastorales, Él también infunde en ellos una pasión impulsada por el Espíritu por desarrollar esos dones. Pero, por favor, no pienses que este capítulo es la única parte dedicada al liderazgo. El libro entero está concebido para ayudar al lector a través de un proceso que integra su fe con el lidiar con el riesgo. Espero que tras leer este capítulo regreses al Capítulo 1 y uses este libro y otros recursos para configurar la madurez de tus propias creencias en lo referente al servir a Dios a través del riesgo.

Es esencial que los líderes tengan una convicción personal bien desarrollada sobre el cumplimiento del llamado de Dios mientras hacen frente al peligro. Esta creencia debe ir más allá de una teología del riesgo cerebral y analíticamente establecida; ha de incorporar la creencia emocional, interior y espiritual de cada uno acerca del sufrimiento en el contexto de un llamado de fe. Preferiblemente, las convicciones que un líder tiene sobre el riesgo han sido cultivadas a través de sus propias experiencias en las trincheras.

En cuanto a aquellos líderes que están en las agencias emisoras y que nunca han tenido que sobrevivir a una situación arriesgada, resulta sabio considerar con cierta profundidad la cuestión del vivir con riesgo y del sobrevivir a situaciones peligrosas. Si bien el ejercicio resulta un poco lejano cuando se hace fuera de la situación, puede ser un primer paso útil a la hora de obtener información de tu personal de campo. Te resultará útil elaborar una afirmación personal sobre el riesgo como si fueras a vivir en la situación en la que está viviendo tu personal. Revisa la guía sobre cómo escribir una afirmación personal sobre el riesgo, incluida en el Apéndice E.

Habilidades cruciales para liderar en crisis

Existen habilidades cruciales que hay que obtener y recursos que hay que desarrollar. Por ejemplo, un líder practicaría el recorrer escenarios para considerar quién haría qué en una situación de crisis y a quién llamarían en caso de sufrir un secuestro ¿Cuáles son los protocolos en cuanto a la publicidad y los medios de comunicación? ¿Quién se comunica con las familias? Hay organizaciones de capacitación excelentes que están especializadas en esto. Como emisores y líderes de campo, el pensar de antemano en las reuniones informativas, el seguro, los medios de comunicación, la evacuación médica y el servicio pastoral in situ mitigaría de verdad las consecuencias del trauma.

Genera conciencia en la oficina central

No es poco común que los líderes emisores que están en la oficina central estén apartados del trabajo sobre el terreno durante muchos años o que no hayan servido más allá de su propio país. Por ejemplo, mucho personal que ocupa cargos de supervisión no ha experimentado nunca el vivir en entornos hostiles, o los riesgos a los que se han enfrentado son considerablemente distintos. Estos líderes siguen pudiendo servir eficazmente al personal sobre el terreno, pero tienen que reconocer la necesidad de aprender y crecer en su entendimiento. Ningún líder eficaz asume que sabe todo lo que tiene que saber, sino que asegurará que hay un aprendizaje y un crecimiento continuos de su personal en la oficina central y sobre el terreno.

La humildad es especialmente importante aquí. Genera conciencia sobre cómo actúa la gente bajo un estrés extremo y sobre los efectos mentales que resultan del vivir experiencias de vida o muerte y del «estrés del grifo que gotea» del trabajo sobre el terreno del siglo XXI.

Resérvate el juzgar al personal

Aunque la evaluación del bienestar del personal sobre el terreno sea constante, es sabio frenarse a la hora de sacar cualquier conclusión durante las primeras semanas posteriores a la llegada a casa del personal. El estrés sobre el terreno en situaciones de alto riesgo es a menudo incomprensible para quienes están en las oficinas centrales. Si el equipo y el personal sobre el terreno han estado sometidos a una fuerte coacción durante mucho tiempo, pospón el sacar conclusiones sobre cómo están realmente hasta que no hayan disfrutado de un descanso sustancial (de al menos tres meses). Haz preguntas al personal; no hagas juicios antes de sentarte con ellos durante varias horas y escucharlos con el corazón.

A Neal y a mí nos llevó tiempo para recuperarnos de los efectos de vivir bajo un estrés extremo en la situación de alto riesgo. Tras cuatro años liderando a un equipo grande en un entorno de alto riesgo, nuestros cuerpos necesitaron tres meses para recuperarse de los síntomas físicos del alto estrés prolongado, y todo un año hasta que volvimos a sentirnos otra vez emocionalmente «normales» y espiritualmente vigorizados.

Confía en tus presentimientos

Liderar en el riesgo es como liderar a través de una ciénaga en medio de una bruma extremadamente espesa; son muchas las incertidumbres en cuanto a las personas que tenemos que liderar y administrar. Un presentimiento también se denomina «intuición». Se trata de «un juicio (1) que aparece rápidamente en la conciencia, (2) de cuyas razones subyacentes no somos plenamente conscientes, pero que (3) es lo suficientemente fuerte como para hacernos actuar»[238]. La intuición, o el presentimiento, es algo que es inexplicable; es diferente de la guía del Espíritu Santo. El preguntar a alguien por qué se siente de cierta manera cuando se trata de un «presentimiento» no tendrá como resultado una respuesta satisfactoria. «Es una forma de inteligencia que la persona no puede expresar con palabras. No preguntes los motivos si alguien con un buen historial tiene un mal presentimiento»[239].

No hay ningún conjunto de parámetros racionales que puedan servir de apoyo a este presentimiento, que puede ir en contra de la sabiduría imperante. Sin embargo, en la mayoría de los casos, este presentimiento es acertado y no se debe descartar solo porque no haya una razón lógica o espiritual. Es una «herramienta» que se debe tomar en cuenta a la hora de tomar decisiones en situación de riesgo.

Practica una comunicación del riesgo sabia

La tarea del líder consiste en comunicar su visión al resto del personal. Esto se hace aún más importante en situaciones de un riesgo constante. A menudo, el repetir la visión ayuda a centrar y a unificar al equipo. Y también hace que los socios en nuestros lugares de origen se mantengan involucrados y en oración.

Se ha demostrado que la comunicación del riesgo es más eficaz cuando aborda la probabilidad de la frecuencia de los eventos de riesgo y el riesgo absoluto (en oposición al riesgo relativo). También debe incluir el grado de creencia sobre el evento, la probabilidad de que este ocurra, así como los posibles resultados negativos y positivos en caso de que suceda tal evento[240]. Debe incluir información sobre hechos, valores, opciones[241] y opiniones infundadas por el Espíritu. Al comunicar en una situación de riesgo, el objetivo es que los más afectados por haber corrido un riesgo puedan tomar las mejores decisiones posibles.

El tipo de palabras que se usan hará que tu comunicación sea más o menos clara y eficaz. Las palabras como estas transmitirán de una forma más clara las evaluaciones analíticas[242]:

- «juzgamos»
- «evaluamos»
- «estimamos»
- «probablemente»
- «posiblemente»
- «muy posiblemente»
- «improbablemente»
- «remoto»
- «puede»
- «podría»
- «no podemos descartar»
- «no podemos excluir»
- «no podemos descontar»

Además, las evaluaciones del riesgo espiritual y racional se pueden respaldar utilizando términos como «mucha confianza, confianza moderada, poca confianza» tanto en la fiabilidad del análisis del riesgo como de la gente implicada en el acontecimiento de riesgo[243].

¿Cómo aumenta la comunicación del riesgo eficaz la resiliencia de tu personal? Tras haber dado con un método identificable de la evaluación del riesgo y haber sopesado toda una serie de resultados posibles, la confianza de tu personal en tu liderazgo se verá aumentada. Además, tras haber analizado la información de forma metodológica, hay un mayor control personal sobre el comportamiento, ya que uno está preparado. Los individuos del personal estarán mejor equipados para ver el acontecimiento de riesgo desde una perspectiva espiritual y pragmática. Sabrás que has hecho tu trabajo de comunicar eficazmente lo que sea necesario cuando la información adicional no afecte a las decisiones que tomarán tú y tu personal[244].

Investiga sobre la psicología del riesgo

Hay más de mil estudios sobre la psicología del riesgo. «El enfoque cognitivo con respecto a la toma de decisiones ha dominado el terreno de la discusión sobre el riesgo. Sin embargo, el análisis de la percepción del riesgo y de la toma de decisiones no considera el afecto [emociones, ya sean positivas o negativas] vinculado con un peligro o el estado emocional de un individuo es inevitablemente erróneo»[245].

Los estudios sobre la psicología del riesgo demuestran que las décadas de énfasis en los aspectos cognitivos del riesgo —lo que la gente piensa, cómo evaluar racionalmente cosas difíciles de predecir— han negado desde hace mucho tiempo el lado emocional del riesgo, así como el comportamiento humano predecible. Las personas son predecibles en situación de riesgo. Aunque los estudios seculares no tienen en cuenta lo que harán las personas de fe bajo el poder del Espíritu Santo, sí pueden equipar a líderes con útiles herramientas. (El Apéndice A sugiere varios libros buenos acerca de la psicología del riesgo).

Debes percatarte de que las personas no son como normalmente son cuando experimentan un estrés extremo, o cuando experimentan estrés diariamente durante largos días, meses y años. El leer más sobre la psicología del riesgo te aportará un mayor entendimiento de cómo se comportan normalmente las personas para detectar más fácilmente esas reacciones «anormales».

Reafirma a quienes se hayan arriesgado

En especial, esto lo podemos ver en los versículos de Romanos 16:4 y Filipenses 2:26. Incluso cuando, como líder, no estés de acuerdo con lo que alguien hizo en situación de riesgo, alguien no te gusta u oyes críticas sobre esa persona, aun así, sigue mereciendo que la elogien. Quienes se han arriesgado y han hecho todo lo posible en las circunstancias teniendo en cuenta sus limitaciones merecen recibir el mismo elogio que Pablo ofreció a Epafrodito delante de la iglesia de Filipos. Reafirma a quienes hayan arriesgado su vida en pos del Evangelio y del rebaño bajo su cuidado en un entorno de alto riesgo.

La palabra griega *parabaleusamenos* que se usa en Filipenses 2:30 se traduce por la misma expresión idiomática griega *paradidomi* y, de hecho, son sinónimas[246]. Sin embargo, tiene un matiz ligeramente distinto en la forma en que Pablo la usó. Tal como se mencionó antes, Pablo usó intencionadamente esta palabra porque solo se usa aquí y no se encuentra en ningún otro sitio del Nuevo Testamento o la Septuaginta (la primera traducción en griego del Antiguo Testamento)[247].

En el sentido en el que Pablo la usó, Epafrodito descartó e ignoró su seguridad personal por la obra de Cristo por otro ser humano. La forma verbal no indica ninguna pasividad: Epafrodito se puso en peligro y arriesgó su vida de forma activa. No era ningún cobarde, y demostró la talla de su coraje corriendo deliberadamente enormes riesgos personales para prestar auxilio al necesitado. Epafrodito no «salvó» su vida, sino que más bien la arriesgó para hacer por Pablo y por la causa de Cristo lo que los cristianos filipenses no hicieron o no pudieron hacer. Es un héroe de la fe y aparece en medio de la carta a los filipenses como ejemplo a seguir para todos nosotros[248].

¿Es posible que, a partir del uso de *parabaleusamenos*, Pablo esté planteando un desafío para los seguidores de Cristo y esté reprendiendo al «cristianismo indulgente que no hace exigencias firmes y que no pone límites de sacrificio humilde y abnegado?»[249].

Pablo también elogia a Prisca y a Aquila delante de toda la iglesia de Roma. Este «es el único lugar en el Nuevo Testamento donde el verbo "agradecer" tiene un complemento humano»[250]. El dar las gracias a las personas públicamente y reafirmarlas por su carácter y su fidelidad en el riesgo es una parte importante del pastoreo de quienes se han arriesgado, pero también ayuda al Cuerpo de Cristo a crecer en alabanza y gratitud a Dios por obrar a través de estos hombres, estas mujeres y estos niños elegidos.

Desarrolla un entendimiento del riesgo dentro de la cultura de la oficina central

Uno de los factores psicosociales que aumentan la resiliencia de las personas en situaciones de estrés consiste en tener una organización central que se caracterice por una actitud de gracia y cariño. El personal emisor debe ser consciente del estrés bajo el que viven los trabajadores que están sobre el terreno. Los líderes de la organización desempeñan una función clave a la hora de modelar, demostrar, invitar y expresar gracia y apoyo a los trabajadores de campo. Esto aumentará la sensación de seguridad relacional y favorecerá una comunicación sana.

Además de esto, es importante que el personal emisor también desarrolle fuertes habilidades para la gestión del riesgo. Una oficina central que esté informada, sea profesional, receptiva y que haya desarrollado las políticas y las acciones necesarias para responder a la situación de crisis no solo aumentará la *sensación* de seguridad relacional, sino también, de forma crucial, la seguridad física real del equipo. Un personal emisor que aprenda y desarrolle un entendimiento de estas cuestiones será un personal emisor capaz de implicarse en momentos de crisis con el lenguaje y las ideas apropiados para verdaderamente prestar apoyo.

Invierte en cuidar de ti

El liderar a través del riesgo requiere mucho de los líderes. Resulta poco realista pensar que un líder puede simplemente mantener un ritmo normal de productividad al mismo tiempo que también añade los requisitos de las responsabilidades del liderar en el riesgo, la evaluación del riesgo y su mitigación. Para los líderes sabios, el cuidarse a sí mismos será una prioridad.

A medida que el riesgo potencial se hace más severo, no es poco común que el personal de campo decida marcharse. Esto significa que hay menos personas para realizar las mismas tareas. Sería un error que los líderes pensaran que pueden adoptar más funciones en situación de riesgo. Más bien, un líder se debe centrar y priorizar incluso de forma más estricta cuáles son las tareas principales. El peso del riesgo sobre un líder debe considerarse como un factor en la estrategia de trabajo.

Todos estos aspectos forman parte de la inversión en tu cuidado: te pones en riesgo para liderar y pastorear bien a tu equipo.

Respuestas poco serviciales

Hay al menos cuatro respuestas poco serviciales que los líderes ofrecen sobre el riesgo y que discutiremos ahora.

No nombrar la realidad con precisión

El estar dispuesto a morir por Jesús, aunque sea discutiblemente una decisión mental, no es lo mismo que exponer deliberada y conscientemente a tus hijos, a tu esposo y, si lideras a un equipo, también a este, a la posibilidad de morir, y tener que vivir con ese riesgo día tras día. Ayuda a tu equipo y a ti mismo a evaluar con honestidad la realidad que el personal enfrenta y deja que ellos decidan con cuánta de esta realidad pueden realmente vivir.

Cuando sea claramente demasiado arriesgado para un personal en específico tomando como base su salud mental, emocional y espiritual, ayúdalo a discernir la voz de Dios. Dale permiso para que tome la decisión de irse y ayúdalo a ver esto como una opción viable, y a veces sabia, que el Señor nos da en momentos de riesgo. Puede que te pidan que evalúes si tienen suficiente fe o que te pregunten si han fallado. Deja que el Espíritu Santo sea el único que interprete la realidad de cómo han manejado aquello a lo que fueron llamados a hacer en el momento de riesgo.

Negación total de que el riesgo es una posibilidad teológica

Un veterano experimentado dijo: «No estoy en absoluto de acuerdo con tu idea del riesgo [...]. Para los cristianos, el riesgo no existe». Esto puede llevar fácilmente a la sobrespiritualización y al replanteo de problemas con términos psicológicamente positivos tales como la paz y el gozo de seguir a Jesús, a la vez que se ignoran las emociones reales implicadas a la hora de atacar las puertas del Hades.

Digamos por un momento que eres líder y que no crees que el riesgo sea una realidad a la que hagan frente los cristianos. Pero lideras a jóvenes de veinte y treinta años que están preocupados por el riesgo y que quieren discutir acerca de ello. Al poner fin a la conversación, puede que dejes a tu personal frustrado sin nadie con quien procesar los difíciles desafíos. Esto conduce a un menor respeto hacia ti como líder, a una falta de lealtad y de compromiso con el equipo, y eso reduce la resiliencia individual y del equipo.

La minimización o la sobrespiritualización del riesgo

«En realidad, al final no hay riesgo, ¿no?», fueron las palabras de un influyente líder nacional. Lo que quiso decir es que, puesto que todos los seguidores de Jesús van al cielo de todos modos, en realidad, no es tan grave arriesgarse, sufrir y morir en pos del Evangelio. Esta no es una afirmación útil para aumentar la resiliencia emocional del personal sobre el terreno, sino que prohíbe al personal procesar el impacto negativo tangible que se experimenta cuando se hace frente a un riesgo inmediato y a posibles pérdidas. El señalar una restauración futura en algún momento posiblemente sea un aliento significativo, pero por lo general no ayuda cuando se lucha con pérdidas potenciales.

No usar un enfoque holístico

El riesgo afecta a todos los aspectos de un individuo. Las emociones no procesadas que son el resultado del estar en un acontecimiento de alto riesgo o en una situación de riesgo a largo plazo pueden llevar a manifestaciones físicas del estrés, a trastornos psicológicos (depresión, ataques de pánico, efectos del trauma, TEPT, etc.), a la pérdida de la fe en Dios, a tensiones relacionales (maritales, parentales, de equipo, etc.) y a más cosas. Los subpastores que no tienen en cuenta todas las facetas de un individuo y, en cambio, sugieren que este no debería sentirse así o que solo necesita tomar cautivos esos pensamientos están negando los efectos reales y físicos del riesgo, incluso si en realidad no ha pasado nada «malo». La sobrespiritualización es peligrosa y daña el crecimiento interior y la resiliencia de los trabajadores transculturales al impedirles nombrar la realidad de lo que han experimentado y llorar las pérdidas que han sufrido.

Levantamiento de pesas: cómo desarrollar el músculo (de la fe)

El término «músculo de la fe» fue acuñado por Michael Frost y Alan Hirsch. En su libro «*The Faith of Leap: Embracing a Theology of Risk, Adventure and Courage*» [«*La fe del salto: cómo adoptar una teología del riesgo, la aventura y el coraje*»], discuten sobre la muerte organizacional que resulta de un equipo u organización que encuentra el equilibrio. Cuando hay equilibrio, se pierde la capacidad de adaptarse al cambio. La cantidad y el ritmo justos del cambio, y su variedad, han de cultivarse y abrazarse. Por supuesto, como subpastores, la conciencia de las etapas de la vida del equipo y la cambiante situación sobre el terreno también son factores que hay que contabilizar. Es una subestimación decir que la vida sobre el terreno está llena de transiciones, pérdidas y cambios. Las personas que viven en un contexto transcultural solo pueden manejar una cierta cantidad de cambios en un corto periodo de tiempo.

Como subpastores, el entender toda esta dinámica y el ser capaces de explicar la visión y orientar a las personas a través del cambio es una habilidad necesaria para guiar a las personas a través de situaciones de alto riesgo. Saber cómo crear entornos organizacionales donde se estimulen ciertos comportamientos de toma de riesgo (positivos o saludables), mostrarse abierto a los desafíos que se nos plantean y permitir que las personas sean capaces de hacer frente a problemas y elaborar sus propias ideas sobre soluciones para dichos problemas aumentará el músculo de la fe de los individuos, los equipos y las organizaciones, y creará una cultura capaz de adaptarse rápidamente y aprovechar las oportunidades para la transformación espiritual.

¿Cuáles son algunas expectativas correctas que los líderes deberían tener en situaciones de riesgo?

Espera ser criticado

Los estudios en psicología del riesgo revelan que las personas piensan en retrospectiva que podrían haber juzgado el riesgo mejor que nadie. Por lo tanto, criticar es natural. Los líderes en situaciones de riesgo tienen que tomar muchas decisiones difíciles, y su personalidad y su estilo de liderazgo tendrán un impacto sobre cómo se toman esas decisiones. Espera ser criticado. Con humildad, considera qué cambiarías la próxima vez o cómo manejarás las cosas de manera distinta en el futuro basándote en la persona en la que te estás convirtiendo debido a los riesgos que has gestionado como líder. Puede ser fácil descartar a quienes te critican y que, posiblemente, no han estado en tus zapatos. Sin embargo, es sabio recordar que incluso los comentarios más malos siguen siendo útiles.

Espera desarrollar una mentalidad empática altamente enfocada[251]

Si no tenías la experiencia ni la capacidad para tomar decisiones rápidas, en las situaciones de riesgo aprenderás bastante rápido. Este tipo de mentalidad implica el aplicar cuatro formas de pensar eficazmente bajo presión. Primera: todas las decisiones son personales por naturaleza. Segunda: los líderes saben que las decisiones que toman dejarán marca en su propio carácter. «La forma como te perciben y la forma como percibes a quienes se verán afectados por tus decisiones harán aumentar la presión a la que te enfrentas en el proceso de toma de decisiones»[252].

Tercera: el liderar bajo presión requiere empatía, ingrediente esencial en el proceso de toma de decisiones. El empatizar con las personas a las que administras permitirá que crezca el discernimiento de cómo les va a las personas en la situación de riesgo. Cuarta: como ya se dijo antes, se deben hacer cálculos minuciosos y racionales, especialmente en situaciones de alto riesgo. Un buen juicio es la capacidad de incorporar numerosas variables, incluyendo la incertidumbre y los elementos intangibles del riesgo y de la mayordomía, y tomar una decisión de alta calidad.

Espera que el ser líder en el riesgo te sea costoso

Puede afectar tu salud física, emocional y espiritual. Puede que tu cabello se vuelva gris o cano mientras lideras en situación de riesgo. A Neal le pasó. Afectará a tu cónyuge y a tus hijos. También puede costarte algunas relaciones. Puede que los que te critican ya no sean tus amigos cuando acabe tu etapa como líder en el riesgo. Nunca serás el mismo que antes, pero, con esperanza, te volverás una persona más rica con un mayor temor y una mayor experiencia de Dios.

Espera cuidar de tu gente

Esto incluye cuidar de la seguridad física de tu gente, pero también de su bienestar mental, emocional y espiritual. Estos elementos de una persona en su totalidad siguen necesitando ser administrados e incluidos en las estrategias de gestión y evaluación del riesgo. Administra bien a tu personal siguiendo la guía del Señor.

Espera experimentar el soportar dolor por tu personal

En ocasiones, los líderes no pueden arreglar el problema; y saben que su equipo está sufriendo. Mark Thibodeaux describe el liderazgo como «la capacidad de soportar el dolor sin la habilidad para solucionarlo, despojarse de los rápidos arreglos mentales y el coraje para observar profundamente la realidad y responder con amor y compasión»[253]. No es fácil ministrar compasión y lágrimas a unas ovejas lastimadas, pero a veces este es el tipo de liderazgo que se necesita en ciertas situaciones y con ciertas personas.

Cuando se lidera a un equipo, es difícil saber cómo responderían las personas en situaciones peligrosas y de alto riesgo. Un estudio de desastres y de cómo respondieron las personas reveló cinco lecciones clave que pueden aplicarse a las situaciones de alto riesgo transculturales. Estas son las cinco lecciones principales fruto de la investigación sobre el análisis de las respuestas de la gente a situaciones que, por lo general, evocarían terror y pánico:

1. Los planes de desastre preparados antes de un evento de riesgo raramente funcionan en la práctica.

2. La planificación rígida y vertical falló en ocasiones porque los sistemas de telecomunicaciones estaban inoperativos y los planes se enfocaron en las cosas equivocadas o no pudieron englobar el potencial de cambio en un contexto externo.

3. La flexibilidad es vital en la planificación.

4. Las víctimas respondieron con ingenio colectivo, eficazmente y de forma creativa.

5. El pánico era raro entre los afectados por el desastre. Nadie se quejaba ni mostraba un comportamiento irracional[254].

El factor «X»

Un factor importante en las respuestas de la gente en situaciones y eventos de alto riesgo es la función del Espíritu Santo. El poder vigorizante del Espíritu

Santo que permite a los líderes, a los individuos y a los equipos responder en una situación de riesgo con coraje y claridad es difícil de explicar, pero se puede confiar en él sin dudarlo. Una amiga me hizo hablar durante horas en las que yo le contaba las penurias por las que pasábamos Neal y yo, y al final me preguntó: «¿Y cómo pudiste salir de todo eso?». Alguna combinación de entereza mental y el aferrarme con fuerza a la realidad espiritual de que Dios está sentado en Su trono en calma me ayudó a estabilizar mi respiración y elegir seguir perseverando otro día más.

Lo fascinante para Neal y para mí fueron las personas que, teniendo toda la capacitación y preparación, sorprendentemente no lo hacían tan bien como algunos de los que no tenían ninguna capacitación formal ni preparación para la situación de riesgo en la que nos encontrábamos. Como líderes, hacemos todo lo que podemos para crear un clima para que, en una situación de riesgo, las personas florezcan espiritual, mental, emocional y relacionalmente. Esto es realmente posible.

Aplicación

1. ¿Qué otros pasos te está susurrando el Espíritu Santo que des?
2. ¿Qué respuesta de liderazgo poco servicial es más probable que des?
3. ¿De qué actitudes o comportamientos te está pidiendo Dios que te arrepientas?
4. ¿Qué otras expectativas tenías del liderazgo en el riesgo de las que eres consciente ahora?

Resumen del Capítulo 13

1. Aspectos esenciales para liderar en el riesgo:
    - Cambia tu forma de liderar. El liderazgo en el riesgo requiere un enfoque notablemente distinto a cuando se lidera en entornos de bajo riesgo.

- Desarrolla una convicción personal en lo referente al riesgo. Es esencial que los líderes tengan una convicción personal bien desarrollada en lo referente al cumplimiento del llamado de Dios mientras se hace frente al peligro.

- Genera conciencia en la oficina central. No es poco común que los líderes emisores que están en la oficina central estén apartados del trabajo sobre el terreno durante muchos años o que no hayan servido más allá de su propio país.

- Resérvate el juzgar al personal. Aunque la evaluación del bienestar del personal sobre el terreno sea constante, es sabio frenarse a la hora de sacar cualquier conclusión durante las primeras semanas tras la llegada a casa del personal.

- Confía en tus presentimientos. Liderar en el riesgo es como liderar a través de una ciénaga en medio de una bruma extremadamente espesa; son muchas las incertidumbres en cuanto a las personas que tenemos que liderar y administrar.

- Practica una comunicación del riesgo sabia. A menudo, el repetir la visión ayuda a centrar y unificar al equipo, y también hace que los socios en nuestros lugares de origen se mantengan involucrados y en oración.

- Investiga sobre la psicología del riesgo. Los estudios sobre la psicología del riesgo demuestran que las décadas de énfasis en los aspectos cognitivos del riesgo han negado desde hace mucho tiempo el lado emocional del riesgo, así como el comportamiento humano predecible.

- Reafirma a quienes se hayan arriesgado. Quienes se han arriesgado y han hecho todo lo posible en las circunstancias teniendo en cuenta sus limitaciones merecen recibir el mismo elogio que Pablo ofreció a Epafrodito delante de la iglesia de Filipos.

- Desarrolla un entendimiento del riesgo dentro de la cultura de la oficina central. El personal emisor debe ser consciente del estrés bajo el que viven los trabajadores que están sobre el terreno.
- Invierte en cuidar de ti. Para los líderes sabios, el cuidarse a ellos mismos será una prioridad.

2. Respuestas poco serviciales: hay al menos cuatro respuestas poco serviciales que los líderes ofrecen sobre el riesgo y que discutiremos ahora.
    - No nombrar la realidad con precisión. El estar dispuesto a morir por Jesús no es lo mismo que exponer deliberada y conscientemente a tus hijos, a tu esposo y, si lideras a un equipo, también a este, a la posibilidad de morir, y tener que vivir con ese riesgo día tras día.
    - Negación total de que el riesgo sea incluso una posibilidad. Esto puede llevar fácilmente a la sobrespiritualización y al replanteo de problemas con términos psicológicamente positivos tales como la paz y el gozo de seguir a Jesús, a la vez que se ignoran las emociones reales implicadas a la hora de atacar las puertas del Hades.
    - La minimización o sobrespiritualización del riesgo. El señalar una restauración futura en algún momento posiblemente sea un aliento significativo, pero por lo general no ayuda cuando se lucha con pérdidas potenciales.
    - No usar un enfoque holístico. Las emociones no procesadas que son el resultado del estar en un acontecimiento de alto riesgo o en una situación de riesgo a largo plazo pueden llevar a manifestaciones físicas del estrés, a trastornos psicológicos, a la pérdida de la fe en Dios y a tensiones relacionales.

3. Levantamiento de pesas: cómo desarrollar el músculo (de la fe). Como subpastores, el entender toda esta dinámica y el ser capaces de explicar la visión y orientar a las personas a través del cambio es una habilidad necesaria para guiar a las personas a través de situaciones de alto riesgo.

4. ¿Cuáles son algunas expectativas correctas que deberían tener los líderes?

- Espera ser criticado independientemente de lo que hagas y de lo bien que lo hagas.

- Espera desarrollar una mentalidad empática altamente enfocada.

- Espera que el ser líder en el riesgo te sea costoso: puede afectar a tu salud física, emocional y espiritual.

- Espera cuidar de tu gente, incluido el cuidado de su seguridad física, pero también de su bienestar mental, emocional y espiritual.

- Espera experimentar el soportar dolor por tu personal: en ocasiones, los líderes no pueden solucionar el problema, y saben que su equipo está sufriendo.

5. El factor «X». Un factor importante en las respuestas de la gente en situaciones y eventos de alto riesgo es la función del Espíritu Santo. El poder vigorizante del Espíritu Santo que permite a los líderes, a los individuos y a los equipos responder en una situación de riesgo con coraje y claridad es difícil de explicar, pero se puede confiar en él sin dudarlo.

capítulo 14
Reflexiones de una subpastora

Es un honor experimentar el evento de riesgo y un privilegio el administrarlo con todo lo que hace en y a través de nosotros para gloria de Dios y para fomento de Su reino. En el momento de riesgo, tenemos la oportunidad de experimentar a nuestro Padre celestial como en ningún otro momento ni en ningún otro lugar.

Hay dos escrituras clave que me sustentaron durante nuestros años en Afganistán. La meditación sobre las antiguas palabras de Daniel y del rey Nabucodonosor ministró de manera especial mi corazón, hizo crecer mi temor de Dios y mi admiración por Él, y me dio una perspectiva sumamente necesitada en los días en los que simplemente quería tomar a los niños y volver a casa.

El rey Nabucodonosor y el trono del cielo

En el Capítulo 3 discutimos sobre la batalla entre los israelitas y los amalecitas. Al final, vimos la perpetuidad de la mano de Dios en Su trono en el cielo. Más tarde, en el libro de Daniel, leímos una oración de alabanza por parte de Daniel y una bendición de Dios del rey Nabucodonosor que nos señala al trono de Dios. Después de que Dios revelara a Daniel el sueño del rey, su respuesta en oración da una perspectiva para sobrevivir a los malos tiempos:

> «Sea el nombre de Dios bendito por los siglos de los siglos,
> porque la sabiduría y el poder son de Él.
> Él es quien cambia los tiempos y las edades;
> quita reyes y pone reyes;
> da sabiduría a los sabios,
> y conocimiento a los entendidos.
> Él es quien revela lo profundo y lo escondido;
> conoce lo que está en tinieblas,

> y la luz mora con Él.
> A ti, Dios de mis padres,
> doy yo gracias y alabo,
> porque me has dado sabiduría y poder,
> y ahora me has revelado lo que te habíamos pedido,
> pues el asunto del rey nos has dado a conocer.
> (Daniel 2-20-23 LBLA).

Dios puso al rey, al primer ministro, al presidente o al dictador en el país receptor en el que vives. Así como fue en la época de Daniel, así es también en la nuestra: nada ha tomado a Dios por sorpresa. Él es para nosotros el mismo Dios que fue para Daniel. A la larga, se acabarán todos los gobernantes, y un día la justicia completa de Dios reinará majestuosa en toda la tierra. Cuando leemos las Escrituras, todas las menciones a las naciones nos recuerdan que se aproxima un tiempo en el que todo será hecho perfecto. No debemos desalentarnos ni perder la esperanza, ni siquiera cuando no podamos ver justicia ni rectitud en la polvorienta aldea o ciudad que pisan nuestros pies.

Cuando el rey Nabucodonosor recobró la razón, alzó los ojos al cielo e hizo cuatro cosas: bendijo, alabó, glorificó a Dios y, luego, proclamó:

> «Porque su dominio es un dominio eterno,
> y su reino permanece de generación en generación.
> Y todos los habitantes de la tierra son considerados como nada,
> mas Él actúa conforme a su voluntad en el ejército del cielo
> y entre los habitantes de la Tierra;
> nadie puede detener su mano,
> ni decirle: "¿Qué has hecho?"».
> (Daniel 4:34-35 LBLA)

El rey Nabucodonosor vivió el resto de su vida humildemente alabando, exaltando y glorificando al Rey del cielo, donde algún día nos encontraremos con él. Nabucodonosor nos alienta a recordar que el Señor hace Su voluntad en el cielo y en la tierra, y que nadie puede impedir que haga lo que le plazca.

El recordar la perspectiva del Señor sentado calmadamente en Su trono en el cielo salva vidas. Un día, hacia el final de nuestro tiempo allí, iba andando por las polvorientas calles de Kabul. Acabábamos de salir de un confinamiento casi total de ocho meses y se nos había dado libertad para movernos por las cuadras cercanas a nuestra casa. Iba a visitar a una colega para conseguir información sensible sobre seguridad que sabía que no podía darme por el celular.

Al mirar hacia abajo, vi nubes de polvo que se arremolinaban alrededor de mis pies y que subían por mi *chapan*[255]. La oscura nube de polvo y arena que subía por la negrura de mi túnica me llegó hasta el alma. Inmediatamente, empecé a hundirme en una depresión y grité: «¡Señor, nadie se acuerda de nosotros, nadie ora por nosotros!». En un milisegundo, sentí que un pesado y oscuro espíritu de depresión me descendía por detrás del cuello y que se estaba enganchando a mí. Al mismo tiempo, oí que el Señor me preguntó: «¿Qué tienes en tu bolso?».

Se me vinieron a la mente las tarjetas que llevaba en el bolso. Habíamos sido entrenados para sobrevivir a los secuestros y, en el bolso, apretado alrededor de mi hombro, había una pequeña Biblia de viaje, mi dinero, una barra de labios «ChapStick» y una pequeña colección de tarjetas plastificadas. Las mujeres de una de nuestras iglesias asociadas habían escrito versos y los habían personalizado con mi nombre como sus oraciones para mí.

Entonces el Señor me preguntó: «¿Cuántas direcciones de correo electrónico reciben tu boletín informativo todos los meses y se han comprometido a orar por ti?».

«Doscientas veinte», respondí yo.

«Bien, ahora no mires al polvo», lo sentí decir. «Mantén tu mirada en el cielo y centra tu mente en la santidad que rodea mi trono».

«Está bien, Señor. No sé lo que significa eso, pero lo intentaré». Cuando centré con determinación los ojos de mi mente en Su trono en el cielo, el espíritu de depresión se soltó de detrás de mi cuello y se desvaneció. Levanté la mirada para ver a la gente que había a mi alrededor y retomé mi habitual paseo en oración.

¿Por qué está el enfoque en el trono de Dios? Al centrarme en el trono ubicado en la eternidad, me recordé a mí misma de dónde venía, quién era y cuál era mi propósito. Del mismo modo, al implicarnos con Dios y centrarnos en Su trono eterno, nos recordamos de dónde venimos, quiénes somos y cuál es nuestro propósito.

Exclusividad y plenitud

El trono de Dios es por lejos el lugar más exclusivo en la existencia: «El Señor ha establecido su trono en los cielos, y su reino domina sobre todo» (Salmos 103:19 LBLA). Es exclusivamente de Dios. Ha estado ocupado desde antes de que existiera el tiempo: «Tu trono, oh Dios, es eterno y para siempre» (Salmos 45:6). Nunca ha estado vacante y nunca lo estará. De hecho, cuando experimentamos la presencia del Señor, Su trono no está nunca lejos. Es mucho más que un asiento donde sentarse; más bien, representa la autoridad, el poder, el control y el dominio. Recibimos su presencia con los brazos abiertos.

Un asiento de autoridad

El trono es el emblema de la autoridad. Desde el trono, se ratifican los asuntos oficiales del reino, se emiten decretos y se dictan juicios. El salmista declaró: «La justicia y el derecho son el fundamento de tu trono [...]» (Salmos 89:14).

El tiempo que pasamos todos los días frente al trono se denominan «momentos del trono» y pueden experimentarse en cualquier lugar ¡Normalmente, disfruto de estos momentos en el fregadero de mi cocina! Los momentos del trono garantizan que fundamentemos nuestras vidas en la justicia y la rectitud. Aportan una perspectiva correcta y una rectitud a nuestros espíritus que nos empoderan en medio del riesgo. Los momentos del trono activan principios del reino. Ante el trono de Dios, nuestras acciones, nuestros pensamientos y nuestras intenciones se escrutan para que cumplan los preceptos de Dios. Semejantes momentos tienen un sorprendente efecto en los creyentes. Traen el equilibrio del trono a un mundo por lo demás desequilibrado y roto.

¿Recuerdas la descripción del trono de Dios en Apocalipsis? Una de las características es que de Su trono emana un mar transparente semejante al cristal. No son aguas caóticas como las de Génesis 1:2, sino que el agua es calma y apacible. La paz que rodea Su trono nos llega al alma cuando meditamos sobre Él en lo más profundo de nuestros corazones.

El trono está ocupado y es móvil

Dios reina desde Su trono, incluso cuando no lo parece o no podemos sentirlo. El salmista dijo: «Dios reina sobre las naciones; sentado está Dios en Su santo trono» (Salmos 47:8). Tenemos que volver a recordar que el trono de Dios nunca estará vacante. No se puede usurpar. No puede ser superado en fuerza ni ser vencido. El trono es seguro y está establecido para siempre: «Hijo de hombre, este es el lugar de Mi trono, el lugar de las plantas de Mis pies, donde habitaré entre los hijos de Israel para siempre» (Ezequiel 43:7a).

El trono de Dios es móvil, lo que significa que aparece donde sea que Dios manifiesta Su presencia. Lo portan los querubines; no está fijo en el suelo (Ezequiel 1:25-26). En Hebreos 4:16, se nos alienta a «acercarnos al trono de la gracia con confianza para que recibamos misericordia y hallemos la oportunidad de Su gracia que nos ayuda en toda necesidad».

¿Cómo nos acercamos a este trono? Una forma maravillosa es persiguiendo la presencia de Dios en la adoración. A través de nuestra alabanza, Dios viene sentado en el trono que llevan los ángeles hasta nuestras circunstancias y vidas ¡Qué idea tan magnífica! Él es nuestra ayuda para todas nuestras necesidades.

Un arcoíris rodea Su trono

«Y acontecerá que cuando haga venir nubes sobre la Tierra, se verá el arco en las nubes» (Génesis 9:14). El arcoíris solo llega tras la oscuridad y las tormentas. En el cielo, el arcoíris *siempre* está sobre Su trono, y no hay ni tormentas ni oscuridad. No solo está sobre el trono de Dios, sino que rodea Su trono, lo que indica totalidad y plenitud (Ezequiel 1:28; Apocalipsis 4:3). Al centrar nuestras mentes y nuestros corazones en la serenidad, el poder, la justicia y la rectitud, todas ellas características del trono de Dios, se apacigua la tormenta que puede estar desatándose en nuestros corazones y nos fortalecemos para hacer frente con valentía al momento de riesgo que Él nos ha llamado a ministrar.

Una última exhortación: **sean valientes**

«Estén alerta. Permanezcan firmes en la fe. Sean valientes. Sean fuertes (1 Corintios 16:13 NTV).

Por último, la frase utilizada en 1 Corintios 16:13 («Permanezcan firmes») significa que debemos actuar con sabiduría y coraje como un adulto maduro en

Cristo, no como un bebé o un niño. «Ser valiente» significa ser una persona buena y confiable; un verdadero ser humano, enérgico, moral y compasivo[256]. La orden de cómo hemos de portarnos se aplica a todos los seguidores de Cristo, hombres y mujeres, adultos o niños. Actúa como alguien que come comida sólida, no como un niño que sigue tomando leche (Hebreos 5:12 NBV). Esta orden dice en realidad: «Actúen todos como personas maduras en la fe».

¿Cómo se ve esto en el riesgo? Vemos una descripción de ello en Hebreos 10:32-39 (LBLA):

> «Pero recordad los días pasados, cuando después de haber sido iluminados, soportasteis una gran lucha de padecimientos; por una parte, siendo hechos un espectáculo público en oprobios y aflicciones, y por otra, siendo compañeros de los que eran tratados así. Porque tuvisteis compasión de los prisioneros y aceptasteis con gozo el despojo de vuestros bienes, sabiendo que tenéis para vosotros mismos una mejor y más duradera posesión. Por tanto, no desechéis vuestra confianza, la cual tiene gran recompensa. Porque tenéis necesidad de paciencia, para que cuando hayáis hecho la voluntad de Dios, obtengáis la promesa.
>
> > «Porque dentro de muy poco tiempo,
> > el que ha de venir vendrá y no tardará
> > Mas mi justo vivirá por la fe;
> > y si retrocede,
> > mi alma no se complacerá en él».
>
> Pero nosotros no somos de los que retroceden para perdición, sino de los que tienen fe para la preservación del alma».

En el margen de mi Biblia, he escrito: «Debo tener resolución, fuerza de voluntad, determinación, agallas, una alta moral, coraje, devoción, persistencia, tenacidad y una mentalidad implacable. No retrocederé, sino que seguiré adelante por mi Rey». Amado mío, nuestra causa es una causa digna y noble, pues servimos al Rey de reyes y al Señor de señores. Somos llamados a salir y pelear contra Amalec, un llamado a librar la continua guerra espiritual.

No podemos quedarnos de brazos cruzados y aceptar al mal con pasividad; tampoco podemos ignorarlo ni fingir que no existe. Debemos llamar al mal por su nombre y ejercer autoridad espiritual sobre él. Las armas de nuestra contienda tienen un poder divino para destruir las fortalezas enemigas. Nos protegen la armadura de Dios y las armas de la luz. Es la fe constante en el poder de Dios la que nos alzará victoriosos sobre los poderes de la oscuridad.

Yahvé nos dice lo siguiente: «No temáis ni os acobardéis delante de esta gran multitud, porque la batalla no es vuestra, sino de Dios» (2 Crónicas 20:15 LBLA). En este día, en este lugar y en esta generación, libramos la batalla y peleamos y destruimos las puertas del Hades en nuestros vecindarios. Servimos a un Dios de paz que aplastará a Satanás debajo de nuestros pies (Romanos 16:20). Así que, alzamos la espada del Espíritu, que es la Palabra de Dios, y luchamos con el amor y el perdón de Cristo en nombre de la justicia que se obtuvo para nosotros en la cruz.

Recuerden que no hay armadura para cubrirnos las espaldas, por lo que no retrocederemos ni daremos media vuelta, sino que seremos sensatos y vigilantes. Resistiremos para caracterizarnos por ser una generación con una valerosa fe combativa, con una mentalidad de batalla, hombres y mujeres que haremos lo correcto incluso cuando estemos asustados; hombres y mujeres, y niños y niñas, con el corazón de nuestro Rey.

apéndice a
Lista de lectura sobre el riesgo

«*Against the Gods: The Remarkable Story of Risk*» [«*Contra los dioses: la sorprendente historia del riesgo*»], de Peter L. Bernstein.

«*A Certain Risk: Living Your Faith at the Edge*» [«*Un cierto riesgo: vive tu fe al límite*»], de Paul Richardson.

«*A Practical Guide to Risk Management*» [«*Una guía práctica para gestionar el riesgo*»], de Thomas S. Coleman.

«*God Is a Warrior: Studies in Old Testament Theology*» [«*Dios es un guerrero: estudios en teología del Antiguo Testamento*»], de Tremper Longman y Daniel G. Reid.

«*God's Missionary*» [«*El misionero de Dios*»], de Amy Carmichael.

«*How to Measure Anything: Finding the Values of Intangibles in Business*» [«*Cómo medir cualquier cosa: halla el valor de lo intangible en los negocios*»] (con cuaderno de trabajo), de Douglas W. Hubbard.

«*Risk: A Very Short Introduction*» [«*El riesgo: una muy breve introducción*»], de «Baruch Fischhoff.

«*Risk Savvy: How to Make Good Decisions*» [«*Entendido en el riesgo: cómo tomar buenas decisiones*»], de Gerd Gingerenzer.

«*Strategic Risk Taking: A Framework for Risk Management*» [«*Asunción de riesgos estratégica: un marco para la gestión del riesgo*»], de Aswath Damodaran.

«*Take the Risk: Learning to Identify, Choose, and Live with Acceptable Risk*» [«*Corre el riesgo: aprende a identificar, elegir y vivir con un riesgo aceptable*»], de Ben Carson.

«*The Faith of Leap: Embracing a Theology of Risk, Adventure and Courage* [«*La fe del salto: cómo abrazar una teología del riesgo, la aventura y el coraje*»], de Michael Frost y Alan Hirsch.

«*Los profetas*», de Abraham J. Heschel.

«*The Psychology of Risk*» [«*La psicología del riesgo*»], de Glynis Breakwell.

«*The Psychology of Risk-Taking Behavior*» [«*La psicología de la conducta de asunción de riesgos*»], de R. M. Trimpop.

apéndice b
Catálogo de preguntas sobre el riesgo transcultural

Las expectativas y el riesgo[257]

- Convicciones sobre Dios. Mi «caja de Dios se rompió» ¿Qué es lo que creo cuando me enfrento a la hambruna, a una gran pérdida, a la injusticia, al desastre y a la tragedia? Que Dios no se está comportando como yo creía que lo haría. Él es impredecible ¿Qué me sustentará cuando no obtenga ninguna respuesta?

- Convicciones sobre la forma como funciona la vida. La vida debería ser justa. Las personas deberían ser dignas de confianza. Dios debería responder a las oraciones rápidamente. La bondad será recompensada. El mal será castigado. Cuando estas cosas no son así, ¿entonces qué pasa?

- Convicciones sobre mí misma ¿Qué persona soy yo? Soy una persona buena, paciente, amable y razonable. En realidad soy bastante valiente y resiliente. Puedo manejar las penurias, la mayoría de los sufrimientos y una privación considerable ¿Cómo explico entonces cuando me enojo, soy rencorosa, autocompasiva, exigente, temerosa y desconfiada?

- Convicciones sobre las personas. Mis buenos amigos no me defraudarán. Me defenderán cuando me difamen o tergiversen. Por lo general, se puede confiar en las personas, que mantendrán su palabra en la medida de lo posible. Y cuando me defraudan, ¿qué hago? ¿Dejo de confiar en todo el mundo? ¿Qué debería hacer? ¿Cuáles son mis convicciones más profundamente arraigadas sobre el formar parte de un cuerpo? ¿Considero la confianza, el amor, la cooperación y la comunidad como una parte nutritiva de la vida?

- Convicciones que tengo sobre el crecimiento y la madurez, así como el valor del sufrimiento y del dolor.

- Creo que básicamente todos somos buenos y que todos queremos crecer para llegar a ser como Jesús, y la forma de hacerlo es a través de los acontecimientos normales de la vida. Seguramente, ¡el estrés y la presión del lugar de trabajo bastan para desarrollar una mayor semejanza a Cristo! ¿Cómo interpretaré entonces la injusticia, la sensación de que Dios está ausente o que es injusto, o la pérdida repentina de un ser querido?

La fe y el riesgo

- ¿En qué o en quién depositamos nuestra confianza? ¿Hay integridad (concordancia) entre nuestras acciones y lo que decimos que creemos? ¿Deduciría un observador que confiamos en Dios a partir de nuestras vidas?[258]

- ¿Está Dios presente? Esta es la diferencia entre fe y suposición. La toma de decisiones piadosa no se puede reducir siempre a meras elecciones de comportamiento (Números 13-14; Jueces 11; Hechos 5)[259].

- ¿Se deleita Dios con la actividad propuesta y con nosotros?[260]

- ¿Nos llama Cristo a morir por Él físicamente a toda costa o a estar preparados para morir por Él a toda costa?[261]

- ¿Cuál es la línea en la que el riesgo es demasiado alto como para quedarse?[262]

- ¿Por qué valores básicos se rige la toma de decisiones y cómo representan dichos valores el carácter de Dios?[263]

- ¿Qué hicieron personas de Dios específicas cuando hicieron frente al riesgo y cómo respondió Dios a lo que ellas eligieron hacer?[264]

- El riesgo que se corre ¿está motivado por un amor personal a Cristo y a Sus propósitos?[265]

- ¿Hay equilibrio en cómo vemos a nuestros adversarios, a los enemigos de Dios que, aun así, son enemigos que debemos amar?[266]

- ¿Hay equilibrio entre el confiar en Dios en el resultado pero no suponer que hará un milagro?[267]

- ¿Qué te motiva?[268]

- ¿Qué es lo que creo firmemente sobre Dios, Su carácter, Su relevancia y Su cuidado?[269]

- ¿Qué es lo que creo firmemente sobre Dios y la oración, Su poder y Su capacidad, Su buena voluntad para intervenir en mi nombre y Sus promesas de salvar, proveer y proteger?[270]
- ¿Qué es lo que creo firmemente sobre el vivir en un mundo caído como creyente implicada en el ministerio, un ministerio que desafía al reino y a los poderes de la oscuridad?[271]
- ¿Qué es lo que creo firmemente sobre la importancia y el valor de formar parte de una comunidad con relaciones estrechas? ¿Cómo explico la fragilidad y la debilidad de las personas, así como la mía propia?[272]
- ¿Qué es lo que creo acerca de mí mismo, mi vulnerabilidad o invulnerabilidad frente al dolor y al sufrimiento, y mi disposición para resistir, mi resiliencia y mi compromiso en el largo plazo? ¿Qué es lo que creo sobre el valor de las penurias, el dolor y el sufrimiento en mi vida?[273]

La calificación del riesgo[274]

- ¿Hay una diferencia cualitativa entre las decisiones relacionadas con el riesgo que toman los cristianos frente a los no cristianos a la hora de promover su causa (no nuestras obras, sino nuestras relaciones)?
- ¿Qué significado se le da a la posibilidad de la muerte?
- ¿Cuál es el equilibrio correcto de nuestro esfuerzo y la obra de Dios para esta situación (Colosenses 3; Lucas 9-10; Nehemías 4:20-21)?
- ¿Podemos identificar y clasificar en términos bíblicos el riesgo actual que se ha planteado?

La cultura y el riesgo[275]

- ¿Qué consideramos como algo rotundo pero en realidad son expectativas influenciadas culturalmente sobre cómo deberían ser las cosas?
- ¿Cuál es la expectativa mínima de los riesgos aceptables que acompañan al discipulado cristiano maduro?

- ¿Abordo la toma de decisiones a partir de una cosmovisión individualista o a partir de una cosmovisión más arraigada en la comunidad? ¿Cómo influye mi contexto cultural en mi enfoque a la hora de tomar decisiones? Sin importar si la cultura es de honor/vergüenza, justicia/culpa o poder/basada en el miedo, la sociedad también puede influir en la forma como las personas toman decisiones y en los aspectos emocionales y cognitivos de su enfoque sobre el riesgo y del peligro, así como la aceptación de estos.
- ¿Hay diferencias culturales con respecto a la tolerancia al riesgo que se deban abordar con el fin de llegar a un entendimiento significativo?

Las organizaciones y el riesgo

- Al considerar una cuestión de riesgo ministerial, ¿qué tipo de situación caracterizaría un «fracaso» a los ojos de Dios?[276]
- ¿Dónde entra en conflicto lo que es bueno para la organización con lo que es bueno para el individuo?[277]
- ¿Cómo deberían las organizaciones que trabajan en la misma comunidad resolver diferencias en lo relativo a un riesgo aceptable frente a un riesgo inaceptable?[278]
- ¿Alberga el individuo o la organización intenciones o planes ocultos y posiblemente impíos que deben sacarse a la luz y abordarse?[279]
- ¿Hay áreas en las que el riesgo y los beneficios para el individuo y la organización no están alineados allí donde puede haber «intereses» conflictivos que influyan en la toma de decisiones?[280]

Los recursos y el riesgo

- ¿Se hace una deliberación cuidadosa en el proceso de toma de decisiones para evitar tomar una decisión o hacer una promesa imprudente, precipitada y de la que uno se puede arrepentir?[281]

- ¿Qué (o a quién) pretendemos proteger? ¿Es algo por lo que Jesús nos llama a morir? (Jesús nos llama a morir por «las cosas buenas»: nuestras familias, nuestras granjas e incluso nuestras propias vidas)[282]
- ¿Merece la pena correr el riesgo si el resultado es un determinado fracaso temporal o la muerte?[283]
- ¿Actuamos con la debida diligencia como individuos y organizaciones para prepararnos para los peores escenarios?[284]
- ¿Qué acción daría el mensaje más claro al mundo de que valoramos a Jesús por encima de todas las cosas?[285]
- ¿Estamos abordando la situación desde una perspectiva de escasez o de abundancia?[286]

Yo mismo y el riesgo[287]

- ¿Das más valor al análisis del riesgo que a la sabiduría de Dios?
- ¿Crees que si tomas las decisiones correctas todo saldrá bien?
- ¿Esperas que la forma como actúes en el momento de riesgo según los estándares del éxito terrenal sea un indicador de éxito? En otras palabras, ¿cómo se ve para ti el «riesgo exitoso» en esta situación? ¿Necesitas cambiar tu idea?
- ¿Escuchas más a tu razón que a tu corazón y que al Espíritu Santo? ¿Dónde está el equilibrio?
- ¿Te moldean más tus circunstancias externas que tus reflexiones internas?
- ¿Buscas la aprobación externa de personas, de tu principal agencia emisora o de juntas de gobierno en vez del reconocimiento interior de Dios? (Siempre habrá alguien que te critique hagas lo que hagas).
- ¿Luchas por encontrar tu destino o te esfuerzas por contribuir a los propósitos de Dios? En tus prioridades, ¿dónde se sitúa la devoción frente al servicio?

apéndice c
Una lista de peligros y posibles traumas

- Nacionalismo feroz.
- Xenofobia.
- Miedo a espíritus ancestrales.
- Islam fundamentalista.
- Rivalidades étnicas entre iglesias.
- Rivalidades étnicas en aldeas o ciudades.
- Calumnias por parte de agentes gubernamentales.
- Denegación de la visa.
- Detención por agentes gubernamentales.
- Inspección de uno, de casa o del personal por parte de agentes gubernamentales
- Robo.
- Violación de mujeres, niños y niñas.
- Secuestro.
- Tortura.
- Ataque satánico manifiesto.
- Hostigamientos demoniacos y ataques a niños.
- Asesinato: decapitación, crucifixión, por disparos o quemado vivo.
- Sospecha de ser espías.
- Niños extranjeros acusados de mal comportamiento.
- Acoso sexual a madres, hijas e hijos.
- Enfermedad.
- Episodios constantes de diarrea y destrucción del sistema inmunológico.
- Exposición a toxinas ambientales que producen cáncer u otras enfermedades.

apéndice d

Receta de recuperación tras robos de «B»

Se trata de una receta de masa para hacer pizza, *stromboli*, rosquillas o rollos de canela. Mi amiga «B» usó esta receta durante veinte años en Indonesia cocinando para toda su familia; luego me la dio en Kabul, Afganistán, algunos días después de que un grupo de diez afganos nos retuvieran a punta de pistola, nos saquearan y robaran nuestra casa.

La importancia de esta receta fue que nuestra amiga vino a casa e hizo esta masa para luego elaborar las cuatro recetas: pizza, *stromboli*, rosquillas y rollos de canela. Así, nuestra casa se llenó con nuevos olores que borraron el recuerdo de los ladrones. Llevo usando la receta de «B» para alimentar a mi familia durante aproximadamente quince años y en tres países distintos.

Lo que necesitas:

- 2 cucharadas soperas de levadura
- 2 tazas de agua
- ½ taza de azúcar
- 2 cucharaditas de sal
- ½ taza de aceite
- 6 tazas de harina

Comprueba que la levadura está buena en ½ taza de agua tibia con 2 cucharaditas de azúcar. Una vez activada la levadura, vierte la mezcla de agua y levadura en un bol con 1½ taza de agua y el resto del azúcar. Mezcla ½ taza de aceite y 2 cucharaditas de sal. Luego ve añadiendo 1 taza de harina a la vez sin parar de mezclar.

Amasa entre cinco y siete minutos hasta que la masa se vuelva elástica. Ponla en un bol untado con aceite y cúbrela. Si tienes prisa, deja que leve al menos durante cuarenta y cinco minutos antes de darle la forma deseada. Lo ideal es que leve hasta doblar su tamaño. Luego golpea la masa y dale forma.

Rosquillas

Si usas la masa para hacer rosquillas, extiéndela hasta que tenga el grosor deseado y córtala dándole la forma de una rosquilla. Déjala levar al menos ½ hora antes de freír. El truco para hacer unas buenas rosquillas es calentar el aceite a la temperatura correcta. Asegúrate que siempre esté entre aprox. 175 °C y 195 °C.

Rollos de canela

Para hacer rollos de canela, estira la masa para formar un rectángulo de aprox. 65 mm de grosor. Unta la masa con mantequilla blanda o derretida (de 2 a 6 cucharadas soperas) ayudándote con las manos o con una cuchara. Espolvorea toda la masa con la mezcla para hacer rollos de canela. Enróllala con firmeza y cierra los bordes con un pellizco. Usando unas tijeras, corta la masa según el grosor que desees para tus rollos de canela y ponlos en una bandeja enmantecada. Hornea los rollos a aprox. 175 °C entre veinticinco y treinta minutos hasta que se doren.

Mezcla para hacer rollos de canela:
- 1 taza de azúcar negra o de azúcar blanca y 1 cucharada sopera de melaza
- 2 cucharaditas de canela
- ¼ de cucharadita de clavo de olor (opcional)
- una pizca de sal

Glaseado:
- 1½ taza de azúcar impalpable; si no tienes, pon 2 tazas de azúcar en una batidora y bátela hasta que el azúcar se convierta en polvo. Mide 1½ taza.
- 3 cucharadas soperas de queso crema o crema agria, suavizada
- 3 cucharadas soperas de suero de leche o leche
- ½ cucharadita de extracto de vainilla

Espolvorea los rollos de canela una vez horneados y sírvelos.

Pizza

Cuando haya levado, divide la masa en bolas del tamaño de un puño y déjala levar una segunda vez en una bandeja enharinada. Cuando la masa haya doblado su tamaño, extiéndela haciendo un círculo sobre una bandeja enharinada y moldea tu pizza de masa fina. Si deseas una masa más gruesa, simplemente aplasta varias bolas de masa sobre una bandeja enmantecada y enharinada para hacer la pizza. Hornéala a la temperatura más alta del horno (idealmente a unos 260 °C) en la parrilla más baja (más cercana al calor).

Stromboli

Cuando la masa haya doblado su tamaño, extiéndela haciendo un rectángulo grande de aprox. 0,5 cm de grosor. Unta la masa con salsa de pizza y añade los ingredientes que desees por toda la masa; luego, enróllala igual que hiciste para los rollos de canela. Cierra los bordes con un pellizco y, con cuidado, coloca el *stromboli* sobre una bandeja para hornear. No cortes el *stromboli* antes de hornearlo. Hornéalo a aprox. 175 °C hasta que se dore durante aproximadamente treinta minutos a una elevación de dos mil pies.

Nota: para hacer sabrosas recetas, personaliza la receta de «B» añadiendo a la harina especias italianas cuando hagas pizza o stromboli.

apéndice e
Plan de acción antirriesgos

Si lo que queremos es un plan para salir airosos frente a los planes del enemigo, entonces también tenemos que tener claro cuál es nuestro objetivo. Nuestro objetivo con este libro y con el taller «Evaluación y gestión de riesgos» es proporcionar una estrategia para responder al riesgo de manera holística para fortalecer a los trabajadores sobre el terreno que viven en situaciones de riesgo. La estrategia será distinta para cada persona y para cada evento o situación de riesgo.

Al integrar todos los elementos descritos en este libro y en el taller dentro de un plan de acción, es importante identificar hasta cuáles de estos elementos organizados en los siguientes pasos te está guiando el Señor para que trabajes sobre estos en tu preparación frente al riesgo o al abrirte camino a través de él. Ten en cuenta que no podrás hacer uso de algunos de los pasos hasta encontrarte en una situación de riesgo. Esta guía está pensada para utilizarse antes y durante el riesgo, y puede ser una herramienta útil en el análisis y los informes posteriores tras haber experimentado riesgo en tu búsqueda por entender más profundamente por dónde te ha guiado Dios.

¿Qué pasos prácticos son necesarios para reducir el miedo y la ansiedad, aumentar la calma y la confianza y ponerte en medio de la oportunidad de riesgo para cumplir lo que Dios te ha llamado a hacer? Puede que los pasos que necesites implementar cambien según el evento de riesgo y según la etapa de tu vida (soltería, paternidad o maternidad prematuras, etc.). Los pasos son los siguientes:

Paso uno: cambio de mentalidad.

Paso dos: *desarrolla el discernimiento en el riesgo.*

Paso tres: *identifica la voz del Espíritu Santo.*

Paso cuatro: *tres listas para una mayordomía práctica.*

Paso cinco: *planificación de emergencias/plan de evacuación.*

Paso seis: *mejora el perfil de seguridad.*

Paso siete: escribe una declaración personal de convicción sobre el riesgo transcultural.

Paso ocho: análisis de evaluación del peligro.

Paso nueve: métodos de resistencia.

Paso uno: cambio de mentalidad

1. ¿Qué cambio debe darse en tu mentalidad cuando consideras la mayordomía y el riesgo (Capítulo 4)?

2. ¿Por qué recursos deberás rendir cuentas, preservar e incrementar con esmero en tu servicio al Señor (Capítulos 4 y 11)?

3. Alternativamente, ¿qué eres llamado a derramar en este acontecimiento (Capítulo 4)?

4. Mitos del riesgo: elige un mito del riesgo que te haya impactado (Capítulo 9) y escribe el mito y la corrección, así como tus ideas al respecto.

Paso dos: desarrolla el discernimiento en el riesgo (Capítulo 5)

Evalúa las últimas veinticuatro horas de tu vida mental y emocional interior a través de este cuadro:

1. ¿Soy más amoroso, lleno de fe y optimista?

2. Actualmente, ¿me muevo hacia Dios o me alejo de Él en mis pensamientos, sentimientos y acciones?

3. ¿Qué preguntas te resultan más útiles ahora mismo y cómo las responderías?

    - ¿Qué es lo más amoroso que hay que hacer?
    - ¿Qué es lo más optimista que hay que hacer?
    - ¿Cuál es la cosa más llena de fe que hay que hacer?

- Mis decisiones en el riesgo, ¿me acercan o me alejan de Dios?
- ¿Confío en falsos dioses de mi propia creación?
- ¿Cuál es la cosa más estratégica que hay que hacer en este momento para el reino de Dios?

Paso tres: identifica la voz del Espíritu Santo (Capítulo 5)

1. ¿Cómo oyes que el Espíritu Santo te habla de forma única?
2. ¿Con qué combinación de las seis formas tratadas te guía el Espíritu Santo en este acontecimiento de riesgo? ¿De qué otras formas no enumeradas disciernes Su guía en el riesgo?
   - Los consultores de seguridad.
   - La comunidad.
   - La familia.
   - La Biblia.
   - La voz del Espíritu Santo.
   - Los líderes y autoridades, tanto líderes expatriados como locales.
   - Los sueños y visiones.
3. ¿Dónde sientes la presencia de Dios y que Él está obrando?
4. ¿Dónde se da la receptividad al Evangelio? ¿Qué cambios son necesarios para atraer esas oportunidades?
5. ¿Cómo se ven la sabiduría, la prudencia y el discernimiento en esta situación de riesgo?

Paso cuatro: tres listas para una mayordomía práctica
(Capítulo 11)

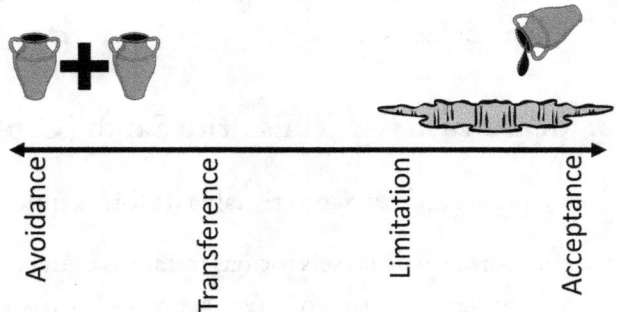

1. Haz una lista de todos los recursos que debes ministrar y qué impacto tendría en ti si los perdieras. Entre estos se incluyen los objetos irremplazables, pero también los objetos con un significado especial y aquellos que son costosos o difíciles de reemplazar.

2. Ora y pide al Señor que te traiga a la mente esos objetos que tendrían un impacto en ti con el sentimiento de «pérdida».

3. Ora sobre lo que el Señor te está pidiendo que hagas: ¿mitigar la pérdida lo mejor que puedas o derramarlos para Su gloria?

    A. Físicos: casa, oficina y personas. Haz una lista de las personas que debes ministrar en el riesgo (p. ej., familia, personal, ciudadanos nacionales, otros).

    B. No físicos: fruto (del ministerio, de la vida eterna), oportunidades, seguridad digital y otros.

    C. Uno mismo: relación con Dios, relaciones con los demás, emociones y cuerpo físico:

    - Relación con Dios:
        o Preguntas básicas: ¿en qué aspectos del carácter de Dios te cuesta más confiar ahora mismo? ¿Qué preguntas básicas estás haciendo realmente?

- Ubicación de tu viaje espiritual (Capítulo 5): ¿cómo describirías dónde te encuentras en tu viaje espiritual con Dios? Usando las cinco categorías de movimiento de Nouwen, describe tu conciencia espiritual sobre dónde estás en tu relación con Dios:

    a. De la opacidad a la transparencia.

    b. De la ilusión a la oración.

    c. De la pena al gozo.

    d. Del resentimiento a la gratitud.

    e. Del miedo al amor.

- Fundamentos de fe: señala uno o dos fundamentos de fe de Abraham Heschel que el Espíritu Santo te está pidiendo que cultives de forma regular para crecer en la próxima temporada (Capítulo 5).

    a. La admiración.

    b. El temor.

    c. La deuda.

    d. La alabanza.

    e. El recuerdo.

    f. El actuar con justicia.

- Relaciones con los demás: ¿cómo manejas el impacto del riesgo en las relaciones con tu familia, tus compañeros de equipo, tus colegas nacionales, tus autoridades y líderes y la cultura que te rodea?

- Emociones: describe tu conciencia de la aceptación de la realidad de que las decisiones que crees estar tomando de forma lógica en realidad se ven influenciadas considerablemente por tus emociones. Identifica, reconoce y normaliza tus emociones.

- o ¿Qué tal te sientes en cuanto al riesgo percibido y el resultado?
- o ¿Cómo puede estar guiándote Dios a través de tus emociones?
- o Encuentra maneras constructivas de manejar las emociones fuertes: ¿cuál es la manera más útil que tienes para procesar personalmente tus emociones fuertes? (Hablar con un amigo de confianza, llevar un diario, etc.).
- o Entiende cómo tus emociones afectan la toma de decisiones en el riesgo e incorpóralo en el análisis del riesgo como corresponda. Específicamente, ¿cómo manejas tu miedo? ¿Te hacen tus miedos ser más pesimista o experimentas mucha ira que hace que te «sientas» más en control y, por lo tanto, más optimista?

- Físico: ¿qué estrategias prácticas puedes implementar para cuidar de tus necesidades físicas en el entorno de riesgo?
  - o Energía: ¿qué sería útil para gestionar tu energía mental y emocional de manera que tengas «margen» para las emergencias y las crisis que surjan en la situación de riesgo?
  - o Salud: ¿qué tienes que hacer para gestionar el sueño? ¿Qué planificación alimentaria necesitas implementar para recibir las calorías adecuadas que te ayuden a resistir a través del riesgo?

Paso cinco: **planificación de emergencias/plan de evacuación**

Mantén una lista de objetos que llevarte y cosas que hacer en un lugar seguro al que puedas acceder rápida y fácilmente en una emergencia. Prioriza la lista y síguela sistemáticamente cuando surja una emergencia.

1. Lista de cinco minutos: haz una lista de lo que te llevarás si solo tienes cinco minutos para evacuar. Procura que los objetos no superen los dos kilos de peso.

2. Lista de dos horas: haz una lista de lo que tienes que hacer si tienes dos horas para empacar.

3. Lista de veinticuatro a treinta y seis horas: haz una lista basándote en que cuentas con dos días para empacar.

4. Limpia la casa: ve por la casa y la oficina con la mentalidad de alguien que está buscando «pruebas» contra ti ¿Qué libros o documentos deberías destruir o quemar antes de dejar la casa? Mantén una lista de las cosas de las que debes deshacerte para que no olvides ningún objeto que pueda usarse contra tus colegas nacionales cuando tú no estés.

5. Criterios de evacuación: ¿qué criterios de evacuación sigues cuando sientes personalmente que es demasiado arriesgado quedarte? Escríbelos y, si la situación llega a ese punto, ora para discernir si el Señor te llama a quedarte de todos modos.

Paso seis: mejora el perfil de seguridad

1. ¿Qué otras relaciones necesitas desarrollar para fomentar tu propio perfil de seguridad y tu capacidad de evaluación de riesgos?

2. ¿De qué otras formas puedes mejorar tu seguridad personal en la situación de riesgo?

3. ¿Qué tienes que aprender para los riesgos a los que haces frente? (Aprende a evitar la vigilancia, aprende a ver si alguien te está siguiendo, organiza un horario planificado y aleatorio para tus actividades diarias, forma un Equipo de Respuesta Anticrisis, etc.).

Paso siete: escribe una afirmación personal de convicción sobre el riesgo transcultural

Dedica tiempo a escribir tu propia afirmación del riesgo transcultural. Esta es una explicación breve de aquello a lo que te aferrarás con firmeza en una situación de riesgo. Divídela en los siguientes pasos:

1. Identifica un versículo o una sección de la Biblia que ministre tu corazón, que cause esa sensación de «¿no ardían nuestros corazones dentro de nosotros?». Resume ese versículo o esa sección con tus propias palabras usando verbos y adjetivos que reflejen tu pasión y tu corazón en cuanto a tu llamado.

2. Asegúrate de que esa parte de tu afirmación personal incluya una convicción sobre cómo actuarás cuando lleguen las dificultades. Vemos este principio claramente demostrado en Salmos 46, donde el salmista declaró cómo respondería antes de que pasara algo. Este es un aspecto esencial de una afirmación de la teología del riesgo.

3. Elabóralo todo, refínalo y luego pide su opinión a algunas personas de confianza que entiendan lo que intentas hacer.

4. Enséñaselo a tus hijos lo antes posible, imprímelo, enmárcalo y luego colócalo en un lugar donde lo recuerdes todos los días. Revísalo con regularidad para que se vuelva parte de ti. Aquí tienes un ejemplo: «Nuestro propósito es vivir simplemente confiando y teniendo fe en Dios, siendo inquebrantables, sin temor y sin abatimiento frente a los problemas a los que podemos enfrentarnos, aferrándonos firmemente a nuestro llamado y resistiendo con determinación con nuestra mirada puesta en Cristo (Hebreos 11:24-27)».

Paso ocho: plantilla para el análisis de evaluación del peligro

Los pasos generalizados para la evaluación del peligro (riesgo) transcultural son:

1. Organizar una hoja de cálculo Excel o en otro formato para analizar las distintas amenazas de peligro y los distintos traumas potenciales a los que te expones.

2. Organiza la lista en una escala ascendente de impacto negativo ¿Cuál de estos impactos te preocupa más? Considera reorganizar la lista según el impacto que tengan sobre ti.

3. Usa la plantilla de riesgo del modelo *Bow Tie* para analizar cada riesgo por separado. Enumera todas las posibles causas y todos los resultados predecibles de ese evento de riesgo.

4. Traza un plan para conseguir flujos de información regulares y para mantenerte al corriente de la información y el análisis.

5. Utiliza la siguiente plantilla para calcular las probabilidades de que ocurran esos eventos de riesgo y la probabilidad de los resultados.

Realiza un análisis de diligencia debida. Enumera primero el riesgo principal (más impactante) y luego los riesgos secundarios. Analiza cada uno de ellos en el cuadro de riesgos e incorpora tantos datos independientes como sea posible (información de la embajada, informantes locales, prédicas en la mezquita durante el viernes, informes de seguridad centrados en el área, informes de seguridad internos de la comunidad de ONG, análisis de expertos externos, etc.).

Una herramienta para medir y comparar el riesgo

Objetivo: combinar la evaluación subjetiva de los niveles de riesgo con una herramienta objetiva que se pueda usar para medir y comparar los niveles de riesgo en las categorías pertinentes.

Paso uno: determina las categorías pertinentes

Así como un director financiero crearía un gráfico personalizado de las cuentas que se aplicaría a la situación de su empresa, un líder de equipo crea categorías de riesgo que se aplican a los riesgos asociados al entorno operativo del equipo. Procura elegir categorías lo suficientemente generales como para medir los riesgos, pero lo suficientemente detalladas como para proporcionar una información exhaustiva. Un ejemplo de una lista de categorías de riesgos podría ser el siguiente:

- Agresión (incluye la agresión física, los robos y los bombardeos).
- Secuestro (incluye los raptos y la toma de rehenes).

- Malestar político (incluye las revueltas, los golpes de Estado y la inestabilidad electoral).
- Salud (incluye los brotes y la falta de atención médica).

Paso dos: crea un gráfico para evaluar y medir cuatro factores asociados con los acontecimientos dentro de las categorías de riesgo.

Cada eje del gráfico se utilizará para plasmar uno de los cuatro factores, que son:

- gravedad (la envergadura del impacto en los individuos y el equipo),
- frecuencia (el ritmo al que ocurren los eventos),
- proximidad geográfica (la cercanía entre los eventos); y
- proximidad demográfica (una medición de las similitudes que el equipo comparte con los blancos del evento).

El gráfico de la evaluación se parecerá al gráfico de la página siguiente:

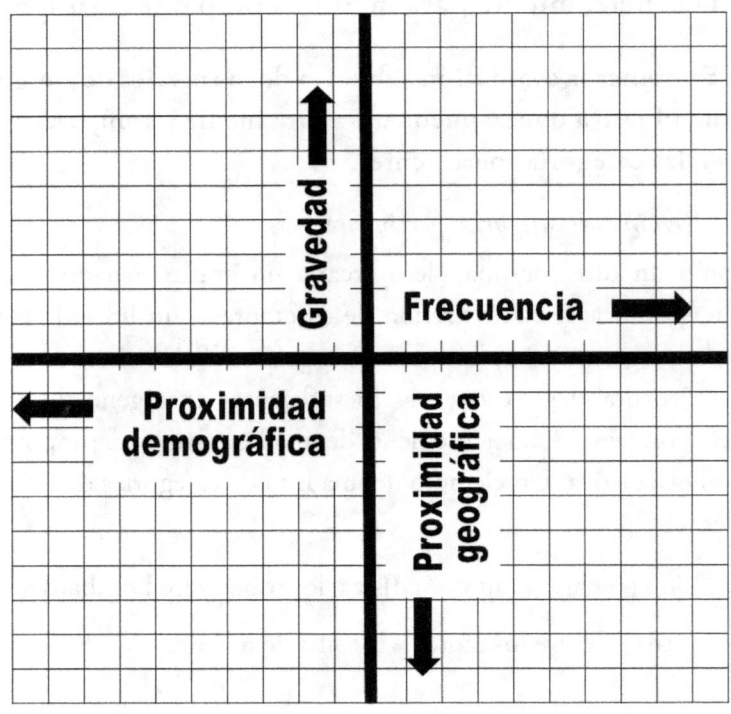

HAZ FRENTE AL ELIGRO: UNA GUÍA A TRAVÉS DEL RIESGO | 271

Paso tres: define la escala apropiada para medir los riesgos

Pasa este ejemplo, se usa una escala del 0 al 10 para plasmar los niveles de los factores evaluados en cada categoría de riesgo. El proporcionar palabras descriptivas correspondientes resulta útil para dar continuidad cuando sean varias las personas que evalúan el riesgo. Por ejemplo:

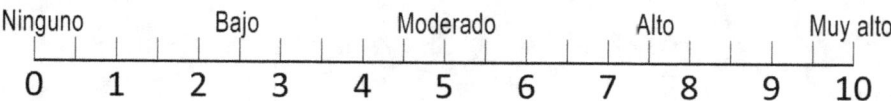

Paso cuatro: crea una tabla para registrar los niveles evaluados

	Gravedad	Frecuencia	Proximidad geográfica	Proximidad demográfica
Agresión	2	8	9	1
Secuestro	7	4	9	8
Malestar político	2	6	10	1
Salud	8	4	9	3

Paso cinco: plasma los resultados

AGRESIÓN

GRAVEDAD

PROXIMIDAD D   **FRECUENCIA**

PROXIMIDAD G

Plasma los resultados de la tabla en el gráfico y conecta los cuatro puntos para crear una imagen del nivel de riesgo para cada categoría. Al usar el ejemplo anterior, la imagen para el riesgo evaluado en la categoría de «Agresión» se vería así:

La imagen muestra un bajo riesgo de agresión en las áreas de gravedad y de proximidad demográfica, pero un alto riesgo de agresión en frecuencia y en proximidad geográfica. El plasmado de todos los resultados se vería así:

HAZ FRENTE AL ELIGRO: UNA GUÍA A TRAVÉS DEL RIESGO | 273

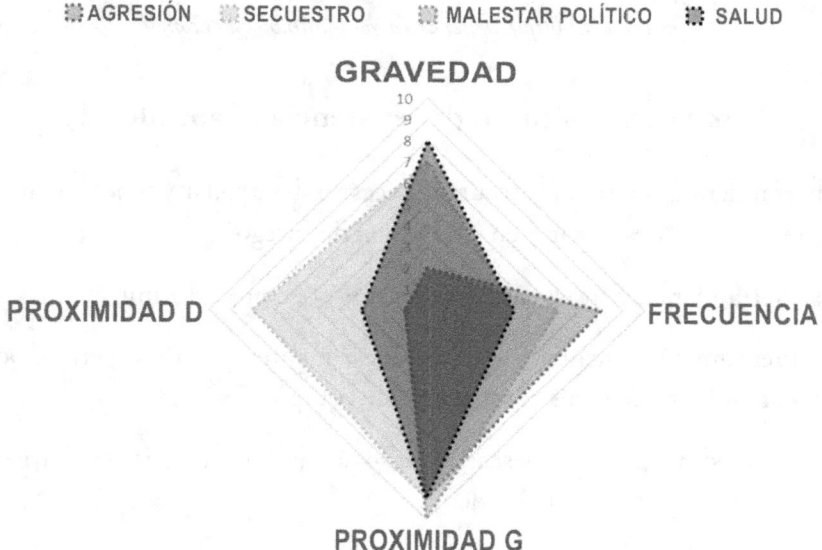

Esto muestra todas las categorías de peligro y ayuda a la hora de elaborar una estrategia de reducción de riesgos, de modo que los riesgos se pueden evaluar y mitigar según la prioridad percibida.

Ahora que has visto todos los riesgos, incluidos los riesgos de poca gravedad pero de constante frecuencia, ora para saber lo que el Espíritu Santo te está llamando a hacer ¿Te está pidiendo que evites el riesgo, que lo aceptes o que te sitúes en algún lugar intermedio ya sea transfiriendo o limitando el riesgo? Lo más difícil de todo esto es quizás limitar el riesgo. Pide al Señor que te muestre una historia de la Biblia que sea un ejemplo de lo que Él puede querer que hagas.

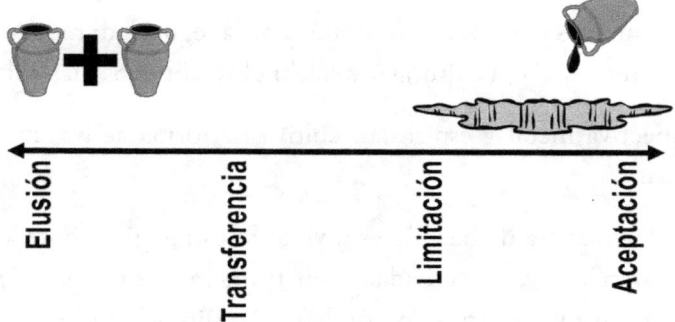

Puedes conseguir un PDF digital de esta «Guía de acción ante riesgos» de forma gratuita en: http://better-than-gold-faith.blogspot.com/

Paso nueve: métodos de resistencia (Capítulo 11)

¿Qué herramientas, métodos y recursos necesito desarrollar y tener a mano para correr riesgos bien, descansar bien y salir bien del riesgo?

1. Herramientas físicas: cuidar de mí mismo, comer, dormir, etc.

2. Herramientas mentales y emociones: mantener un margen emocional para mi familia y mis compañeros de equipo.

    - ¿Cómo puedo «descargarme» de las preocupaciones diarias para tener margen para los demás?
    - ¿Qué me da energía?

3. Herramientas espirituales: seguir manteniendo una relación vital con Dios.

    - Videos de adoración, videos de YouTube, libros, retiros personales ¿Qué herramientas necesito desarrollar para pasar tiempo con Dios?

4. Herramientas sociorrelacionales: planifica a quién invitar a cenar y entabla amistades.

    - ¿Qué momento de relajación puedo crear en este entorno? (¡Usa tu creatividad!).

5. Herramientas para el estrés cultural y de la seguridad: reconócelo cuando tengas un «mal día cultural» y celebra los «buenos días culturales».

6. Perspectiva metal y espiritual: cultiva de forma activa una perspectiva eterna.

    - Una manera de hacerlo es invitando estratégicamente a amigos que hayan realizado actividades en primera línea y pedirles que compartan sus historias de dónde ven a Dios obrando. Hazles preguntas como: «¿Dónde ves a Dios obrando? ¿Qué te mantiene lleno de vigor ahora mismo?».

- Otra manera es pensando en algún héroe de la fe que tengas de cualquier época, alguien que experimentó gozosamente más dificultades (desde tu perspectiva) de las que tú estás experimentando, y úsalas como una herramienta de aliento. No uses esto para sentirte culpable, sino para poder seguir corriendo tu carrera de manera positiva. Es la mentalidad del: «Si pudieron hacerlo, entonces yo también puedo».

notas

1. Versículos como Mateo 10; 12; 16:24–26; Juan 15:20; Hechos 14:22; 2 Timoteo 3:12; 1 Pedro 1:6–7 y 4:12–14 lo dejan claro.

2. John Piper, Risk Is Right: Better to Lose Your Life Than to Waste It [*El riesgo lo sabe: es mejor perder la vida que malgastarla*] (Wheaton, IL, EE. UU.: Crossway, 2013), localización Kindle 132.

3. John Bunyan, L. Edward Hazelbaker, Pilgrim's Progress in Modern English [El progreso del peregrino en inglés modern] (Hatfield, S. Africa: Van Schaik, 2000), ubicación Kindle 1519.

4. Estoy en deuda con Abraham J. Heschel y Salmos 139:7-18 por este lenguaje.

5. Esto es del boletín informativo mensual privado de Neal y mío a los donantes en 2009. Este número es aproximado según análisis de documentos protegidos e inéditos de la historia misionera de Afganistán en nuestro poder.

6. Cambié el nombre de mi amiga para protegerla.

7. Paul Borthwick, Western Christianity in Global Missions: What's the Role of the North American Church? [El cristianismo occidental en misiones globales: ¿qué función tiene la Iglesia norteamericana?] (Downers Grove: IVP, 2012), 25.

8. Todd Johnson, "World Christian Trends." [*Tendencias cristianas del mundo.*] (Conferencia en la Reunión de liderazgo internacional bianual de Lausanne, Budapest, Hungría, 18–22 de junio de 2007); en Borthwick, Western Christianity [Cristianismo occidental], 48.

9. Cita de Miriam Adeney en Borthwick, Western Christianity [Cristianismo occidental], 48.

10. Deseree Whittle, "Missionary Attrition: Its Relationship to the Spiritual Dynamics of the Late Twentieth Century" [«Desgaste misionero: su relación con la dinámica espiritual de finales del siglo XX], Caribbean Journal of Evangelical Theology [Diario caribeño de teología evangélica], junio (1999), acceso: 21 de junio, 2016, www.biblicalstudies.org.uk/pdf/cjet/03_68.pdf.

11. William Taylor, Too Valuable to Lose: Exploring the Causes and Cures of Missionary Attrition [Demasiado valioso para perderlo: exploración de las causas y curas del desgaste misionero] (Pasadena: William Carey Library, 1997). Para más información, véase también http://www.missionfrontiers.org/issue/article/mission-frontiers-missionary-attrition-series-part-1.

12. Fuentes no citadas en conversaciones privadas conmigo en 2011–2014.

13. La Dr. Laura Mae Gardner, en correspondencia particular conmigo, 1 de agosto de 2011.

14. Centro para el Estudio del Cristianismo Global, *Christianity in Its Global Context: 1970–2020* [*El cristianismo en su contexto global: 1970-2020*] (South Hamilton, 2013), 7.

15. Ibid.

16. Dr. Stephen Sweatman, presidente de *Mission Training International*, en la Conferencia *PTM* de 2011, discurso plenario.

17. Estas afirmaciones están basadas en la investigación hallada en "Marriage and Divorce Statistics" [«Estadísticas de matrimonio y divorcio»], https://www.barna.org/family-kids-articles/42-new-marriage-and-divorce-statistics-released; «Estudio OMS: 1 de cada 3 mujeres es abusada sexual o físicamente", Design & Trend [Diseño & Tendencia], www.designtrend.com/articles/5060/20130620/who-study-1-3-women-sexually-abused.htm; y «1 de cada 6 hombres es abusado sexualmente a la edad de 18 años" , *United Press International*, www.upi.com/Health_News/2010/05/25/One-in-

six-males-sexually-abused-by-age-18/UPI-40381274765260/, todos los accesos: 21 de junio de 2016.

18. Me fue imposible averiguar quién acuñó este término, pero quería dejar constancia de que no es de mi autoría.

19. Abraham Heschel, *Who Is Man?* [*¿Quién es el hombre?*] (Stanford, CA, EE. UU.: *Stanford University Press*, 1965), 2.

20. Ibid., 2.

21. Ibid., 13, paráfrasis de Heschel.

22. Kelly y Michele O'Donnell, boletín informativo, instrumentos para la resiliencia: actualización de atención a miembros, noviembre de 2015.

23. Esta propuesta de jugar un «juego» teológico ha sido tomada del rabino David Fohrman.

24. Mi metodología hermenéutica consistió en usar un enfoque rabínico judío. Consulté la guía tremendamente útil «Seis preguntas que hacer al Nuevo Testamento», en la obra de G. K. Beale and D. A. Carson, *Commentary on the New Testament Use of the Old Testament* [*Comentario sobre el uso neotestamentario del Antiguo Testamento*] (Grand Rapids, MI, EE. UU.: *Baker Academic*, 2007), xxiv–vi. Sin embargo, usé principalmente una metodología rabínica judía junto con una investigación exegética para establecer conexiones entre el Antiguo y el Nuevo Testamento. Empleé los principios de interpretación bíblica del rabino Hillel, descritos por Brad Young es su obra *Meet the Rabbis: Rabbinic Thought and the Teaching of Jesus* [*Te presento a los rabinos: el pensamiento rabínico y la enseñanza de Jesús*], (Grand Rapids, MI, EE. UU.: *Baker Academic*, 2007), 169. También incorporé la explicación que el rabino Gorelik hace de los cuatro métodos de interpretación basándose en la obra de Bahya ben Asher del siglo XIII llamada «*Pardesh: Peshat, Remez, Derash y Sod*» en sus conferencias *The Essentials: The Importance of Hebrew Time and Space* [*Los aspectos esenciales: la importancia del espacio-tiempo hebreo*] (Tustin: *Eshav Books*, 2006), 16.

Gorelik declara:

«A finales del siglo XIII (1291 e. c.), el estudioso de la Biblia Bahya ben Asher, de Zaragoza, señaló que hay cuatro formas de interpretar las Escrituras. Estas se dieron a conocer por el acrónimo *pardes* (deletreado *pay resh dalet samech—prds*). El *pay* de *pardes* es sinónimo de *peshat*, que significa "una explicación literal del texto". El comentador pretende explicar el significado llano del texto y nada más. El *resh* de *pardes* es sinónimo de *remez*, que significa "ilusión, alegoría, simbolismo". El comentador compara palabras y frases de una parte de la Biblia con palabras y frases similares de otras partes de la Biblia y extrae conclusiones de ellas. El *dalet* de *pardes* es sinónimo de *derash*, una forma de la palabra *midrash*, que significa "interpretación". Aquí, el comentador explora por debajo del significado literal de una palabra o frase para descubrir una lección ética o moral que se piensa que está implícita en el texto. El *samech* de *pardes* es sinónimo de *sod*, que significa "misterio, secreto". Los comentadores bíblicos usan estos métodos de interpretación en distintos grados y en distintas combinaciones. [...] (Lo hacen para) aclarar oscuridades y contradicciones en el texto bíblico y extraer de él una lección moral». 13 a. Shabbat 63a (cf. Yevamot [Leviratos] 11b, 24a) Un versículo no se puede alejar de su significado llano (p. ej., su *peshat*).

Además, las metodologías exegéticas de Nechama Leibowitz descritas en *To Study and to Teach* [*Estudiar y enseñar*] de Shmuel Peerless proporcionó una guía adicional en el análisis textual comparativo entre las tres perícopas del Nuevo Testamento y el capítulo de Éxodo 17. Su libro *Nehama Leibowitz: New Studies in the Weekly Parasha* [*Nehama Leibowitz: nuevos estudios en el parashá semanal*] (serie de siete volúmenes) de *Lambda Publishers* proporcionó guía adicional sobre el Éxodo.

Los estudios lexicográficos en griego y en hebreo y el análisis del lenguaje idiomático usado por Jesús, Lucas y Pablo están resumidos aquí. Si bien Pablo usó *pardesh* en el Nuevo Testamento para referirse a Éxodo 17 y Deuteronomio 7 y 20, no he incorporado aquí la discusión de mi tesis doctoral. Como el Dr. Skip Moen escribe en *Today's Word*

[*La Palabra de hoy*] (27/10/15): «Hay una regla muy antigua en la exégesis judía: el significado derivado del texto nunca debe contravenir o menoscabar el significado llano del texto. Es decir, que *darash*, *remez* o *sod* no pueden invalidar a *peshat*. El estudio en este libro es consistente con esta regla, pero se aplica tanto al Nuevo Testamento como al Antiguo Testamento. Los Testamentos son consistentes en su interpretación del riesgo, pero hallan su plena expresión basándose en los fundamentos de la obra de Cristo en la cruz anterior a la fundación del mundo (Apocalipsis 13:8).

Parafraseando a Aviya Kushner (*The Grammar of God* [*La gramática de Dios*], este es un libro escrito para las personas que se encuentran actualmente en una situación como en la que yo me encontré en Afganistán y, en este sentido, un desarrollo de lo que deseé haber tenido como madre en una situación de alto riesgo. No es ningún intento de escribir una teología sistemática; es una sugerencia de un entendimiento espiritual y práctico del riesgo bíblico aplicado práctica y holísticamente para contrastar el material actualmente disponible sobre una teología del riesgo. Todos los errores a la hora de entender y aplicar una cosmovisión filosófica hebraica cristocentrista integrada con la metodología rabínica y las palabras de los rabinos del Talmud y los pensamientos de los teólogos citados son míos.

25. David Bivin, "Cataloging the New Testament's Hebraisms" [«Cómo catalogar los hebraísmos del Nuevo Testamento»], Jerusalem Perspective, acceso: 21 de junio de 2016, http://www.jewishstudies.eteacherbiblical.com/cataloging-the-new-testaments-hebraisms-parts-1-5/.

26. Thorleif Boman, Hebrew Thought Compared with Greek [El pensamiento hebreo comparado con el griego] (Nueva York: Norton, 1960). Aquí, Boman describe ampliamente las diferencias entre las cosmovisiones griega y hebrea, y esto arroja luz sobre cómo explican las expresiones idiomáticas el concepto del riesgo. También, Robert Gorelik, A Collection of Hebrew Idioms: Understanding the Language of Heaven [*Una colección de expresiones idiomáticas hebreas: cómo entender el idioma del cielo*] (Tustin, CA, EE. UU.: *Eshav Books*, 2007), 1. Analizando la visión grecolatina que los estudiosos vienen incorporando en la exégesis desde el siglo II d. C., podemos

comparar mejor el pensamiento hebraico con el pensamiento bíblico. Skip Moen escribe: «La exégesis no puede comenzar con las palabras de la Biblia; debe comenzar con las *formas de pensamiento* que damos a las palabras de la Biblia. Para reconocer esas formas de pensamiento anteriores necesitaremos que alguien o algo haga frente y desafíe nuestra forma de pensar habitual. Toda exégesis debe hacerse desde «fuera de la caja», con ideas fuera de lo común (La Palabra de Hoy, 27/10/15).

27. Wilhelm Gesenius, Samuel Prideaux Tregelles, Gesenius' Hebrew and Chaldee Lexicon to the Old Testament Scriptures [El hebreo de Gesenius y el léxico de Chaldee para las escrituras del Antiguo Testamento] (Bellingham, WAEE. UU.,: *Logos Bible Software*, 2003), רָחַב, 111 Columna B.

28. The Complete Jewish Bible with Rashi Commentary [La Biblia judía completa con comentario de Rashi], www.chabad.org, acceso: 17 de diciembre de 2015,https://www.chabad.org/library/article_cdo/aid/476620/jewish/Rashis-Method-of-Biblical-Commentary.htm (*Mechilta d'Rabbi Shimon ben Yochai, Pirkei d'Rabbi Eliezer ch44, Yalkut Shimoni, Jonathan*).

29. Timothy Friberg, Barbara Friberg y Neva F. Miller, Analytical Lexicon of the Greek New Testament [Léxico analítico del Nuevo Testamento griego], Baker's Greek New Testament Library [Biblioteca neotestamentaria en griego de Baker] (Grand Rapids, MI, EE. UU.: *Baker Books*, 2000), 52, ἀνασκευάζοντες.

30. Johannes P. Louw y Eugene Albert Nida, Greek-English Lexicon of the New Testament: Based on Semantic Domains [Diccionario griego-inglés del Nuevo Testamento: basado en campos semánticos] (Nueva York: *United Bible Studies*, 1996), 21.7, 238.

31. La palabra griega utilizada es *paradidomi* y este es el único lugar del Nuevo Testamento donde está traducida como «riesgo». Gerhard Kittel, Geoffrey W. Bromiley y Gerhard Friedrich, eds., Theological Dictionary of the New Testament [Diccionario teológico del Nuevo Testamento] (Grand Rapids, MI, EE. UU.: *Eerdmans*, 1964), 170.

32. El término hebreo para la bendición sacerdotal es *Birkat Kohanim*, también conocido como *Nesi'at Kapayim*, el «levantamiento de manos», debido a las manos de los sacerdotes levantadas en alto por las que fluyen las bendiciones divinas (véase Números 6:23), acceso: 21 de junio de 2016, http://www.chabad.org/library/article_cdo/aid/894569/jewish/The-Priestly-Blessing.htm.

33. Tim Hegg, The Letter Writer: Paul's Background and Torah Perspective [El escritor de la carta: contexto y perspectiva sobre la Torá de Pablo] (Israel: *First Fruits of Zion*, 2002), 190.

34. Spicq, Ceslas y James D. Ernest, Theological Lexicon of the New Testament [Léxico teológico del Nuevo Testamento] (Peabody, MA, EE. UU.: *Hendrickson Publishers*, 1994), vol. 3, 22.

35. Dr. Lee Allison, correspondencia particular conmigo el 20 de octubre de 2015.

36. El primer lugar donde se usa «Señor Jesucristo» es Hechos 11:17. Véase Hegg, *The Letter Writer* [*El autor de la carta*], 188. Hegg declara que «la adición de Señor a los términos combinados puede enfatizar la soberanía eterna de Yeshúa y Su unidad con el Todopoderoso».

37. «Paradidomi» usado en el contexto del sufrimiento y de la persecución: Mateo 10:17, 19, 21; 17:22; 20:18–19; 24:9; 26:2, 15; 27:2, 18, 26; Marcos 9:31; 10:33; 13:9, 11, 12; 15:1, 10, 15; Lucas 9:44; 18:32; 20:20; 21:12, 16; 23:25; 24:7, 20; Juan 18:30, 35–36; 19:11, 16; Hechos 3:13; 12:4; 21:11; 22:4; 27:1; 28:17; Romanos 4:25; 1 Corintios 5:5; 13:3; 2 Corintios 4:11.

38. «Paradidomi» en el contexto de la mayordomía: Mateo 25:20, 22.

39. «Paradidomi» en el contexto de la Palabra de Dios comunicada a los demás por Jesús y Pablo: Lucas 1:2; 4:5; Hechos 6:14; 16:4; 1 Corintios 11:2, 23; 15:3; 2 Pedro 2:2, 21.

40. «Paradidomi» en el contexto de batalla: 1 Corintios 15:24; Judas 3.

41. La palabra hebrea «natan» se usa al menos 116 veces con el complemento «en mano». De las 116, esta expresión se usa 115 veces en la guerra. El uso de «paradidomi» y otros usos similares en el Antiguo Testamento evidencian la conexión bélica.

42. Spiros Zodhiates, The Complete Word Study Dictionary: New Testament [*El diccionario completo del estudio de la Palabra: el Nuevo Testamento*] (Chattanooga, TN, EE. UU.: AMG Publishers, 2000), 4961.

43. William Arndt, Frederick W. Danker y Walter Bauer, A Greek-English Lexicon of the New Testament and Other Early Christian Literature [Diccionario griego-inglés del Nuevo Testamento y otros escritos del cristianismo primitivo] (Chicago: University of Chicago Press, 2000), 1042.

44. Louw-Nida, 21.8.

45. James Swanson, Dictionary of Biblical Languages with Semantic Domains: Greek (New Testament) [*Diccionario de los idiomas bíblicos con campos semánticos: griego (Nuevo Testamento)*] (Oak Harbor: Logos Research Systems, Inc., 1997), 5719.

46. Véase también Génesis 49:24; 1 Samuel 7:12; Salmos 118:22; Isaías 28:16; Daniel 2:34, 45; Zacarías 3:9; Mateo 21:42; Marcos 12:10; Lucas 20:17; Hechos 4:11; Romanos 9:33; 1 Corintios 10; 1 Pedro 2:6–8.

47. Nairy Ohanian, "Member Care Needs for Missionaries Serving in High-Risk Locales», [«Necesidades de atención a miembros para los misioneros que sirven en lugares de alto riesgo, Doctorado en Ministerio], tesis de Doctorado en Ministerio (DMin) (Columbia Seminary and School of Missions [*Seminario y Escuela de Misiones de Columbia*], 2011), 19.

48. Nahum M. Sarna, Exodus [Éxodo], The JPS Torah Commentary [*El comentario de la Torá de la Jewish Publication Society*] (Filadelfia: Jewish Publication Society, 1991), 95.

49. Jeffrey H. Tigay, Deuteronomy [*Deuteronomio*], The JPS Torah Commentary [*El comentario de la Torá de la Jewish Publication Society*] (Filadelfia: Jewish Publication Society, 1996), 236.

50. No debían olvidar lo que los amalecitas hicieron a Israel (Éxodo 17:14), recordar lo que Amalec hizo (Deuteronomio 25:17), destruirlos por completo (Deuteronomio 25:19), castigar a Amalec (1 Samuel 15:2, 3, 18) y llevar a cabo la gran ira del Señor contra Amalec (1 Samuel 28:18). Las guerras posteriores con Amalec ocurrieron en las historias de Josué, Saúl, David, Gedeón y Ester (Amán era amalecita, razón por la que odiaba a los judíos).

51. John J. Parsons, "Amalek and Spiritual Warfare: Further Thoughts about Shabbat Zachor" [«*Amalec y la guerra espiritual: más reflexiones sobre "Shabat Zachor"*»], acceso: 16 de diciembre de 2014, http://www.hebrew4christians.com/Scripture/Parashah/Summaries/Tetzaveh/Amalek/amalek.html.

52. Ibid.

53. William G. Braude e Israel J. Kapstein, Pĕsikta Dĕ-Rab Kahăna: R. Kahana's Compilation of Discourses for Sabbaths and Festal Days [Pĕsikta Dĕ-Rab Kahăna: la colección de discursos para Sábbats y días festivos de R. Kahana] (Filadelfia, PA, EE. UU.: Jewish Publication Society, 2002), 51.

54. Rabino Nosson Scherman y rabino Meir Zlotowitz, eds., The Stone Edition Chumash [La edición en piedra de la Chumash] (Nueva York: Menorah Publications, 2013).

55. Jack B. Scott, "116 אָמַן", editado por R. Laird Harris, Gleason L. Archer Jr. y Bruce K. Waltke, Theological Wordbook of the Old Testament [Cuadernillo de trabajo teológico del Antiguo Testamento] (Chicago: Moody Press, 1999).

56. El rabino Gorelik explica el significado de las manos de Dios en su libro A Collection of Hebrew Idioms: Understanding the Language of Heaven [*Una colección de expresiones idiomáticas hebreas: cómo entender el idioma del cielo*] (Tustin: Eshav Books, 2007), 31.

Algunos versículos que citan las manos de Dios como expresión del Espíritu Santo son 1 Reyes 18:45–19:9; 2 Reyes 3:15–16; Esdras 7:27–28; Ezequiel 1:3; 37:1; Nehemías 2:1–8; Lucas 1:66; Marcos 10:16; Hechos 6:3–6.

57. La mayoría de los estudiosos occidentales solo explican la ubicación geográfica de Refidim. Los comentarios rabínicos, sin embargo, señalan que significa mucho más que eso. Para ver toda la explicación, véase Braude y Kapstein, Pĕsikta Dĕ-Rab Kahăna, Piska 12, sección 321, 768.

58. Sarna, Exodus [Éxodo], 94.

59. En Éxodo 17:16, la Biblia NTV dice: «Por cuanto han levantado su puño contra el trono del Señor». Esto es contrario a la mayoría de los dos mil años de comentarios rabínicos sobre el significado de este versículo y también contrario a muchas otras traducciones de este pasaje. Al sintetizar la visión rabínica del significado hebreo con el análisis textual, creo que la progresión del uso de las manos es más probable. Manos perezosas de Israel, manos firmes de Moisés y las manos de Dios siempre soberanas.

60. Frank Seekins, Hebrew Word Pictures: How Does the Hebrew Alphabet Reveal Prophetic Truths? [Imágenes lexicográficas del hebreo: ¿cómo revela el alfabeto hebreo las verdades proféticas?] (Hebrew Heart Media, 2012).

61. Citando a Rashi en The Complete Jewish Bible with Rashi Commentary [La Biblia judía completa con comentario de Rashi], www.chabad.org, acceso: 21 de junio de 2016, https://www.chabad.org/library/article_cdo/aid/476620/jewish/Rashis-Method-of-Biblical-Commentary.htm.

62. Ibid.

63. Joel F. Drinkard, "Religious Practices Reflected in the Book of Hosea" [«Prácticas religiosas reflejadas en el Libro de Oseas], Review and Expositor [Revisión y expositor] 90, n.º 2 (1993, primavera): 209.

64. Sarna, Exodus [Éxodo], 96.

65. The Compete Jewish Bible with Rashi Commentary [La Biblia judía completa con comentario de Rashi], www.chabad.org, acceso: 21 de junio de 2016, http://www.chabad.org/library/bible_cdo/aid/9878#showrashi=true; citado de Midrash Tanchuma y de Ki Theitzei. Los rabinos también usan Amós 1:11 y Zacarías 14:9, así como un *Midrash* sobre Éxodo 17:6.

66. Avivah Gottlieb Zornberg, The Particulars of Rapture: Reflections on Exodus [Las particularidades del arrebatamiento: reflexiones sobre Éxodo] (Nueva York, NY, EE. UU.: Schocken Books, 2001), ubicación Kindle 5590.

67. Parsons, "Amalek and Spiritual Warfare" [«Amalec y la guerra espiritual], http://www.hebrew4christians.com/Scripture/Parashah/Summaries/Tetzaveh/Amalek/amalek.html.

68. Tremper Longman y Daniel G. Reid, God Is a Warrior: Studies in Old Testament Theology [*Dios es un guerrero: estudios en teología del Antiguo Testamento*] (Grand Rapids, MI, EE. UU.: Zondervan, 1995).

69. Ibid, ubicación Kindle 1676.

70. Fui incapaz de localizar la fuente de este resumen.

71. Longman y Reid, God Is a Warrior [Dios es un guerrero], 336.

72. Ibid, 378.

73. Jerry L. Schmalenberger, "Stewardship and War's Collateral Damage" [«La mayordomía y el daño colateral de la guerra], Currents in Theology and Mission [Corrientes en la teología y la misión], 29:4 (agosto de 2002): 456–458.

74. William L. Hendricks, "Stewardship in the New Testament" [«La mayordomía en el Nuevo Testamento], Southwestern Journal of Theology [Diario suroccidental de teología], 13, n.º 2 (1971): 25–33.

75. Jesús demostró en esto una mentalidad hebraica: mantener en tensión dos verdades opuestas. El punto de vista grecolatino (occidental) es que solo hay una respuesta

correcta. El Espíritu Santo es un Espíritu poderoso y creativo que guía claramente en ocasiones lo que parece ser un despilfarro en la economía humana y, otras, de maneras que miden y dan cuenta cuidadosamente de lo que se ha confiado. Ambas son correctas basándose en la guía del Espíritu.

76. Brad Young, Parables: The Jewish Tradition and Christian Interpretation [*Parábolas: la tradición judía y la interpretación cristiana*] (Grand Rapids, MI, EE. UU.: Baker Academic, 1998), ubicación Kindle 1533.

77. Ibid., ubicación Kindle 1542.

78. Gerald F. Hawthorne, Philippians [Filipenses], vol. 43, Word Biblical Commentary [Comentario bíblico de la Palabra] (Dallas: Word Inc, 2004), 167.

79. Mi llamado a ministrar la seguridad de mi familia puede ser distinto del de otros.

80. Nombre ficticio para proteger a mi amiga.

81. Frederick Buechner, "Stewardship of Pain" [«*La mayordomía del dolor*»], programa 3416, fecha de primera emisión: 27 de enero de 1991, acceso: 21 de junio de 2016, http://www.30goodminutes.org/index.php/archives/23-member-archives/229-frederick-buechner-program-3416cago.

82. Gracias, G. y P.

83. Warren W. Wiersbe, Be Comforted: Feeling Secure in the Arms of God [Consuélate: siéntete seguro en los brazos de Dios] (Wheaton: Victor Books, 1992), 26.

84. Jill Briscoe, Faith Enough to Finish [*Fe suficiente para acabar*] (Grand Rapids, MI, EE. UU.: Monarch Books: 2007); Stuart Briscoe, Hearing God's Voice Above the Noise [Cómo escuchar la voz de Dios por encima del ruido] (Wheaton: Victor Books 1991) y Dry Bones [Huesos secos] (Wheaton: Victor Books, 1989); y Abraham J. Heschel, The Prophets [*Los profetas*] (Nueva York: Harper Collins, 1962).

85. Pablo escribe sobre esto en Romanos 13:1–7; Efesios 6:1–3; 1 Timoteo 2:1–3; 6:1–21; y Tito 3:1. Y Pedro escribe en 1 Pedro 2:13–14; 5:5.

86. Una lectura de los escritos de los santos que se remontan al s. II d. C. y que continúan a través de los escritos de las Iglesias oriental, romana y protestante, los santos son sumamente coherentes sobre este tema en particular.

87. Heschel, The Prophets [Los profetas], ix.

88. Henri Nouwen, Discernment: Reading the Signs of Daily Life [*Discernimiento: cómo leer las señales del día a día*] (Nueva York: HarperCollins, 2015).

89. Rose Mary Dougherty, Group Spiritual Direction: Community for Discernment [Dirección espiritual en grupo: comunidad para discernir] (Mahwah, NJ, EE. UU.: Paulist Press, 1995).

90. Nouwen, Discernment [Discernimiento], 114.

91. Ibid.

92. Mark Thibodeaux, SJ, God's Voice Within: The Ignatian Way to Discovering God's Will [La voz de Dios de dentro: el camino ignaciano para descubrir la voluntad de Dios] (Chicago: Loyola Press, 2010).

93. Este material se ha tomado de *Ministry of Reconciliation*, [*Ministerio de la reconciliación*], *Voices of Deception Illustration* [*Ilustración de voces de decepción*], http://mor-mn.com/.

94. Este espíritu se nombra por lo menos en dos artículos de la revista *Times*. Un ejemplo es una cita de Sadam Husein del 24 de marzo de 2003: «¡Oh, heroico muyahidín, golpea fuerte al enemigo!», dijo Sadam. «Oh, nobles iraquíes, con su fuerza y el espíritu de la yihad [...]», acceso: 21 de junio de 2016, http://content.time.com/time/world/article/0,8599,436056,00.html. Además, la práctica de recibir a espíritus en el islam está bien documentada. En el *Wakhan* [misterio], se hace una descripción del uso de los santuarios: «En cada santuario, uno nota un lugar específico donde se aplica aceite o mantequilla clarificada. Si hay una depresión en la roca, se puede colocar una mecha en el aceite/la mantequilla y el santuario se ilumina, o en el lugar se pueden colocar lámparas de aceite abiertas. Tal como señala Iloliev: «Los creyentes construyeron los

santuarios para tener un contacto más directo con los poderes sobrenaturales donde se enterraron los santos o donde se creía que habían obrado algún milagro. [...] Y para recibir la bendición espiritual (*barakat*) de ellos» (Iloliev, 2008a, 46). Tales lugares en los que se podía mediar la relación con lo sagrado probablemente formaban parte del sistema de creencias autóctono antes de la llegada del islam. Los santuarios son el lugar para integrar y asimilar las creencias autóctonas dentro del discurso del islam y para reafirmar y movilizar un sentido compartido de lo sagrado en el paisaje», John Mock, "Shrine Traditions of Wakhan, Afghanistan" [«Tradiciones de los santuarios de *Wakhan*, Afganistán], Journal of Persianate Studies [Diario de estudios persianizados], 4 (2011): 117–145.

95. Puede verse una lista completa de amuletos y del *jinn* (espíritu musulmán) en el curso de Dudley Woodberry "Folk Islam" [«El islam del pueblo»], en la Palabra del islam, CD 2.0. Puede adquirirse en *Global Mapping*.

96. Nouwen, Discernment [Discernimiento], 114.

97. Ibid.

98. Dougherty, Group Spiritual Direction [Dirección espiritual en grupo], ubicación Kindle 385.

99. Puede que no entendamos, pero seguimos confiando, ¡y al Señor parece no importarle un buen argumento!

100. Skip Moen, Today's Word [La Palabra de hoy], 29 de julio de 2014.

101. William G. Braude e Israel J. Kapstein, Pĕsikta Dĕ-Rab Kahăna: R. Kahana's Compilation of Discourses for Sabbaths and Festal Days [Pĕsikta Dĕ-Rab Kahăna: la colección de discursos para Sábbats y días festivos de R. Kahana] (Filadelfia, PA, EE. UU.: Jewish Publication Society, 2002), 367.

102. Los cinco conjuntos de etapas opuestos se toman del libro de Henri Nouwen *Discernment: Reading the Signs of Daily Life* [*Discernimiento: cómo leer las señales del*

día a día] (Nueva York: HaperCollins, 2015). Tom Ashbrook tiene más de un enfoque basado en listas de verificación en su libro *Mansions of the Heart* [*Moradas del corazón*].

103. Abraham J. Heschel, Essential Writings Selected with an Introduction by Susannah Heschel [Escritos esenciales seleccionados con una introducción de Susannah Heschel] (Maryknoll: Orbis Books, 2011), 35.

104. Autor desconocido.

105. Watchmen Nee, Spiritual Discernment [Discernimiento espiritual] (Nueva York: Christian Fellowship Publishers, 2014), Ubicación Kindle 207.

106. Ibid.

107. John C. Merkle, The Genesis of Faith [El Génesis de la fe] (Nueva York: Macmillan Publishing, 1985), 51.

108. Abraham J. Heschel, The Insecurity of Freedom [La inseguridad de la libertad] (Nueva York: Farrar, Straus y Giroux, 1966), 115. En el capítulo 8, Heschel explica en detalle este término acuñado por él: «teología profunda».

109. Merkle, The Genesis of Faith [El Génesis de la fe], 50.

110. Ibid., 163.

111. Ibid.

112. John Warwick Montgomery, The Suicide of Christian Theology [*El suicidio de la teología cristiana*] (Newburgh: Trinity Press, 1996), 217.

113. Ibid., 218.

114. Esto se toma del resumen que Merckle hace de la discusión de Heschel acerca del temor.

115. Merkle, The Genesis of Faith [El Génesis de la fe], 170.

116. Abraham J. Heschel, God in Search of Man [*Dios en busca del hombre*] (Nueva York: Farrar, Straus y Giroux, 1955), 74.

117. Merkle, The Genesis of Faith [El Génesis de la fe], 161; y Heschel, God in Search of Man [Dios en busca del hombre], 45.

118. El milagro de la zarza ardiendo fue que Moisés se tomó tiempo para observar la zarza ardiendo y se dio cuenta de que no se quemaba ¿Cuánto tiempo tuvo que estar mirándola? Varios minutos. En una época en la que el periodo de atención de los humanos se reduce a siete segundos o menos, tenemos trabajo para cultivar la habilidad de la observación. Moisés pudo observar el efecto de levantar y bajar los brazos, aceptar el misterio de ello y entrar en un momento de la obra sobrenatural de Dios a través de los mundanos y extenuantes esfuerzos de unos hombres en guerra.

119. Merkle, The Genesis of Faith [El Génesis de la fe], 175.

120. Abraham J. Heschel, Who Is Man? [¿Quién es el hombre?] (Stanford: Stanford University Press, 1965), 106.

121. Ibid., 181.

122. Merkle, The Genesis of Faith [El Génesis de la fe], 185.

123. Heschel, God in Search of Man [Dios en busca del hombre], 138.

124. Abraham J. Heschel, Man Is Not Alone: A Philosophy of Religion [El hombre no está solo: una filosofía de la religión] (Nueva York: Farrar, Straus y Giroux, 1951), 163.

125. Heschel, God in Search of Man [Dios en busca del hombre], 287.

126. Robert Gorelik, A Collection of Hebrew Idioms: Understanding the Language of Heaven [Una colección de expresiones idiomáticas hebreas: cómo entender el idioma del cielo] (Tustin: Eshav Books, 2009), 43.

127. Entrust 4, Developing a Discerning Heart [Cómo desarrollar un corazón de discernimiento] (Colorado Springs: Entrust 4, 1899), 64.

128. Jeff Iorg, The Character of Leadership: Nine Qualities That Define Great Leaders [El carácter del líder: nueve cualidades que definen a los grandes líderes] (Nashville: B & H Books, 2007).

129. En *The Prophets* (*Los profetas*), Heschel demostró de manera bastante concluyente que las emociones de Dios son coherentes con un Dios soberano y omnipotente. La cuestión del libre albedrío no es igual para los judíos que para los cristianos. Heschel también contesta a esto en sus escritos: «En Jesucristo, vemos todo el abanico de emociones demostradas en una vida sin pecado. Jesucristo, el representante del Padre, nos muestra que Dios tiene emociones y que los seres humanos lo conmueven profundamente. La visión filosófica de la autosuficiencia de Dios significa automáticamente que Él no necesita a los humanos ni se conmueve con ellos. Yo no estoy de acuerdo con esta opinión, ya que no proporciona ningún enfoque filosófico y hermenéutico consistente con respecto a la teología.

130. Abraham J. Heschel, The Prophets, [Los profetas], vols. 1 y 2 (Nueva York: Harper and Row, 1962), vol. 2, 2.

131. Skip Moen, God, Time, and the Limits of Omniscience: A Critical Study of Doctrinal Development [Dios, el tiempo y los límites de la omnisciencia: un estudio crítico del desarrollo doctrinal] (Oxford: Oxford University, 1979). El resumen de Moen responde a algunos debates modernos sobre la impasibilidad de Dios al concluir que esta cuestión teológica surgió con la total helenización de la cristiandad y la ruptura completa con el judaísmo entre los años 200-250 d. C.

132. Heschel, The Prophets, 162.

133. John C. Merkle, Abraham Joshua Heschel: Exploring His Life and Thought [Abraham Joshua Heschel: exploración de su vida y pensamiento] (Nueva York: Macmillan, 1985), 73.

134. Teomórficamente.

135. Merkle, Abraham Joshua Heschel, 81.

136. Heschel, The Prophets [Los profetas], vol. 2, 212.

137. Earl y Elspeth Williams, Spiritually Aware Pastoral Care: An Introduction and Training Program [*Cuidado pastoral espiritualmente consciente. Una introducción y programa de capacitaci*ón] (Nueva York: Paulist Press, 1992), 18.

138. Ibid., 17–18.

139. The God Who Risks [El Dios que arriesga] es la teología del riesgo de John Sander, que se centra en las emociones cambiantes de Dios. Respondí a esto en otra publicación, igual que otros.

140. Sea cual sea la opinión que elija adoptar un trabajador transcultural sobre el control soberano y la presciencia de Dios, eso no tiene ningún efecto si una persona es capaz de efectuar responsablemente un análisis y una evaluación del riesgo.

141. En su libro *The Faith of Leap* [*La fe del salto*], Frost y Hirsch prestan un gran servicio a la Iglesia, pues la anima a arriesgarse por la causa de Cristo y no solo «mantener el *status quo*». Sin embargo, *Haz frente al peligro* trata el riesgo transcultural por la causa de Cristo. Si bien agradezco la premisa de su libro para una Iglesia occidental anémica que necesita que la animen para correr riesgos por la causa de Cristo, debido al limitado enfoque de este libro, prefiero la expresión de Heschel: «el salto de acción», expresión que utiliza para reenfocar la atención en el acto de creer, más que en el contenido de la creencia. De igual modo, abogo por un enfoque en el hecho de riesgo y todo lo que eso entraña para reenfocar menos la atención en el dogma y más en la acción. Y, por consiguiente, representa al *nephesh*, que es la persona completa tal como lo entendían los escritores del Antiguo Testamento.

142. Baruch Fischoff, John Kadvary, Risk: A Very Short Introduction [*El riesgo: una muy breve introducción*] (Oxford: Oxford University Press, 2011), ubicación Kindle 345.

143. Ibid., ubicación Kindle 835.

144. R. M. Trimpop, The Psychology of Risk-Taking Behavior [*La psicología de la conducta de asunción de riesgos*] (Ámsterdam: Holanda septentrional, 1994), 4.

145. Ibid.

146. Kenneth Bailey, Paul Through Mediterranean Eyes: Cultural Studies in 1 Corinthians [*Pablo a través de los ojos mediterráneos: estudios culturales sobre 1 Corintios*] (Downers Grove: IVP Academic), ubicación Kindle 188.

147. Jakob J. Petuchowski. "Faith as the Leap of Action: The Theology of Abraham Joshua Heschel" [*La fe como salto de acción: la teología de Abraham Joshua Heschel*], Commentary Magazine Online [*Comentario en revista en línea*], julio/agosto de 2014, acceso: 21 de junio de 2016, www.commentarymagazine.com/article/faith-as-the-leap-of-action-the-theology-of-Abraham-Joshua-Heschel/htm.

148. Abraham J. Heschel, God in Search of Man: A Philosophy of Judaism [*Dios en busca del hombre: una filosofía del judaísmo*] (Nueva York: Garrar, Straus y Giroux), 5.

149. Correspondencia privada conmigo. El nombre de mi profesor de sexto grado, el Sr. «N», se ha omitido por razones de seguridad.

150. Gerd Gingerenzer, Risk Savvy: How to Make Good Decisions [Entendido en el riesgo: cómo tomar buenas decisiones] (Nueva York: Penguin Group, 2014), 11.

151. Ibid., 15.

152. Ibid.

153. Ibid.

154. Ibid., 23.

155. Ibid.

156. Véase el Apéndice A: «Lista de lectura sobre el riesgo».

157. Marvin Rausand, Risk Assessment: Theory, Methods, and Application [Evaluación del riesgo: teoría, métodos y aplicación] (Hoboken: Wiley, 2011), capítulo 1.

158. El Equipo de atención médica móvil (www.mmct.org) ofrece atención médica y gestión de crisis; también recibe el nombre de Capacitación de respuesta anticrisis. Esta es una de las pocas capacitaciones disponibles para ayudar a los líderes y al personal de cuidado pastoral a aprender a cuidar de su gente en situaciones de crisis y a cómo formar Equipos de respuesta anticrisis. Fort Sherman y CCI también ofrecen capacitaciones excelentes que se centran más en el lado práctico de los Equipos de respuesta anticrisis.

159. Rausand, Risk Assessment [Evaluación de riesgos], 76.

160. Hubbard, How to Measure Anything: Finding the Values in the Intangibles [Cómo medir cualquier cosa: halla el valor de lo intangible], 136.

161. Aswath Damodaran, Strategic Risk Taking: A Framework for Risk Management [«Asunción de riesgos estratégica: un marco para la gestión del riesgo»] (Upper Saddle River: Pearson Education, 2008), ubicación Kindle 526.

162. Glynis Breakwell, The Psychology of Risk [La psicología del riesgo] (Cambridge: Cambridge Univerity Press, 2014).

163. Ibid., 102.

164. Hubbard, How to Measure Anything [Cómo medir cualquier cosa], 7.

165. Ibid., 7.

166. Abraham J. Heschel, God in Search of Man [Dios en busca del hombre] (Nueva York: Farrar, Straus y Giroux, 1976), 136. Véase también Génesis 3:9 y 2 Crónicas 16:9.

167. Abraham Link, "Risk, Crisis Management and the Missional Heart of God" [«Riesgo, gestión de crisis y el corazón misionero de Dios] (Reuniones sobre crisis en Egipto, El Cairo, 1 de septiembre de 2006). Pseudónimo utilizado para proteger la seguridad del autor y de la organización.

168. Glenn Penner, "Is the Blood of the Martyrs Really the Seed of the Church?" [«¿Es realmente la sangre de los mártires la semilla de la Iglesia?»], www.persecution.net, 26 de julio de 2008, 1, acceso: 22 de junio de 2016, vomcanada.com/download/seed.pdf.

169. Ibid.

170. Marvin Wilson, Exploring our Hebraic Heritage [Explorando nuestro legado hebraico], ubicación Kindle 3504.

171. «Epilanthánomai» y «eklanthánomai» son dos palabras griegas que significan «olvidar».

172. Joseph Ton, Suffering, Martyrdom, and Rewards in Heaven [*El sufrimiento, el martirio y las recompensas en el cielo*] (University Press of America, 1997), 301–314.

173. G. K. Beale, The Book of Revelation: A Commentary on the Greek Text [El Libro del Apocalipsis: un comentario del texto griego], New International Greek Testament Commentary [*Nuevo comentario internacional del Testamento griego*] (Grand Rapids, MI, EE. UU.: Eerdmans, 1999).

174. R. M. French, trad., Way of the Pilgrim [El camino del peregrino] (Quality Paperback Book Club, NY [EE. UU.], 1998), 34.

175. Peter Bernstein, Against the Gods: The Remarkable Story of Risk [«Contra los dioses: la sorprendente historia del riesgo»] (Nueva York: John Wiley & Sons, 1996), ubicación Kindle 5898.

176. Esto está tomado de la Biblioteca Virtual Judía, acceso: 22 de junio de 2016, https://www.jewishvirtuallibrary.org/jsource/Judaism/pikuach_nefesh.html.

177. Véase: http://blog.eteacherhebrew.com/jewish-religion/pikuach-nefesh-the-value-of-life/ for more information regarding this.

178. Sanhedrin 74a–b.

179. Glynis Breakwell, The Psychology of Risk [*La psicología del riesgo*] (Cambridge: Cambridge University Press, 2014), 29.

180. Esto se toma de: https://www.google.com.tr/?gws_rd=cr&ei=HNbuVcD8OMihsAHbi7mICg#safe=strict&q=define+endurance.

181. N. Ohanian, "Member Care Needs for Those Serving in High Risk Locales" [«Necesidades de atención a miembros para quienes sirven en lugares de alto riesgo»], tesis de Doctorado en Ministerio (DMin), 2011.

182. Breakwell, The Psychology of Risk [La psicología del riesgo], ubicación Kindle 7346.

183. Esto es de Skip Moen, acceso: 22 de junio de 2016, http://skipmoen.com/2013/06/06/is-this-faith/, citando a Brad Young en The Parables: Jewish Tradition and Christian Interpretation [*Parábolas: la tradición judía y la interpretación cristiana*] (Grand Rapids, MI, EE. UU.: Baker Academic, 1998), 50.

184. Glynis Breakwell, The Psychology of Risk [La psicología del riesgo] (Cambridge: Cambridge University Press, 2014), ubicación Kindle 3160.

185. Ibid., ubicación Kindle 3159.

186. Ibid., ubicación Kindle 3196.

187. Ibid., ubicación Kindle 3649.

188. Curt Thompson, Anatomy of the Soul: Surprising Connections Between Neuroscience and Spiritual Practices that can Transform Your Life and Relationships [*Anatomía del alma: las sorprendentes conexiones entre la neurociencia y las prácticas espirituales que pueden transformar tu vida y tus relaciones*] (Carrollton: Nunn Communications, 2010), 7.

189. Breakwell, The Psychology of Risk [La psicología del riesgo], ubicación Kindle 3376.

190. Curt Thompson, charla del 25 de junio de 2014 con Barnabas International Staff [*Personal de Bernabé Internacional*].

191. Mark Thibodeoux, SJ, Hearing God's Voice: The Ignatian Way to Discovering God's Will [Cómo escuchar la voz de Dios: el camino ignaciano para descubrir la voluntad de Dios] (Chicago: Loyola Press, 2010), ubicación Kindle 648.

192. Peter Scazzero, Emotionally Healthy Spirituality [Espiritualidad emocionalmente sana] (Nashville: Thomas Nelson, 2006), 69.

193. Travis Bradberry, Emotional Intelligence 2.0 [*Inteligencia emocional 2.0*] (San Diego: TalentSmart, 2009).

194. Paul Richardson, A Certain Risk: Living Your Faith on the Edge [«Un cierto riesgo: vive tu fe al límite»] (Grand Rapids, MI, EE. UU.: Zondervan, 2010), ubicación Kindle 389.

195. Breakwell, The Psychology of Risk [La psicología del riesgo], ubicación Kindle 3649.

196. Dr. Charles Schaefer, en correspondencia personal conmigo en 2015.

197. Breakwell, The Psychology of Risk [La psicología del riesgo], ubicación Kindle 338.

198. Ibid., ubicación Kindle 3357.

199. Ibid., ubicación Kindle 3658, citando a Slovic y Peters, 2006a, 2006b.

200. Hans-Rüdiger Pfister y Gisela Böhm, "The multiplicity of emotions: A framework of emotional functions in decision making" [«La multiplicidad de las emociones: un marco de funciones emocionales en la toma de decisiones], Judgment and Decision Making [Juicio y toma de decisiones], vol. 3, n.º 1, enero de 2008: 5–17, acceso: 23 de junio de 2016, http://www.journal.sjdm.org/bb1/bb1.html.

201. Breakwell, The Psychology of Risk [La psicología del riesgo], ubicación Kindle 3159.

202. Ibid., ubicación Kindle 3376.

203. Ibid., ubicación Kindle 3376.

204. Marcus Jastrow, A Dictionary of the Targumim, the Talmud Babli and Yerushalmi, and the Midrashic Literature and II [Un Diccionario del Tárgum, del Talmud de Babilonia y de Jerusalén, y de la literatura midrásica y II] (Londres; Nueva York: Luzac & Co.; G. P. Putnam's Sons, 1903), 1656.

205. Thibodeoux, ubicación Kindle 1137.

206. Breakwell, The Psychology of Risk [La psicología del riesgo], ubicación Kindle 3548.

207. Ibid., ubicación Kindle 3548.

208. Dr. Charlie Schaefer, en correspondencia personal conmigo en 2015.

209. Breakwell, The Psychology of Risk [La psicología del riesgo], ubicación Kindle 3557.

210. Ibid., ubicación Kindle 3567.

211. Thibodeoux, ubicación Kindle 1077.

212. Breakwell, ubicación Kindle 3562.

213. Hay un 80 por ciento de probabilidades de no sufrir una violación. Estos datos proceden de una fuente sensible para la seguridad.

214. Breakwell, ubicación Kindle 3275.

215. Ibid., ubicación Kindle 3167.

216. Gerd Gingerenzer, Risk Savvy: How to Make Good Decisions [*Entendido en el riesgo: cómo tomar buenas decisiones*] (Nueva York: Penguin Group, 2014), 11.

217. Ibid., 10–13.

218. Hay muchas discusiones sobre la teoría propuesta por Martin Seligman, *Theory of Learned Helplessness* [*Teoría del desamparo aprendido*]. Aquí, tomé como referencia la página web: https://www.mentalhelp.net/articles/cognitive-theories-of-major-depression-seligman/. Este tipo de depresión es una experiencia normalizada y que se alivia con actividades reductoras del estrés y el reconocimiento de que es algo situacional.

219. "An Overview of Expatriate Adjustment Measurement and Reanalysis of the CernySmith Assessment of Cross-Cultural Adjustment" [«Una visión general del reanálisis y la medición de ajuste para expatriados de la evaluación CernySmith del

ajuste transcultural»] que se publicará en el Journal of Psychology and Theology [Diario de psicología y teología], Missions Edition [Edición para misiones], 2016. El artículo adjunto se envió recientemente al *Diario de psicología y teología* para su revisión y, ojalá, su aceptación para ser publicado en una edición para misiones especial del diario.

220. Dan Allender y Tremper Longman III, The Cry of the Soul: How Our Emotions Reveal Our Deepest Questions About God [*El clamor del alma: cómo nuestras emociones revelan nuestras preguntas más profundas acerca de Dios*] (Colorado Springs: NavPress, 1994), ubicación Kindle 171.

221. Cita de la enseñanza de Mimi Wilson en un retiro de *Women of the Harvest* [*Mujeres de la cosecha*] en Medio Oriente en 2006.

222. Breakwell, The Psychology of Risk [La psicología del riesgo], ubicación Kindle 3548.

223. Ibid., ubicación Kindle 3557.

224. Ibid., ubicación Kindle 3567.

225. James Dietz, "Christianity for the Technically Inclined: Risk Assessment, Probability, and Prophecy" [«*El cristianismo para los inclinados hacia la técnica: evaluación del riesgo, probabilidad y profecía*], Global Journal of Classical Theology [Diario global de teología clásica] 4, n.º 2 (1 de junio de 2004): 1.

226. J. Oswald Sanders, Spiritual Leadership: A Commitment to Excellence [*Liderazgo espiritual: un compromiso con la excelencia*] (Chicago: Moody Press, 1994), 127.

227. Peter L. Bernstein, Against the Gods: The Remarkable Story of Risk [«Contra los dioses: la sorprendente historia del riesgo»] (Nueva York: John Wiley & Sons, 1996), ubicación Kindle 5851.

228. Paul Richardson, A Certain Risk: Living Your Faith at the Edge [«Un cierto riesgo: vive tu fe al límite»] (Grand Rapids, MI, EE. UU.: Zondervan, 2010), ubicación Kindle 1576.

229. Esta información está sacada de Skip Moen, acceso: 23 de junio de 2016, http://skipmoen.com/2015/10/16/the-last-24/?mc_cid=8b4a92dff6&mc_eid=b7d46581e2.

230. Estos fueron los planes de evacuación que Neal y yo usamos durante todo nuestro tiempo en Afganistán. Manteníamos nuestras listas e imágenes actualizadas y los ensayábamos entre nosotros y con nuestros hijos para saber qué necesitaríamos hacer en una emergencia. Estos planes de evacuación se publicaron por primera vez en el boletín informativo de CAME MC, diciembre de 2014, vol. 2, n.º 11.

231. John Warwick Montgomery, The Suicide of Christian Theology [*El suicidio de la teología cristiana*] (Newburgh: Trinity Press, 1996), 218-219.

232. J. Oswald Sanders, Spiritual Leadership: A Commitment to Excellence [Liderazgo espiritual: un compromiso con la excelencia] (Chicago: Moody Press, 1994), 127.

233. Peter Bernstein, Against the Gods: The Remarkable Story of Risk [«Contra los dioses: la sorprendente historia del riesgo»] (New York: Wiley & Sons, 1998), ubicación Kindle 5909.

234. Glynis Breakwell, Psychology of Risk [*La psicología del riesgo*] (Cambridge: Cambridge University Press, 2014), 220.

235. Neal Hampton, A Tool for Measuring and Comparing Risk [Una herramienta para medir y comparar el riesgo] (Hampton, 2014). Usado con permiso.

236. Ken Blanchard, Leading at a Higher Level, Revised and Expanded Edition: Blanchard on Leadership and Creating High Performing Organizations [Liderar a un mayor nivel, Edición revisada y ampliada: Blanchard sobre el liderazgo y la creación de organizaciones eficientes], donde trata: "Self-Reliant Achievers Need a Delegating Style" [«Los triunfadores que confían en sí mismos necesitan un estilo delegador»].

237. Dr. Charlie Schaefer, en correspondencia personal conmigo en noviembre de 2015.

238. Gerd Gingerenzer, Risk Savvy: How to Make Good Decisions [*Entendido en el riesgo: cómo tomar buenas decisiones*] (Nueva York: Penguin Group, 2014), ubicación Kindle 1631.

239. Ibid., ubicación Kindle 1640.

240. Ibid., 26.

241. Baruch Fischoff y John Kadvary, Risk: A Very Short Introduction [*El riesgo: una muy breve introducción*] (Oxford: Oxford University Press, 2011), ubicación Kindle 1999.

242. Ibid., ubicación Kindle 1970.

243. Ibid., ubicación Kindle 1980.

244. Ibid., ubicación Kindle 1816.

245. Glynis Breakwell, Psychology of Risk [La psicología del riesgo] (Cambridge: Cambridge University Press, 2014), ubicación Kindle 3159.

246. Johannes P. Louw, Eugene Albert Nida, Greek-English Lexicon of the New Testament: Based on Semantic Domains [Diccionario griego-inglés del Nuevo Testamento: basado en campos semánticos] (Nueva York: United Bible Studies, 1996), 21.7.

247. Exactamente la misma forma de esta palabra solo se ve en un único lugar del mundo: en una antigua inscripción (s. II d. C.) hallada en Olbia en el mar Negro y significa «exponerse osadamente al peligro».

248. Gerald F. Hawthorne, Philippians [Filipenses], vol. 43, Word Biblical Commentary [Comentario bíblico de la Palabra] (Dallas: Word, 2004), 167. Citando a de Jonge a partir de la obra Light from the Ancient East [*Luz desde el Antiguo Oriente*], 84–85, 88; cf. de Jonge, 17 de nov. [1975], 297–302.

249. Si se asume la unidad del libro como una carta de Pablo, rabino altamente capacitado, entonces es posible que Pablo haya empleado hábilmente aquí la «plantilla retórica

profética» tal como Kenneth Bailey demuestra ampliamente que lo hizo en 1 Corintios. Puede que esta perícopa, Filipenses 2:19-30, sea quiásticamente el centro estructural de la carta. Si este es el centro quiástico, usando a Timoteo y a Epafrodito como ejemplos para la Iglesia, entonces su uso del riesgo merece incluso más atención. O'Brien, D. F. Watson y Culpepper apuntan a la fuerza del uso que hace Pablo de estos ejemplos piadosos en el lugar donde se encuentran. Culpepper demuestra los fuertes paralelismos verbales presentes en Filipenses que muestran toda la unidad de la carta con Timoteo y Epafrodito como el mayor ejemplo de la principal fuerza del argumento de Pablo. «La imitación de la servidumbre de Cristo y de hombres como ellos es el antídoto espiritual más fuerte contra los peligros del legalismo, el perfeccionismo y la disensión creados por la rivalidad por el poder entre los líderes eclesiásticos. Sugiere que, si bien el foco principal es 2:5-11, la sección intermedia (2:19-30) es lo que aúna la integridad, el origen y el mensaje de Filipenses», que contrasta las cuestiones de una falsa cristología (de la gloria en vez del sufrimiento); una soteriología equivocada (de la perfección más que examinar la salvación) y una escatología distorsionada (salvación del mal ahora más que en el futuro). Véanse Peter Thomas O'Brien y D. F. Watson en New International Greek Text Commentary [*Nuevo comentario internacional del texto griego*], The Epistle to the Philippians: A Commentary on the Greek Text [*La carta a los filipenses: un comentario sobre el texto griego*] (Grand Rapids, MI, EE. UU.: Eerdmans, 1991), 315. Véase también R. Alan Culpepper, "Co-workers in Suffering Phil 2:19–30" [«Compañeros en el sufrimiento de Flp 2:19-30»], Review and Expositor [*Revisión y expositor*], 77, n.º 3 (verano de 1980): 357.

250. Leon Morris, The Epistle to the Romans [*La carta a los romanos*], The Pillar New Testament Commentary [*El comentario de base del Nuevo Testamento*] (Grand Rapids, MI, EE. UU.: Eerdmans, 1988), 532.

251. David Amerland, "The Sniper Mentality: 4 Ways to Think Better Under Pressure" [*La mentalidad del francotirador: 4 formas de pensar mejor bajo presión*], Forbes, abril de 2014, 2, acceso: 22 de agosto de 2014, www.forbes.com/sites/netapp/2014/05/14/sniper-mentality-leader/.

252. Ibid.

253. Mark Thibodeoux, SJ, Hearing God's Voice: The Ignatian Way to Discovering God's Will [Cómo escuchar la voz de Dios: el camino ignaciano para descubrir la voluntad de Dios] (Chicago: Loyola Press, 2010).

254. Glynis Breakwell, The Psychology of Risk [*La psicología del riesgo*] (Cambridge: Cambridge University Press, 2014), Kindle Location 3603.

255. Chapan: túnica larga iraní.

256. David H. Stern, Complete Jewish Bible: An English Version of the Tanakh (Old Testament) and B'rit Hadashah (New Testament) [Biblia judía complete: una versión en ingles del Tanaj (Antiguo Testamento) y del Brit Hadasha (Nuevo Testamento)] (Clarksville, MD, EE. UU.: Jewish New Testament Publications, 1998).

257. Organización A.

258. Organización B.

259. Organización C.

260. Organización C.

261. Organización D.

262. Organización D.

263. Organización D.

264. Organización D.

265. Organización C.

266. Organización C.

267. Organización C.

268. Organización A.

269. Organización A.

270. Organización A.

271. Organización A.

272. Organización A.

273. Organización A.

274. Organización C.

275. Organización C.

276. Organización B.

277. Organización C.

278. Organización C.

279. Organización C.

280. Organización C.

281. Organización C.

282. Organización B.

283. Organización C.

284. Organización C.

285. Organización B.

286. Organización B.

287. Skip Moen, estudio de la Palabra de Skip Moen, Today's Word [*La Palabra de hoy*], www.todaysword.com.

bibliografía

Allender, Dan y Tremper Longman III. The Cry of the Soul: How Our Emotions Reveal Our Deepest Questions About God [*El clamor del alma: cómo revelan nuestras emociones nuestras preguntas más profundas acerca de Dios*], Colorado Springs: NavPress, 1994.

Amerland, David. "The Sniper Mentality: 4 Ways to Think Better Under Pressure" [*La mentalidad del francotirador: 4 formas de pensar mejor bajo presión*], Forbes, abril de 2014, www.forbes.com/sites/netapp/2014/05/14/sniper-mentality-leader/.

Arndt, William, Frederick W. Danker y Walter Bauer, A Greek-English Lexicon of the New Testament and Other Early Christian Literature [Diccionario griego-inglés del Nuevo Testamento y otros escritos del cristianismo primitivo]. Chicago: University of Chicago Press, 2000.

Bailey, Kenneth Paul. *Through Mediterranean Eyes: Cultural Studies in 1 Corinthians* [*Pablo a través de los ojos mediterráneos: estudios culturales sobre 1 Corintios*]. Downers Grove: IVP Academic.

Beale, G. K. y D. A. Carson. Commentary on the New Testament Use of the Old Testament [Comentario sobre el uso neotestamentario del Antiguo Testamento]. Grand Rapids, MI (EE. UU.): Baker Academic, 2007.

Beale, G. K. The Book of Revelation: A Commentary on the Greek Text [El Libro del Apocalipsis: un comentario sobre el texto griego]. New International Greek Testament Commentary (*Nuevo comentario internacional sobre el Testamento griego*). Grand Rapids, MI (EE. UU.): Eerdmans, 1999.

Bernstein, Peter. Against the Gods: The Remarkable Story of Risk [Contra los dioses: la sorprendente historia del riesgo]. Nueva York: John Wiley & Sons, 1996.

Bivin, David. Cataloging the New Testament's Hebraisms [Cómo catalogar los hebraísmos del Nuevo Testamento], Jerusalem Perspective [*La perspectiva de Jerusalén*], http://www.jewishstudies.eteacherbiblical.com/cataloging-the-new-testaments-hebraisms-parts-1-5/.

Boman, Thorleif. Hebrew Thought Compared with Greek [El pensamiento hebreo en comparación con el griego]. Nueva York: Norton, 1960.

Borthwick, Paul. Western Christianity in Global Missions: What's the Role of the North American Church [El cristianismo occidental en las misiones globales: ¿cuál es la función de la Iglesia norteamericana]. Downers Grove: IVP, 2012.

Bradberry, Travis. Emotional Intelligence 2.0 [Inteligencia emocional 2.0]. San Diego: TalentSmart, 2009.

Braude, William G. and Israel J. Kapstein, Pĕsikta Dĕ-Rab Kahăna: R. Kahana's Compilation of Discourses for Sabbaths and Festal Days [Pĕsikta Dĕ-Rab Kahăna: la colección de discursos para Sábbats y días festivos de R. Kahana]. Filadelfia: Jewish Publication Society, 2002.

Breakwell, Glynis. The Psychology of Risk [La psicología del riesgo]. Cambridge: Cambridge University Press, 2014.

Briscoe, Jill. Faith Enough to Finish [*Fe suficiente para acabar*]. Grand Rapids, MI (EE. UU.): Monarch Books, 2007.

Briscoe, Stuart. Hearing God's Voice Above the Noise [Cómo escuchar la voz de Dios por encima del ruido]. Wheaton: Victor Books, 1991.

——. Dry Bones [Huesos secos]. Wheaton: Victor Books, 1989.

Buechner, Frederick. "Stewardship of Pain" [«*Mayordomía del dolor*»], programa 3416, fecha de la primera emisión: 27 de enero de 1991, http://www.30goodminutes.org/index.php/archives/23-member-archives/229-frederick-buechner-program-3416cago.

Center for the Study of Global Christianity, Christianity in Its Global Context: 1970–2020 [El cristianismo en su contexto global: 1970–2020]. South Hamilton, 2013.

Chabad.org. The Complete Jewish Bible with Rashi Commentary [La Biblia judía completa con comentario de Rashi], https://www.chabad.org/library/article_cdo/aid/476620/jewish/Rashis-Method-of-Biblical-Commentary.htm (Mechilta d'Rabbi Shimon ben Yochai, Pirkei d'Rabbi Eliezer ch44, Yalkut Shimoni, Jonathan).

CAME MC, boletín informativo, diciembre de 2014, vol. 2, n.º 11.

Damodaran, Aswath. Strategic Risk Taking: A Framework for Risk Management [«Asunción de riesgos estratégica: un marco para la gestión del riesgo»]. Upper Saddle River: Pearson Education, 2008.

Dietz, James. "Christianity for the Technically Inclined: Risk Assessment, Probability, and Prophecy" [«*El cristianismo para los inclinados hacia la técnica: evaluación del riesgo, probabilidad y profecía*]. Global Journal of Classical Theology [Diario global de teología clásica] 4, n.º 2 (1 de junio de 2014).

Dougherty, Rose Mary. Group Spiritual Direction: Community for Discernment [*Dirección espiritual en grupo: comunidad para discernir*] Mahwah, NJ (EE. UU.): Paulist Press, 1995.

Drinkard, Joel F. "Religious Practices Reflected in the Book of Hosea" [«*Las prácticas religiosas reflejadas en el Libro de Oseas*»], Review and Expositor [Revisión y expositor] 90, n.º 2, primavera de 1993.

Entrust 4. Developing a Discerning Heart [Cómo desarrollar un corazón con discernimiento]. Colorado Springs: Entrust 4, 1899.

Fischoff, Baruch y John Kadvary. Risk: A Very Short Introduction [El riesgo: una muy breve introducción]. Oxford: Oxford University Press, 2011.

French, R. M. (trad.). Way of the Pilgrim [El camino del peregrino]. Nueva York: Quality Paperback Book Club, 1998.

Frost, Michael and Alan Hirsch. Faith of Leap: Embracing a Theology of Risk, Adventure and Courage [La fe del salto: cómo abrazar una teología del riesgo, la aventura y el coraje]. Grand Rapids, MI (EE. UU.): Baker Books, 2011.

Gesenius, Wilhelm y Samuel Prideaux Tregelles. Gesenius' Hebrew and Chaldee Lexicon to the Old Testament Scriptures [*El hebreo de Gesenius y el diccionario de Chaldee para las escrituras del Antiguo Testamento*]. Bellingham, WA (EE. UU.): Logos Bible Software, 2003.

Gingerenzer, Gerd. Risk Savvy: How to Make Good Decisions [Entendido en el riesgo: cómo tomar buenas decisiones]. Nueva York: Penguin Group, 2014.

Gorelik, Robert. The Essentials: The Importance of Hebrew Time and Space [Los aspectos esenciales: la importancia del espacio-tiempo hebreo]. Tustin: Eshav Books, 2006.

——. A Collection of Hebrew Idioms: Understanding the Language of Heaven [Una colección de expresiones idiomáticas hebreas: cómo entender el idioma del cielo]. Tustin: Eshav Books, 2007.

Hawthorne, Gerald F. Philippians [Filipenses], vol. 43, Word Biblical Commentary [Comentario bíblico de la Palabra]. Dallas: Word, 2004.

Hegg, Tim. The Letter Writer: Paul's Background and Torah Perspective [El escritor de la carta: contexto y perspectiva sobre la Torá de Pablo]. Israel: First Fruits of Zion, 2002.

Hendricks, William L. "Stewardship in the New Testament" [«La mayordomía en el Nuevo Testamento»]. Southwestern Journal of Theology [Diario suroccidental de teología] 13, n.º 2 (1971).

Heschel, Abraham J. God in Search of Man: A Philosophy of Judaism [Dios en busca del hombre: una filosofía del judaísmo]. Nueva York: Farrar, Straus y Giroux, 1955.

——. Man is Not Alone: A Philosophy of Religion [El hombre no está solo: una filosofía de la religión]. Nueva York: Farrar, Straus y Giroux, 1951.

——. Moral Grandeur and Spiritual Audacity [Grandeza moral y audacia espiritual]. Nueva York: Farrar, Straus y Giroux, 1996.

——. The Prophets [Los profetas]. Nueva York: Harper Collins, 1962.

——. Who Is Man? [¿Quién es el hombre?]. Stanford: Stanford University Press, 1965.

Hechel, Susannah. Abraham Joshua Heschel: Essential Writings Selected with an Introduction [Abraham Joshua Heschel: selección de escritos esenciales con una introducción]. Maryknol: Orbis Books, 2011.

Hubbard, Douglas. How to Measure Anything: Finding the Values in the Intangibles [Cómo medir cualquier cosa: halla el valor de lo intangible]. Hoboken, NJ: John Wiley & Sons, 2007.

Iorg, Jeff. The Character of Leadership: Nine Qualities That Define Great Leaders [El carácter del líder: nueve cualidades que definen a los grandes líderes]. Nashville: B & H Books, 2007.

Kellemen, Robert W. and Susan M. Ellis. Sacred Friendships: Celebrating the Legacy of Women Heroes of the Faith [Amistades sagradas: celebra el legado de las heroínas de la fe]. Winona Lake: BMH Customs Books, 2009.

Kittel, Gerhard, Geoffrey W. Bromiley y Gerhard Friedrich, eds., Theological Dictionary of the New Testament [Diccionario teológico del Nuevo Testamento]. Grand Rapids, MI (EE. UU.): Eerdmans, 1964.

Link, Abraham. "Risk, Crisis Management and the Missional Heart of God" [«*El riesgo, la gestión de crisis y el corazón misionero de Dios*»] (Reuniones en Egipto sobre crisis, El Cairo, 1 de septiembre de 2006).

Longman III, Tremper. and Daniel G. Reid. God Is a Warrior: Studies in Old Testament Theology [Dios es un guerrero: estudios en teología del Antiguo Testamento]. Grand Rapids, MI (EE. UU.): Zondervan, 1995.

Louw, Johannes P. and Eugene Albert Nida, Greek-English Lexicon of the New Testament: Based on Semantic Domains [Diccionario griego-inglés del Nuevo Testamento: basado en campos semánticos]. Nueva York: United Bible Studies, 1996.

Merkle, John C. The Genesis of Faith [El Génesis de la fe]. Nueva York: Macmillan Publishing, 1985.

——. Abraham Joshua Heschel: Exploring His Life and Thought [Abraham Joshua Heschel: una exploración de su vida y de su pensamiento]. Nueva York: Macmillan, 1985.

Ministry of Reconciliation [*Ministerio de la reconciliación*]. Voices of Deception Illustration [*Ilustración de voces de decepción*].

Moen, Skip. God, Time, and the Limits of Omniscience: A Critical Study of Doctrinal Development [Dios, el tiempo y los límites de la omnisciencia: un estudio crítico del desarrollo doctrinal]. Oxford: Oxford University, 1979.

Montgomery, John Warwick. The Suicide of Christian Theology [El suicidio de la teología cristiana]. Newburgh: Trinity Press, 1996.

Morris, Leon. The Epistle to the Romans [La carta a los romanos], The Pillar New Testament Commentary [El Nuevo comentario de base del Nuevo Testamento]. Grand Rapids, MI (EE. UU.): Eerdmans, 1988.

Nee, Watchmen. Spiritual Discernment [Discernimiento espiritual]. Nueva York: Christian Fellowship Publishers, 2014.

Nouwen, Henri. Discernment: Reading the Signs of Daily Life [Discernimiento: cómo leer las señales del día a día]. Nueva York: HarperCollins, 2015.

O'Donnell, Kelly y Michelle. Boletín informativo, Resiliency Toolkit [*Herramientas para la resiliencia*], Member Care Update [*Actualización de la atención a miembros*], noviembre de 2015.

Ohanian, Nairy A. "Member Care Needs for Missionaries Serving in High-Risk Locales" [«Necesidades de atención a miembros para los misioneros que sirven en lugares de alto riesgo». Tesis de Doctorado en Ministerio (DMin). Columbia Seminary and School of Missions (*Seminario y Escuela de Misiones de Columbia*), 2011.

Parsons, John J. "Amalek and Spiritual Warfare: Further Thoughts about Shabbat Zachor" [«*Amalec y la guerra espiritual: más reflexiones sobre "Shabat Zachor"*»] http://www.hebrew4christians.com/Scripture/Parashah/Summaries/Tetzaveh/Amalek/amalek.html.

———. "Warfare with Amalek: Further Thoughts Shabbat Zachor" [«*Amalec y la guerra espiritual: más reflexiones sobre "Shabat Zachor"*»], www.hebrew4christians.com/Scripture/Parashah/SummariesKi_Teitzei/.

Peerless, Shmuel. To Study and to Teach: The Methodology of Nechama Leibowitz [Estudiar y enseñar: la metodología de Nechama Leibowitz]. Urim Publications, 2005.

Penner, Glenn. "Is the Blood of the Martyrs Really the Seed of the Church?" [«¿*Es realmente la sangre de los mártires la semilla de la Iglesia?*»], www.vomcanada.com, 26 de julio 2008, 1, vomcanada.com/download/seed.pdf.

Petuchowski, Jakob J. "Faith as the Leap of Action: The Theology of Abraham Joshua Heschel" [«*La fe como el salto de acción: la teología de Abraham Joshua Heschel*»]. Commentary Magazine Online [Revista online Comentario], julio/agosto de 2014, https://www.commentarymagazine.com/articles/faith-as-the-leap-of-actionthe-theology-of-abraham-joshua-heschel/.

Rausand, Marvin. Risk Assessment: Theory, Methods, and Application [La evaluación de riesgos: teoría, métodos y aplicación]. Hoboken, NJ (EE. UU.): John Wiley & Sons, 2011.

Richardson, Paul. A Certain Risk: Living Your Faith on the Edge [Un cierto riesgo: vive tu fe al límite]. Grand Rapids, MI: Zondervan, 2010.

Sanders, John. The God Who Risks: A Theology of Divine Providence [El Dios que arriesga: una teología de la providencia divina]. Downers Grove: IVP, 1998.

Sanders, J. Oswald. Spiritual Leadership: A Commitment to Excellence [Liderazgo espiritual: un compromiso con la excelencia]. Chicago: Moody Press, 1994.

Sarna, Nahum M. Exodus [Éxodo], The JPS Torah Commentary [*El comentario de la Torá de la Jewish Publication Society*]. Filadelfia: Jewish Publication Society, 1991.

Scazzero, Peter. Emotionally Healthy Spirituality [Espiritualidad emocionalmente sana]. Nashville: Thomas Nelson, 2006.

Scherman, el rabino Nosson y el rabino Meir Zlotowitz, eds. The Stone Edition Chumash [La edición en piedra de la Chumash]. Nueva York: Menorah Publications, 2013.

Schmalenberger, Jerry L. "Stewardship and War's Collateral Damage" [*La mayordomía y los daños colaterales de la guerra*]. Currents in Theology and Mission [Corrientes en teología y misiones], 29:4 (agosto de 2002).

Scott, Jack B. "116 אמַן". Editado por R. Laird Harris, Gleason L. Archer Jr. y Bruce K. Waltke. Theological Wordbook of the Old Testament [Cuadernillo de trabajo teológico del Antiguo Testamento]. Chicago: Moody Press, 1999.

Seekins, Frank. Hebrew Word Pictures: How Does the Hebrew Alphabet Reveal Prophetic Truths? [Imágenes lexicográficas del hebreo: ¿cómo revela el alfabeto hebreo las verdades proféticas?]. Hebrew Heart Media, 2012.

Swanson, James. Dictionary of Biblical Languages with Semantic Domains: Greek (New Testament) [Diccionario de las lenguas bíblicas con campos semánticos: griego (Nuevo Testamento)]. Oak Harbor: Logos Research Systems, Inc., 1997.

Taylor, William. Too Valuable to Lose [Demasiado valioso para perderlo]. Nueva York: IVP, 1997 y 2007 WCL sobre "Worth Keeping: Global Perspectives on the Best Practice in

Missionary Retention" [«*No lo pierdas: perspectivas globales de las mejores prácticas en la permanencia misionera*»].

Thibodeaux, Mark, SJ. Hearing God's Voice: The Ignatian Way to Discovering God's Will [Cómo escuchar la voz de Dios: el camino ignaciano para descubrir la voluntad de Dios]. Chicago: Loyola Press, 2010.

Thompson, Curt. Anatomy of the Soul: Surprising Connections Between Neuroscience and Spiritual Practices That Can Transform Your Life and Relationships *[Anatomía del alma: las sorprendentes conexiones entre la neurociencia y las prácticas espirituales que pueden transformar tu vida y tus relaciones]*. Carrollton: Nunn Communications, 2010.

Tigay, Jeffrey H. Deuteronomy [Deuteronomio], The JPS Torah Commentary [*El comentario de la Torá de la Jewish Publication Society*]. Filadelfia: Jewish Publication Society, 1996.

Ton, Joseph. Suffering, Martyrdom, and Rewards in Heaven [El sufrimiento, el martirio y las recompensas en el cielo]. University Press of America, 1997.

Trimpop, R. M. The Psychology of Risk-Taking Behavior [La psicología de la conducta de asunción de riesgos]. Ámsterdam: Holanda septentrional, 1994.

Whittle, Deseree. "Missionary Attrition: Its Relationship to The Spiritual Dynamics of the Late Twentieth Century" [«*Abandono misionero: su relación con la dinámica espiritual de finales del s. XX*»]. Biblical Studies *[Estudios bíblicos]*. (junio de 1999), www.biblicalstudies.org.uk/pdf/cjet/03_68.pdf.

Wiersbe, Warren W. Be Comforted: Feeling Secure in the Arms of God [Consuélate: siéntete seguro en los brazos de Dios]. Wheaton: Victor Books, 1992.

Williams, Earl y Elspeth. Spiritually Aware Pastoral Care: An Introduction and Training Program [Cuidado pastoral espiritualmente consciente: una introducción y programa de capacitación]. Nueva York: Paulist Press, 1992.

Wilson, Marvin. Exploring our Hebraic Heritage: A Christian Theology of Roots and Renewal [Explora nuestro legado hebraico: una teología Cristiana de las raíces y la renovación]. Grand Rapids, MI (EE. UU.): Eerdmans, 2014.

Woodberry, Dudley. "Folk Islam" [«*El islam del pueblo*»]. World of Islam [El mundo del islam], CD 2.0.

Young, Brad. Meet the Rabbis: Rabbinic Thought and the Teaching of Jesus [Te presento a los rabinos: pensamiento rabínico y la enseñanza de Jesús]. Grand Rapids, MI (EE. UU.): Baker Academic, 2007.

——. Parables: The Jewish Tradition and Christian Interpretation [Parábolas: la tradición judía y la interpretación cristiana]. Grand Rapids, MI (EE. UU.): Baker Academic, 1998.

Zodhiates, Spiros. The Complete Word Study Dictionary: New Testament *[El diccionario completo del estudio de la Palabra: el Nuevo Testamento]*. Chattanooga, TN (EE. UU.): AMG Publishers, 2000.

Zornberg, Avivah Gottlieb. The Particulars of Rapture: Reflections on Exodus *[Las particularidades del arrebatamiento: reflexiones sobre Éxodo]*. Nueva York: Schocken Books, 2001.

Capacitación en EGR
(Evaluación y gestión del riesgo)

Esta es una capacitación de dos días que utiliza la metodología facilitada a los adultos. Está dirigida a todos los trabajadores transculturales, desde los candidatos a los veteranos. Ven preparado para indagar y para trabajar en grupo con el fin de entender una teología del riesgo. Los temas incluyen:

Los aspectos básicos:
- Antecedentes bíblicos.
- Cómo escribir una afirmación de convicción acerca del riesgo.

Cómo evaluar el riesgo:
- Recursos de mayordomía.
- Evaluación del riesgo del peligro.
- El discernimiento del Espíritu Santo.
- Los doce mitos del riesgo.
- Cómo elaborar un plan de acción antirriesgos.

Cómo manejar el riesgo:
- Lidera bien a tu equipo.
- La comunicación y el riesgo.
- Los niños y el riesgo.
- Estrategias de Resistencia.
- El riesgo y la mitigación de pérdidas.
- Las emociones y el riesgo.

Acerca de los instructores de EGR

Anna Hampton comparte la Palabra de Dios entretejiéndola con sus experiencias personales tras vivir y trabajar durante casi una década en una Afganistán devastada por la guerra y tras más de veinticinco años de experiencia en el ministerio viajando por casi setenta países repartidos por el mundo. Ha completado cuatro carreras, incluido un Doctorado en Estudios Religiosos. Su pasión es Cristo y animar a otros a desarrollar una fe audaz más valiosa que el mismo oro. Es instructora bíblica y participa como ponente en eventos femeninos internacionales en Asia Central, Medio Oriente y los EE. UU. Puedes visitar su blog en http://better-than-gold-faith.blogspot.com/.

Neal Hampton, el esposo de Anna, es un estudiante constante, médico e instructor en el área del liderazgo pastoral y el desarrollo vital. Ha trabajado con cientos de líderes de campo por numerosos sectores de los ámbitos comercial, sin fines de lucro, paraeclesiástico y educativo. Cuenta con una experiencia de más de veinte años de servicio en las regiones de Asia Central y Medio Oriente como trabajador de ayuda humanitaria y, posteriormente, como director nacional de un amplio equipo multinacional durante una época difícil en Afganistán. Entre la amplia variedad de temas que aborda está el liderazgo pastoral, el desarrollo como líder, el desarrollo de habilidades interpersonales, el liderazgo en entornos de alto riesgo, la evaluación del estrés y la resiliencia y cómo informar de incidentes críticos.

Si deseas reservar la capacitación de dos días, contacta con nosotros en nealhampton@pobox.com.

www.ingramcontent.com/pod-product-compliance
Lightning Source LLC
Chambersburg PA
CBHW070529010526
44118CB00012B/1087